"十三五"国家重点出版物出版规划项目

习近平新时代中国特色社会主义思想学习丛书

名誉总主编　王伟光
总　主　编　谢伏瞻
副总主编　王京清　蔡昉

总　策　划　赵剑英

走中国特色社会主义乡村振兴道路

陈锡文　主编
魏后凯　宋亚平　副主编

中国社会科学出版社
CHINA SOCIAL SCIENCES PRESS

图书在版编目（CIP）数据

走中国特色社会主义乡村振兴道路 / 陈锡文主编. —北京：中国社会科学出版社，2019.3

（习近平新时代中国特色社会主义思想学习丛书）

ISBN 978-7-5203-4033-5

Ⅰ.①走… Ⅱ.①陈… Ⅲ.①农村—社会主义建设—中国—学习参考资料 Ⅳ.①F320.3

中国版本图书馆 CIP 数据核字（2019）第 016235 号

出 版 人	赵剑英
项目统筹	王 茵
责任编辑	王 茵 孙 萍
特约编辑	车文娇
责任校对	王佳玉
责任印制	王 超

出　　版	中国社会科学出版社
社　　址	北京鼓楼西大街甲 158 号
邮　　编	100720
网　　址	http://www.csspw.cn
发 行 部	010-84083685
门 市 部	010-84029450
经　　销	新华书店及其他书店

印刷装订	北京君升印刷有限公司
版　　次	2019 年 3 月第 1 版
印　　次	2019 年 3 月第 1 次印刷

开　　本	710×1000　1/16
印　　张	19.5
字　　数	211 千字
定　　价	43.00 元

凡购买中国社会科学出版社图书，如有质量问题请与本社营销中心联系调换
电话：010-84083683
版权所有　侵权必究

代 序

时代精神的精华
伟大实践的指南

谢伏瞻*

习近平总书记指出:"马克思主义是不断发展的开放的理论,始终站在时代前沿。"① 习近平新时代中国特色社会主义思想,弘扬马克思主义与时俱进的品格,顺应时代发展,回应时代关切,科学回答了"新时代坚持和发展什么样的中国特色社会主义、怎样坚持和发展中国特色社会主义"这个重大时代课题,实现了马克思主义中国化的新飞跃,开辟了马克思主义新境界、中国特色社会主义新境界、治国理政新境界、管党治党新境界,是当代中国马克思主义、21世纪马克思主义,是时代精神的精华、伟大实践的指南。

---

* 作者为中国社会科学院院长、党组书记,学部主席团主席。
① 习近平:《在纪念马克思诞辰200周年大会上的讲话》(2018年5月4日),人民出版社2018年版,第9页。

一 科学回答时代之问、人民之问

马克思说过:"问题是时代的格言,是表现时代自己内心状态的最实际的呼声。"① 习近平总书记也深刻指出:"只有立足于时代去解决特定的时代问题,才能推动这个时代的社会进步;只有立足于时代去倾听这些特定的时代声音,才能吹响促进社会和谐的时代号角。"② 习近平新时代中国特色社会主义思想,科学回答时代之问、人民之问,在回答和解决时代和人民提出的重大理论和现实问题中,形成马克思主义中国化最新成果,成为夺取新时代中国特色社会主义伟大胜利的科学指南。

(一) 深入分析当今时代本质和时代特征,科学回答"人类向何处去"的重大问题

习近平总书记指出:"尽管我们所处的时代同马克思所处的时代相比发生了巨大而深刻的变化,但从世界社会主义 500 年的大视野来看,我们依然处在马克思主义所指明的历史时代。"③ 马克思恩格斯关于资本主义基本矛盾的分析没有过时,关于资本主义必然灭亡、社会主义必然胜

---

① 《马克思恩格斯全集》第 1 卷,人民出版社 1995 年版,第 203 页。
② 习近平:《问题就是时代的口号》(2006 年 11 月 24 日),载习近平《之江新语》,浙江人民出版社 2007 年版,第 235 页。
③ 《习近平谈治国理政》第 2 卷,外文出版社 2017 年版,第 66 页。

利的历史唯物主义观点也没有过时。这是我们对马克思主义保持坚定信心、对社会主义保持必胜信念的科学根据。

虽然时代本质没有改变，但当代资本主义却呈现出新的特点。一方面，资本主义的生产力水平在当今世界依然处于领先地位，其缓和阶级矛盾、进行自我调整和体制修复的能力依然较强，转嫁转化危机的能力和空间依然存在，对世界经济政治秩序的控制力依然强势。另一方面，当前资本主义也发生了许多新变化，出现了许多新问题。正如习近平总书记指出的："许多西方国家经济持续低迷、两极分化加剧、社会矛盾加深，说明资本主义固有的生产社会化和生产资料私人占有之间的矛盾依然存在，但表现形式、存在特点有所不同。"① 当今时代本质及其阶段性特征，形成了一系列重大的全球性问题。世界范围的贫富分化日益严重，全球经济增长动能严重不足，霸权主义和强权政治依然存在，地区热点问题此起彼伏，恐怖主义、网络安全、重大传染性疾病、气候变化等非传统安全威胁持续蔓延，威胁和影响世界和平与发展。与此同时，随着世界多极化、经济全球化、社会信息化、文化多样化深入发展，反对霸权主义和强权政治的和平力量迅速发展，全球治理体系和国际秩序变革加速推进，不合理的世界经济政治秩序愈益难以为继，人类社会进入大发展大变革大调整的重要时期，面临"百年未有之大变局"。在新的时代条件下，如何应对人类共同面临的全球性重大挑战，引领人

---

① 习近平：《在哲学社会科学工作座谈会上的讲话》（2016年5月17日），人民出版社2016年版，第14页。

类走向更加光明而不是更加黑暗的前景，成为一个必须科学回答的重大问题，这就是"人类向何处去"的重大时代课题。习近平总书记立足全人类立场，科学回答这个重大问题，提出了一系列新思想新观点，深化了对人类社会发展规律的认识，也具体回答了"世界怎么了，我们怎么办"的迫切现实问题。

（二）深入分析世界社会主义运动的新情况新特点，科学回答"社会主义向何处去"的重大问题

习近平总书记深刻指出，社会主义从产生到现在有着500多年的历史，实现了从空想到科学、从理论到实践、从一国到多国的发展。特别是十月革命的伟大胜利，使科学社会主义从理论走向实践，从理想走向现实，开辟了人类历史发展的新纪元。第二次世界大战以后，世界上出现一批社会主义国家，世界社会主义运动蓬勃发展。但是，20世纪80年代末90年代初发生的苏东剧变，使世界社会主义运动遭遇严重挫折而进入低潮。

进入21世纪，西方资本主义国家出现了严重危机，在世界上的影响力不断下降，而中国特色社会主义则取得了辉煌成就，其他国家和地区的社会主义运动和进步力量也有所发展。但是，两种制度既合作又竞争的状况将长期存在，世界社会主义的发展任重道远。在这样的背景和条件下，世界社会主义运动能否真正走出低谷并发展振兴，"东升西降"势头能否改变"资强社弱"的总体态势，成为一个必须回答的重大问题，这就是"社会主义向何处去"的重大问题。习近平总书记贯通历史、现实和未来，

科学回答这个重大问题，深化了对社会主义发展规律的认识，丰富发展了科学社会主义。新时代中国特色社会主义的发展，成为世界社会主义新发展的引领旗帜和中流砥柱。

（三）深入分析当代中国新的历史方位及其新问题，科学回答"中国向何处去"的重大问题

在世界社会主义运动面临严峻挑战、处于低潮之际，中国坚定不移地沿着中国特色社会主义道路开拓前进，经过长期努力，经济、科技、国防等方面实力进入世界前列，国际地位得到空前提升，以崭新姿态屹立于世界民族之林。中国特色社会主义进入新时代，"在中华人民共和国发展史上、中华民族发展史上具有重大意义，在世界社会主义发展史上、人类社会发展史上也具有重大意义"[①]。

中国特色社会主义进入新时代，中国日益走近世界舞台中央，影响力、感召力和引领力不断增强，使世界上相信马克思主义和社会主义的人多了起来，使两种社会制度力量对比发生了有利于马克思主义、社会主义的深刻转变。为此，西方资本主义国家不断加大对中国的渗透攻击力度，中国遭遇"和平演变""颜色革命"等风险也在不断加大。因此，新时代如何进行具有许多新的历史特点的伟大斗争，在国内解决好新时代的社会主要矛盾，在国际

---

① 习近平：《决胜全面建成小康社会　夺取新时代中国特色社会主义伟大胜利——在中国共产党第十九次全国代表大会上的报告》（2017年10月18日），人民出版社2017年版，第12页。

上维护好国家主权、安全和发展利益，推进新时代中国特色社会主义取得新胜利，实现中华民族伟大复兴，成为一个必须科学回答的重大问题，这就是"中国向何处去"的重大问题。习近平总书记立足新的历史方位，科学回答了这个重大问题，深化了对中国特色社会主义建设规律的认识，在马克思主义中国化历史进程中具有里程碑的意义。

（四）深入分析新时代中国共产党面临的风险挑战，科学回答"中国共产党向何处去"的重大问题

中国共产党是中国工人阶级的先锋队，同时是中华民族和中国人民的先锋队，不断推进伟大自我革命和伟大社会革命。中华民族迎来了从站起来、富起来到强起来的伟大飞跃，迎来了中华民族伟大复兴的光明前景。但是在长期执政、改革开放日益深入、外部环境复杂变化的新的历史条件下，党自身状况发生了广泛深刻变化，"四大考验"长期复杂，"四大危险"尖锐严峻，正如习近平总书记指出的："我们党面临的执政环境是复杂的，影响党的先进性、弱化党的纯洁性的因素也是复杂的，党内存在的思想不纯、组织不纯、作风不纯等突出问题尚未得到根本解决。"[①] 中国共产党能否经得住前所未有的风险考验，始终保持自身的先进性和纯洁性，始终走在时代前列、始终成为全国人民的主心骨、始终成为坚强领导核心，成为一个

---

① 习近平：《决胜全面建成小康社会 夺取新时代中国特色社会主义伟大胜利——在中国共产党第十九次全国代表大会上的报告》（2017年10月18日），人民出版社2017年版，第61页。

必须科学回答的重大问题,这就是"中国共产党向何处去"的重大问题。习近平总书记勇于应对风险挑战,科学回答了这个重大问题,深化了对共产党执政规律的认识,把马克思主义执政党建设推进到一个新境界。

总之,人类向何处去、社会主义向何处去、当代中国向何处去、中国共产党向何处去,这些时代之问、人民之问,这些重大理论和现实问题,集中到一点,就是"新时代坚持和发展什么样的中国特色社会主义、怎样坚持和发展中国特色社会主义"这个重大时代课题。以习近平同志为主要代表的中国共产党人从理论和实践的结合上系统回答了这个重大时代课题,创立了习近平新时代中国特色社会主义思想。这一马克思主义中国化最新成果,既是中国的也是世界的,既是中国人民的行动指南也是全人类的共同思想财富。

二 丰富的思想内涵,严整的理论体系

习近平新时代中国特色社会主义思想内涵十分丰富,涵盖改革发展稳定、内政外交国防、治党治国治军等各个领域、各个方面,构成了一个系统完整、逻辑严密、相互贯通的思想理论体系。

(一)坚持和发展新时代中国特色社会主义,是习近平新时代中国特色社会主义思想的核心要义

中国特色社会主义,是我们党紧密联系中国实际、深入探索创新取得的根本成就,是改革开放以来党的全部理

论和实践的主题。中华人民共和国成立后，以毛泽东同志为核心的第一代中央领导集体，团结带领全党全国人民开始探索适合中国国情的社会主义建设道路。改革开放以来，以邓小平同志为核心的第二代中央领导集体、以江泽民同志为核心的第三代中央领导集体、以胡锦涛同志为总书记的党中央，紧紧围绕着坚持和发展中国特色社会主义这个主题，深入分析并科学回答了"什么是社会主义、怎样建设社会主义""建设什么样的党、怎样建设党""实现什么样的发展、怎样发展"等重大问题，不断深化对中国特色社会主义建设规律的认识，创立了邓小平理论、"三个代表"重要思想、科学发展观，不断丰富中国特色社会主义理论体系。

党的十八大以来，以习近平同志为核心的党中央一以贯之地坚持这个主题，紧密结合新时代条件和新实践要求，以全新的视野，紧紧抓住并科学回答了"新时代坚持和发展什么样的中国特色社会主义、怎么坚持和发展中国特色社会主义"这一重大时代课题，创立了习近平新时代中国特色社会主义思想，深刻揭示了新时代中国特色社会主义的本质特征、发展规律和建设路径，为新时代坚持和发展中国特色社会主义提供了科学指引和基本遵循。

（二）"八个明确"是习近平新时代中国特色社会主义思想的主要内容

习近平总书记创造性地把马克思主义基本原理同当代中国具体实践有机结合起来，对新时代坚持和发展中国特色社会主义的总目标、总任务、总体布局和战略布局及发展方向、发展方式、发展动力、战略步骤、外部条件、政治保证等一系列基本问题进行了系统阐述,做出了"八个明确"的精辟概括,构成了习近平新时代中国特色社会主义思想的主要内容。其中,第一个明确从国家发展的层面上,阐明了坚持和发展中国特色社会主义的总目标、总任务和战略步骤。第二个明确从人和社会发展的层面上,阐明了新时代中国社会主要矛盾,以及通过解决这个主要矛盾促进人的全面发展、全体人民共同富裕的社会理想。第三个明确从总体布局和战略布局的层面上,阐明了新时代中国特色社会主义事业的发展方向和精神状态。第四至第七个明确分别从改革、法治、军队、外交方面,阐明了新时代坚持和发展中国特色社会主义的改革动力、法治保障、军事安全保障和外部环境保障等。第八个明确从最本质特征、最大优势和最高政治领导力量角度,阐明了新时代坚持和发展中国特色社会主义的根本政治保证。

"八个明确"涵盖了新时代坚持和发展中国特色社会主义的最核心、最重要的理论和实践问题。既包括中国特色社会主义最本质特征,又包括决定党和国家前途命运的根本力量;既包括中国大踏步赶上时代的法宝,又包括解决中国一切问题的基础和关键;既包括社会主义政治发展的必然要求,又包括中国特色社会主义的本质要求和重要保障;既包括国家和民族发展中更基本、更深沉、更持久的力量,又包括发展的根本目的;既包括中华民族永续发展的千年大计,又包括我们党治国理政的重大原则;既包括实现"两个一百年"奋斗目标的战略支撑,又包括实现中华民族伟大复兴的必然要求;既包括实现中国梦的国际环境和稳定的国际秩序，又包括我们党最鲜明的品格。这些内容逻辑上层层递进，内容上相辅相成，集中体现了习近平新时代中国特色社会主义思想的系统性、科学性、创新性。

（三）"十四个坚持"是新时代坚持和发展中国特色社会主义的基本方略

"十四个坚持"是习近平新时代中国特色社会主义思想的重要组成部分，是新时代坚持和发展中国特色社会主义的基本方略。其主要内容就是：坚持党对一切工作的领导，坚持以人民为中心，坚持全面深化改革，坚持新发展理念，坚持人民当家作主，坚持全面依法治国，坚持社会主义核心价值体系，坚持在发展中保障和改善民生，坚持人与自然和谐共生，坚持总体国家安全观，坚持党对人民军队的绝对领导，坚持"一国两制"和推进祖国统一，坚持推动构建人类命运共同体，坚持全面从严治党。

"十四个坚持"基本方略，从新时代中国特色社会主义的实践要求出发，包括中国全方位的发展要求，深化了对共产党执政规律、社会主义建设规律、人类社会发展规律的认识。体现了坚持党对一切工作的领导和坚持全面从严治党的极端重要性，紧紧扭住和高度聚焦中国共产党是当今中国最高政治领导力量。充分体现了坚持以人民为中心的根本立场和坚持全面深化改革的根本方法。包含了中国特色社会主义"五位一体"总体布局和"四个全面"战略布局的基本要求，突出了关键和特殊领域的基本要求，即坚持总体国家安全观体现了国家安全领域的基本要求，坚持党对人民军队的绝对领导体现了军队和国防建设方面的基本要求，坚持"一国两制"和推进祖国统一体现了港澳台工作方面的基本要求，坚持推动构建人类命运共同体体现了外交工作方面的基本要求。总的来看，"十四个坚持"基本方略，从行动纲领和重大对策措施的层面上，对经济、政治、法治、科技、文化、教育、民生、民族、宗教、社会、生态文明、国家安全、国防和军队、"一国两制"和祖国统一、统一战线、外交、党的建设等各方面内容做出了科学回答和战略部署，形成了具有实践性、操作性的根本要求，是实现"两个一百年"奋斗目标、实现中华民族伟大复兴中国梦的"路线图"和"方法论"，是科学的行动纲领和实践遵循。

（四）习近平新时代中国特色社会主义思想是一个严整的理论体系

习近平新时代中国特色社会主义思想坚持马克思主义基本立场、观点和方法，扎根于中国特色社会主义的生动实践，聚焦时代课题、擘画时代蓝图、演奏时代乐章，构建起系统完备、逻辑严密、内在统一的科学理论体系。它有着鲜明的人民立场和科学逻辑，蕴含着丰富的思想方法和工作方法，体现了坚持马克思主义与发展马克思主义的辩证统一，体现了把握事物发展客观规律性与发挥人的主观能动性的辩证统一，体现了立足中国国情与把握世界发展大势的辩证统一，书写了马克思主义发展新篇章。

习近平新时代中国特色社会主义思想内容极其丰富，

既是科学的理论指南，又是根本的行动纲领。"八个明确"侧重于回答新时代坚持和发展什么样的中国特色社会主义的问题，科学阐述了新时代中国特色社会主义发展中生产力与生产关系、经济基础与上层建筑、发展目标与实践进程等的辩证关系，涵盖了经济建设、政治建设、文化建设、社会建设、生态文明建设以及国防、外交、党的建设各个领域，是架构这一科学理论体系的四梁八柱。"十四个坚持"侧重于回答新时代怎么坚持和发展中国特色社会主义的问题，根据新时代的实践要求，从领导力量、发展思想、根本路径、发展理念、政治制度、治国理政、思想文化、社会民生、绿色发展、国家安全、军队建设、祖国统一、国际关系、党的建设等方面，做出深刻的理论分析和明确的政策指导，是习近平新时代中国特色社会主义思想的理论精髓和核心要义的具体展开，同党的基本理论、基本路线一起，构成党和人民事业发展的根本遵循。

总之，习近平新时代中国特色社会主义思想贯通历史、现实和未来，是扎根中国大地、反映人民意愿、顺应时代发展进步要求的科学理论体系。它坚持"实事求是，一切从实际出发"，"坚持问题导向"，"聆听时代声音"，坚持以我们正在做的事情为中心，以解决人民群众最关心、最直接、最现实的利益问题为着力点，顺利推进中国特色社会主义伟大事业。它始终面向党和国家事业长远发展，形成了从全面建成小康社会到基本实现现代化、再到全面建成社会主义现代化强国的战略安排，发出了实现中华民族伟大复兴中国梦的最强音。

三 为发展马克思主义做出原创性贡献

习近平总书记指出:"新中国成立以来特别是改革开放以来,中国发生了深刻变革,置身这一历史巨变之中的中国人更有资格、更有能力揭示这其中所蕴含的历史经验和发展规律,为发展马克思主义作出中国的原创性贡献。"[①] 习近平新时代中国特色社会主义思想,是发展创新马克思主义的典范,贯通马克思主义哲学、政治经济学、科学社会主义,体现了马克思主义基本原理与当代中国具体实际的有机结合,体现了对中华优秀传统文化、人类优秀文明成果的继承发展,赋予了马克思主义鲜明的实践特色、理论特色、民族特色、时代特色,是当代中国马克思主义、21世纪马克思主义,为丰富和发展马克思主义做出了中国的原创性贡献。

(一) 赋予辩证唯物主义和历史唯物主义新内涵

习近平总书记强调,辩证唯物主义和历史唯物主义是马克思主义的世界观、方法论,是马克思主义全部理论的基石,马克思主义哲学是共产党人的看家本领,"必须不断接受马克思主义哲学智慧的滋养"[②]。习近平新时代中国

---

① 《习近平谈治国理政》第2卷,外文出版社2017年版,第66页。

② 习近平:《辩证唯物主义是中国共产党人的世界观和方法论》,《求是》2019年第1期。

特色社会主义思想，创造性地将辩证唯物主义和历史唯物主义运用于党和国家的一切工作中，丰富发展了马克思主义哲学。比如，习近平总书记强调要学习和实践人类社会发展规律的思想，提出共产主义远大理想信念是共产党人的政治灵魂、精神支柱，实现共产主义是由一个一个阶段性目标达成的历史过程，"我们现在的努力以及将来多少代人的持续努力，都是朝着最终实现共产主义这个大目标前进的"[①]，把共产主义远大理想同中国特色社会主义共同理想统一起来、同我们正在做的事情统一起来；强调学习和实践坚守人民立场的思想，提出始终把人民立场作为根本立场，把为人民谋幸福作为根本使命，坚持全心全意为人民服务的根本宗旨，贯彻群众路线，尊重人民主体地位和首创精神，始终保持同人民群众的血肉联系，凝聚起众志成城的磅礴力量，团结带领人民共同创造历史伟业，不断促进人的全面发展、社会全面进步；学习和实践生产力和生产关系的思想，提出生产力是推动社会进步的最活跃、最革命的要素，社会主义的根本任务是解放和发展生产力，坚持发展为第一要务，自觉通过调整生产关系激发社会生产力发展活力，自觉通过完善上层建筑适应经济基础发展要求，让中国特色社会主义更加符合规律地向前发展；强调运用社会矛盾运动学说，揭示新时代中国社会主要矛盾是人民日益增长的美好生活需要和不平衡不充分的

[①] 习近平：《关于坚持和发展中国特色社会主义的几个问题（2013年1月5日）》，载《十八大以来重要文献选编》（上），中央文献出版社2014年版，第115页。

发展之间的矛盾；强调学习掌握唯物辩证法的根本方法，丰富和发展马克思主义方法论，增强战略思维、历史思维、辩证思维、创新思维、法治思维、底线思维能力，等等。这些新思想新观点新方法，在新的时代条件下赋予了辩证唯物主义和历史唯物主义基本原理和方法论新的时代内涵，光大了马克思主义哲学的实践性品格，将马克思主义哲学的创造性运用提升到一个新的境界，为中国人民认识世界、改造世界提供了强大的精神力量，发挥了改造世界的真理伟力。

（二）谱写马克思主义政治经济学新篇章

习近平总书记指出："学好马克思主义政治经济学基本原理和方法论，有利于我们掌握科学的经济分析方法，认识经济运动过程，把握经济社会发展规律，提高驾驭社会主义市场经济能力，更好回答中国经济发展的理论和实践问题。"[①] 习近平总书记立足中国国情和发展实践，深入研究世界经济和中国经济面临的新情况新问题，把马克思主义政治经济学基本原理同新时代中国经济社会发展实际相结合，提炼和总结中国经济发展实践的规律性成果，把实践经验上升为系统化的经济学理论，形成习近平新时代中国特色社会主义经济思想。比如，提出坚持发展为了人民的马克思主义政治经济学的根本立场，坚持以人民为中

---

① 习近平：《不断开拓当代中国马克思主义政治经济学新境界》（2015年11月23日），载习近平《论坚持全面深化改革》，中央文献出版社2018年版，第187页。

心的发展思想，坚定不移走共同富裕道路，推进全民共享、全面共享、共建共享和渐进共享，最终实现全体人民共同富裕，发展了马克思主义关于社会主义生产本质和目的的理论；创造性提出并贯彻创新、协调、绿色、开放、共享的新发展理念，集中反映了我们党对中国经济社会发展规律认识的深化，创新了马克思主义发展观；坚持和完善中国社会主义基本经济制度和分配制度，提出毫不动摇巩固和发展公有制经济，毫不动摇鼓励、支持、引导非公有制经济的发展，完善按劳分配为主体、多种分配方式并存的分配制度，使改革发展成果更多更公平惠及全体人民，实现效率和公平有机统一，发展了马克思主义所有制理论和分配理论；提出完善社会主义市场经济体制，使市场在资源配置中起决定性作用，更好发挥政府作用，实现了我们党对中国特色社会主义建设规律认识的新突破，标志着社会主义市场经济发展进入了一个新阶段；着眼于中国经济由高速增长阶段转向高质量发展阶段的深刻变化，提出积极适应、把握、引领经济发展新常态，坚持质量第一、效益优先，以供给侧结构性改革为主线，推动经济发展质量变革、效率变革、动力变革，建设现代化经济体系，发展了社会主义经济建设理论；站在全面建成小康社会、实现中华民族伟大复兴中国梦的战略高度，把脱贫攻坚摆到治国理政突出位置，提出精准扶贫、精准脱贫等重要思想，推动中国减贫事业取得巨大成就，对世界减贫做出了重大贡献；坚持对外开放基本国策，提出发展更高层次的开放型经济，积极参与全球经济治理，推进"一带一路"建设，深化了社会主义对外开放理论，等等。这一系列新思想新理念新论断,创造性地坚持和发展马克思主义政治经济学基本原理和方法论,实现了中国特色社会主义政治经济学学术体系、话语体系、方法论体系的创新发展,书写了当代中国社会主义政治经济学、21世纪马克思主义政治经济学的最新篇章,打破国际经济学领域许多被奉为教条的西方经济学的理论、概念、方法和话语,为发展马克思主义政治经济学做出重大贡献。

(三) 开辟科学社会主义新境界

习近平总书记指出:"科学社会主义基本原则不能丢,丢了就不是社会主义。"[①] 对科学社会主义的理论思考、经验总结,对坚持和发展中国特色社会主义的担当和探索,贯穿习近平新时代中国特色社会主义思想形成和发展的全过程。习近平新时代中国特色社会主义思想贯穿科学社会主义基本原则,推进理论创新、实践创新、制度创新、文化创新以及各方面创新,提出一系列关于科学社会主义的新思想。比如,把科学社会主义基本原则同中国具体实际、历史文化传统、时代要求紧密结合起来,提出"中国特色社会主义是社会主义而不是其他什么主义"[②],是科学社会主义理论逻辑和中国社会发展历史逻辑的辩证统一,是根植于中国大地、反映中国人民意愿、适应中国和时代

[①] 习近平:《关于坚持和发展中国特色社会主义的几个问题(2013年1月5日)》,载《十八大以来重要文献选编》(上),中央文献出版社2014年版,第109页。

[②] 同上。

发展进步要求的科学社会主义；明确中国特色社会主义事业总体布局是"五位一体"、战略布局是"四个全面"，强调坚定"四个自信"，明确全面深化改革是坚持和发展中国特色社会主义的根本动力等，丰富发展了马克思主义关于社会主义全面发展的认识；将科学社会主义基本原则运用于解决当代中国实践问题，创造性地提出中国特色社会主义进入新时代、建设社会主义现代化强国的思想，丰富发展了社会主义发展阶段理论；创造性地提出坚持和完善中国特色社会主义制度、不断推进国家治理体系和治理能力现代化的思想，创建了科学社会主义关于国家治理体系和治理能力现代化的崭新理论，丰富发展了马克思主义国家学说和社会治理学说；站在人类历史发展进程的高度，正确把握国际形势的深刻变化，顺应和平、发展、合作、共赢的时代潮流，高瞻远瞩地提出构建人类命运共同体的重大思想，建设持久和平、普遍安全、共同繁荣、开放包容、清洁美丽的世界，丰富发展了马克思主义关于未来社会发展的理论；创造性地提出中国特色社会主义最本质的特征和中国特色社会主义制度的最大优势是中国共产党的领导，党是最高政治领导力量，新时代党的建设总要求、新时代党的组织路线，突出政治建设在党的建设中的重要地位，持之以恒全面从严治党等重大思想，科学地解答了马克思主义执政党长期执政面临的一系列重大问题，深化了对共产党执政规律的认识，丰富发展了马克思主义政党建设理论，等等。这些重大理论观点，是习近平总书记总结世界社会主义500多年历史，科学社会主义170多年历史，特别是中华人民共和国近70年社会主义建设正反经验得出的重要结论，回答了在21世纪如何坚持和发展科学社会主义等重大理论和实践问题，丰富和发展了科学社会主义基本原理，彰显了科学社会主义的鲜活生命力，使社会主义的伟大旗帜始终在中国大地上高高飘扬，把科学社会主义推向一个新的发展阶段。

实践没有止境，理论创新也没有止境。习近平总书记指出："世界每时每刻都在发生变化，中国也每时每刻都在发生变化，我们必须在理论上跟上时代，不断认识规律，不断推进理论创新、实践创新、制度创新、文化创新以及其他各方面创新。"[①] 今天，时代变化和中国发展的广度和深度远远超出了马克思主义经典作家当时的想象，这就要求我们坚持用马克思主义观察时代、解读时代、引领时代，用鲜活丰富的当代中国实践来推动马克思主义发展，以更加宽阔的眼界审视马克思主义在当代发展的现实基础和实践需要，继续发展21世纪马克思主义，不断开辟马克思主义发展新境界，使马克思主义放射出更加灿烂的真理光芒。

四 坚持用习近平新时代中国特色社会主义思想统领哲学社会科学工作

习近平总书记指出："坚持以马克思主义为指导，是

---

① 习近平：《决胜全面建成小康社会 夺取新时代中国特色社会主义伟大胜利——在中国共产党第十九次全国代表大会上的报告》（2017年10月18日），人民出版社2017年版，第26页。

当代中国哲学社会科学区别于其他哲学社会科学的根本标志，必须旗帜鲜明加以坚持。"① 不坚持以马克思主义为指导，哲学社会科学就会失去灵魂、迷失方向，最终也不能发挥应有作用。习近平新时代中国特色社会主义思想是闪耀真理光辉、凝结时代精华的当代中国马克思主义，是新时代哲学社会科学的最高成果。坚持习近平新时代中国特色社会主义思想，就是真正坚持和发展马克思主义。用习近平新时代中国特色社会主义思想武装头脑、指导实践、推动工作，是做好一切工作的重要前提。坚持以习近平新时代中国特色社会主义思想为统领，中国哲学社会科学就有了定盘星和主心骨，就能保证哲学社会科学研究坚持正确的政治方向、学术导向和价值取向，就能与时代同步伐、与人民齐奋进，实现哲学社会科学的大繁荣大发展。

（一）学懂弄通做实习近平新时代中国特色社会主义思想

学习宣传贯彻习近平新时代中国特色社会主义思想是哲学社会科学界头等政治任务和理论任务。担负起新时代赋予的构建中国特色哲学社会科学崇高使命，必须做到：一要学懂，深入学习领会这一思想蕴含的核心要义、丰富内涵、重大意义，深刻领悟这一思想对丰富发展马克思主义理论宝库做出的原创性贡献，深刻把握这一思想对哲学社会科学工作的指导意义；二要弄通，学习贯穿习近平新

---

① 习近平：《在哲学社会科学工作座谈会上的讲话》（2016年5月17日），人民出版社2016年版，第8页。

时代中国特色社会主义思想的立场观点方法，既要知其然又要知其所以然，体会习近平总书记为什么这么讲，站在什么样的高度来讲；三要落实，全面贯彻习近平总书记在哲学社会科学工作座谈会上的重要讲话和致中国社会科学院建院 40 周年、中国社会科学院中国历史研究院成立贺信精神，把习近平新时代中国特色社会主义思想落实到哲学社会科学各个领域、各个方面，切实贯穿到学术研究、课堂教学、成果评价、人才培养等各个环节，促进党的创新理论与各个学科、概念、范畴之间的融通，使党的重大理论创新成果真正融入哲学社会科学中去，推出系统性与学理性并重、说理透彻与文风活泼兼备的高水平研究成果，书写研究阐释当代中国马克思主义、21 世纪马克思主义的学术经典，为推进马克思主义中国化时代化大众化做出新贡献。

（二）坚持以研究回答新时代重大理论和现实问题为主攻方向

问题是时代的声音。习近平总书记反复强调："当代中国的伟大社会变革，不是简单延续我国历史文化的母版，不是简单套用马克思主义经典作家设想的模板，不是其他国家社会主义实践的再版，也不是国外现代化发展的翻版，不可能找到现成的教科书。"① 建设具有中国特色、中国风格、中国气派的哲学社会科学，必须立足中国实

---

① 习近平：《在哲学社会科学工作座谈会上的讲话》（2016年5月17日），人民出版社2016年版，第21页。

际,以我们正在做的事情为中心,坚持问题导向,始终着眼党和国家工作大局,聚焦新时代重大理论和现实问题,聚焦人民群众关注的热点和难点问题,聚焦党中央关心的战略和策略问题,特别是习近平总书记提出的一系列重大问题,例如,如何巩固马克思主义在意识形态领域的指导地位,培育和践行社会主义核心价值观,巩固全党全国各族人民团结奋斗的共同思想基础;如何贯彻落实新发展理念、加快推进供给侧结构性改革、转变经济发展方式、提高发展质量和效益;如何更好保障和改善民生、促进社会公平正义;如何提高改革决策水平、推进国家治理体系和治理能力现代化;如何加快建设社会主义文化强国、增强文化软实力、提高中国在国际上的话语权;如何不断提高党的领导水平和执政水平、增强拒腐防变和抵御风险能力等,在研究这些问题上大有作为,推出更多对中央决策有重要参考价值、对事业发展有重要推动作用的优秀成果,揭示中国社会发展、人类社会发展的大逻辑大趋势,为实现中华民族伟大复兴的中国梦提供智力支持。

(三)加快构建中国特色哲学社会科学学科体系、学术体系、话语体系

哲学社会科学的特色、风格、气派,是发展到一定阶段的产物,是成熟的标志,是实力的象征,也是自信的体现。构建中国特色哲学社会科学,是新时代繁荣发展中国哲学社会科学事业的崇高使命,是广大哲学社会科学工作者的神圣职责。哲学社会科学界要以高度的政治自觉和学术自觉,以强烈的责任感、紧迫感和担当精神,在加快构建"三大体系"上有过硬的举措、实质性进展和更大作为。要按照习近平总书记在哲学社会科学工作座谈会上的重要讲话中提出的指示要求，按照立足中国、借鉴国外，挖掘历史、把握当代，关怀人类、面向未来的思路，体现继承性、民族性，体现原创性、时代性，体现系统性、专业性，构建中国哲学社会科学学科体系、学术体系、话语体系，形成全方位、全领域、全要素的哲学社会科学体系，为建设具有中国特色、中国风格、中国气派的哲学社会科学奠定基础，增强中国哲学社会科学研究的国际影响力，提升国家的文化软实力，让世界知道"学术中的中国""理论中的中国""哲学社会科学中的中国"。

（四）弘扬理论联系实际的马克思主义学风

繁荣发展中国哲学社会科学，必须解决好学风问题，加强学风建设。习近平总书记指出："理论一旦脱离了实践，就会成为僵化的教条，失去活力和生命力。"[①] 哲学社会科学工作者要理论联系实际，大力弘扬崇尚精品、严谨治学、注重诚信、讲求责任的优良学风，营造风清气正、互学互鉴、积极向上的学术生态；要树立良好学术道德，自觉遵守学术规范，讲究博学、审问、慎思、明辨、笃行，崇尚"士以弘道"的价值追求，真正把做人、做事、做学问统一起来；要有"板凳要坐十年冷，文章不写一句空"的执着坚守，耐得住寂寞，经得起诱惑，守得住底

---

① 习近平：《辩证唯物主义是中国共产党人的世界观和方法论》，《求是》2019年第1期。

线,立志做大学问、做真学问;要把社会责任放在首位,严肃对待学术研究的社会效果,自觉践行社会主义核心价值观,做真善美的追求者和传播者,以深厚的学识修养赢得尊重,以高尚的人格魅力引领风气,在为祖国、为人民立德立言中成就自我、实现价值,成为先进思想的倡导者、学术研究的开拓者、社会风尚的引领者、中国共产党执政的坚定支持者。

(五)坚持和加强党对哲学社会科学的全面领导

哲学社会科学事业是党和人民的重要事业,哲学社会科学战线是党和人民的重要战线。加强和改善党对哲学社会科学工作的全面领导,是出高质量成果、高水平人才,加快构建"三大体系"的根本政治保证。要树牢"四个意识",坚定"四个自信",坚决做到"两个维护",坚定不移地在思想上政治上行动上同以习近平同志为核心的党中央保持高度一致,坚定不移地维护习近平总书记在党中央和全党的核心地位,坚定不移地维护党中央权威和集中统一领导,确保哲学社会科学始终围绕中心,服务大局;要加强政治领导和工作指导,尊重哲学社会科学发展规律,提高领导哲学社会科学工作本领,一手抓繁荣发展、一手抓引导管理;要认真贯彻党的知识分子政策,尊重劳动、尊重知识、尊重人才、尊重创造,做到政治上充分信任、思想上主动引导、工作上创造条件、生活上关心照顾,多为他们办实事、做好事、解难事;要切实贯彻百花齐放、百家争鸣方针,开展平等、健康、活泼和充分说理的学术争鸣,提倡不同学术观点、不同风格学派相互切磋、平等讨论；要正确区分学术问题和政治问题，不要把一般的学术问题当成政治问题，也不要把政治问题当作一般的学术问题，既反对打着学术研究旗号从事违背学术道德、违反宪法法律的假学术行为，也反对把学术问题和政治问题混淆起来、用解决政治问题的办法对待学术问题的简单化做法。

"群才属休明，乘运共跃鳞。"中国特色社会主义进入新时代，也是哲学社会科学繁荣发展的时代，是哲学社会科学工作者大有可为的时代。广大哲学社会科学工作者，要坚持以习近平新时代中国特色社会主义思想为指导，发愤图强，奋力拼搏，书写新时代哲学社会科学发展新篇章，为实现"两个一百年"奋斗目标、实现中华民族伟大复兴的中国梦做出新的更大贡献。

出版前言

党的十八大以来,以习近平同志为主要代表的中国共产党人,顺应时代发展,站在党和国家事业发展全局的高度,围绕坚持和发展中国特色社会主义,从理论和实践结合上系统回答了新时代坚持和发展什么样的中国特色社会主义、怎样坚持和发展中国特色社会主义这个重大时代课题,创立了习近平新时代中国特色社会主义思想。习近平新时代中国特色社会主义思想,内容丰富、思想深刻,涉及生产力和生产关系、经济基础和上层建筑各个环节,涵盖经济建设、政治建设、文化建设、社会建设、生态文明建设、党的建设以及国防和军队建设、外交工作等领域,形成了系统完整、逻辑严密的科学理论体系。习近平新时代中国特色社会主义思想是对马克思列宁主义、毛泽东思想、邓小平理论、"三个代表"重要思想、科学发展观的继承和发展,是马克思主义中国化的最新成果,是当代中国马克思主义、21世纪马克思主义,是全党全国人民为实现"两个一百年"奋斗目标和中华民族伟大复兴而奋斗的行动指南。深入学习、刻苦钻研、科学阐释习近平新时代中国特色社会主义思想是新时代赋予中国哲学社会科学工作者的崇高使命与责任担当。

2015年年底，为了深入学习贯彻落实习近平总书记系列重要讲话精神和治国理政新理念新思想新战略，中国社会科学出版社赵剑英社长开始策划组织《习近平总书记系列重要讲话精神和治国理政新理念新思想新战略学习丛书》的编写出版工作。中国社会科学院党组以强烈的政治意识、大局意识、核心意识、看齐意识，高度重视这一工作，按照中央的相关部署和要求，组织优秀精干的科研力量对习近平总书记系列重要讲话精神和治国理政新理念新思想新战略进行集中学习、深入研究、科学阐释，开展该丛书的撰写工作。

2016年7月，经全国哲学社会科学工作办公室批准，《习近平总书记系列重要讲话精神和治国理政新理念新思想新战略学习丛书》的写作出版，被确立为国家社会科学基金十八大以来党中央治国理政新理念新思想新战略研究专项工程项目之一，由时任中国社会科学院院长、党组书记王伟光同志担任首席专家。国家社会科学基金十八大以来党中央治国理政新理念新思想新战略研究专项工程项目于2016年4月设立，包括政治、经济、文化、军事等13个重点研究方向。本课题是专项工程项目中唯一跨学科、多视角、全领域的研究课题，涉及除军事学科之外12个研究方向，相应成立了12个子课题组。

党的十九大召开之前，作为向十九大献礼的项目，课题组完成了第一批书稿，并报中央宣传部审批。党的十九大召开之后，课题组根据习近平总书记最新重要讲话和党的十九大精神，根据中宣部的审读意见，对书稿进行了多次修改完善，并将丛书名确立为《习近平新时代中国特色社会主义思想学习丛书》。

中国社会科学院院长、党组书记谢伏瞻同志对本课题的研究和丛书的写作、修改做出明确指示，并为之作序。王伟光同志作为课题组首席专家，主持制定总课题和各子课题研究的基本框架、要求和实施方案。中国社会科学院副院长、党组副书记王京清同志一直关心本丛书的研究和写作，对出版工作予以指导。中国社会科学院副院长蔡昉同志具体负责课题研究和写作的组织协调与指导。中国社会科学院科研局局长马援等同志，在项目申报、经费管理等方面给予了有力支持。中国社会科学出版社作为项目责任单位，在本丛书总策划，党委书记、社长赵剑英同志的领导下，以高度的政治担当意识和责任意识，协助院党组和课题组专家认真、严谨地做好课题研究管理、项目运行和编辑出版等工作。中国社会科学出版社总编辑助理王茵同志、重大项目出版中心主任助理孙萍同志，对项目管理、运行付出了诸多辛劳。

在三年多的时间里，课题组近一百位专家学者系统深入学习习近平同志在不同历史时期所发表的重要讲话和著述，深入研究、精心写作，召开了几十次的理论研讨会、专家审稿会，对书稿进行多次修改，力图系统阐释习近平新时代中国特色社会主义思想的时代背景、理论渊源、实践基础、主题主线、主要观点和核心要义，努力从总体上把握习近平新时代中国特色社会主义思想内在的理论逻辑和精神实质，全面呈现其当代中国马克思主义、21世纪马克思主义的理论形态及其伟大的理论和实践意义，最终形成了总共约300万字的《习近平新时代中国特色社会主义思想学习丛书》，共12册。

(1)《开辟当代马克思主义哲学新境界》
(2)《深入推进新时代党的建设新的伟大工程》
(3)《坚持以人民为中心的新发展理念》
(4)《构建新时代中国特色社会主义政治经济学》
(5)《全面依法治国　建设法治中国》
(6)《建设新时代社会主义文化强国》
(7)《实现新时代中国特色社会主义文艺的历史使命》
(8)《生态文明建设的理论构建与实践探索》
(9)《走中国特色社会主义乡村振兴道路》
(10)《习近平新时代中国特色社会主义外交思想研究》
(11)《习近平新时代治国理政的历史观》
(12)《全面从严治党永远在路上》

习近平新时代中国特色社会主义思想博大精深、内涵十分丰富，我们虽已付出最大努力，但由于水平有限，学习体悟尚不够深入，研究阐释定有不少疏漏之处，敬请广大读者提出宝贵的指导意见，以期我们进一步修改完善。

最后，衷心感谢所有参与本丛书写作和出版工作的专家学者、各级领导以及编辑、校对、印制等工作人员。

《习近平新时代中国特色社会主义思想学习丛书》课题组
首席专家　王伟光

中国社会科学出版社

2019年3月

目　　录

第一章　总论 …………………………………………（1）
　一　"三农"的重要性 ……………………………（2）
　二　习近平总书记在"三农"领域的探索与
　　　实践 ……………………………………………（16）
　三　新时期"三农"工作的重要内容 …………（18）
　四　习近平总书记关于"三农"的重要论述的
　　　重要价值 ………………………………………（32）
　五　习近平总书记关于"三农"的重要论述的
　　　指导意义 ………………………………………（34）

第二章　稳定和完善农村基本经营制度 …………（41）
　一　坚持农村基本经营制度 ………………………（42）
　二　实行农村土地"三权分置" …………………（51）
　三　完善统一经营,发展多种形式的适度
　　　规模经营 ………………………………………（58）

第三章　深化农村改革 ……………………………（64）
　一　农村综合配套改革的主要内容 ……………（65）
　二　深化农村集体产权制度改革 ………………（69）

三　完善农业支持保护制度 …………………… (72)
　　四　推进供销合作社综合改革 ………………… (77)

第四章　保障国家粮食安全 ……………………… (82)
　　一　新粮食安全观形成的背景与重要意义 ……… (83)
　　二　新粮食安全战略的基本内涵 ………………… (86)
　　三　保障国家粮食安全的有效途径 ……………… (95)

第五章　实现中国特色农业现代化 ……………… (102)
　　一　实现农业现代化的重大意义 ……………… (103)
　　二　农业现代化的目标、定位及根本途径 ……… (108)
　　三　农业现代化的重点任务 …………………… (117)
　　四　农业现代化关键在科技进步 ……………… (130)

第六章　推进城乡融合发展 ……………………… (134)
　　一　推进城乡融合发展的重大意义 …………… (134)
　　二　推进城乡融合发展的战略路径 …………… (135)
　　三　形成新型工农城乡关系 …………………… (139)
　　四　健全城乡融合发展的体制机制 …………… (144)
　　五　让广大农民共享改革发展成果 …………… (147)

第七章　建设社会主义新农村 …………………… (152)
　　一　走符合农村实际的路子 …………………… (153)
　　二　新农村建设要因地制宜 …………………… (162)
　　三　推进美丽乡村建设 ………………………… (166)
　　四　全面提升农民素质 ………………………… (175)

第八章　实施精准扶贫开发方略 …………………… （182）
　一　扶贫开发的重要意义 ………………………… （183）
　二　坚持走中国特色的扶贫开发道路 …………… （189）
　三　实施精准扶贫精准脱贫方略 ………………… （199）
　四　创新扶贫开发体制机制 ……………………… （204）

第九章　加快农村生态文明建设 …………………… （208）
　一　加强农村生态环境保护 ……………………… （209）
　二　促进农业绿色发展 …………………………… （217）
　三　加快林业改革和发展 ………………………… （222）
　四　加强水资源利用与保护 ……………………… （228）

第十章　加强党的领导和农村治理 ………………… （234）
　一　加强和创新党对"三农"工作的领导 ………… （235）
　二　加强农村社会治理 …………………………… （242）
　三　加强基层党组织建设 ………………………… （251）

参考文献 ……………………………………………… （259）

索引 …………………………………………………… （271）

后记 …………………………………………………… （276）

第一章

总　　论

"三农"是农业、农村和农民的简称。"三农"问题始终是中国革命、建设和改革全局的根本问题，也是中国现代化建设的根本问题。它关系到中国经济发展的基础、社会稳定的基石，是全面建成小康社会的关键。中国共产党历代领导人都高度重视"三农"问题，在不同历史时期，把马克思主义基本原理与中国实际相结合，指导"三农"、面向"三农"、服务"三农"，推进社会主义现代化建设。党的十八大以来，习近平总书记尤其高度重视"三农"工作，强调要始终把解决好"三农"问题放在全党工作重中之重的位置。党的十九大提出要实施乡村振兴战略，并将之作为全面建成小康社会决胜期的七大战略之一，是党中央解决好新时代"三农"问题的重大战略决策。习近平总书记站在全局的战略高度，从全面建成小康社会和实现中华民族伟大复兴中国梦的目标出发，针对农村改革与发展面临的新情况和新问题，提出了关于"三农"发展的一系列新思想、新论断、新要求，构成了习近平新时代中国特色社会主义思想的重要组成部分。

一　"三农"的重要性

农业是国民经济的基础，是最基本的物质生产部门，是支撑经济社会发展的根本保证，关系着改革开放和现代化的全局。要确保13亿多人口的吃饭问题，农业的重要地位更为突出。农村是广大农民的聚居地，承载着中华民族的乡愁，也是城镇居民的生态和休闲空间。中国是一个农业大国，同时也是一个人口大国，农民是中国人口数量最多的群体。因此，习近平总书记多次强调全党要始终高度重视农业、农村、农民问题。

（一）"三农"问题是贯穿中国现代化建设和实现中华民族伟大复兴进程中的基本问题

"三农"问题在我国具有特殊的历史和现实意义。在不同的历史时期，如果处理好"三农"问题，我们的事业就会顺利推进，社会主义现代化建设就会取得长足发展；如果不能正确处理"三农"问题，我们的事业就会遭受挫折。习近平总书记在党的十九大报告中指出："农业农村农民问题是关系国计民生的根本性问题，必须始终把解决好'三农'问题作为全党工作重中之重。"[①] 党的十八大以来，习近平总书记多次指出，"三农"问题始终是贯穿

---

① 习近平：《决胜全面建成小康社会　夺取新时代中国特色社会主义伟大胜利——在中国共产党第十九次全国代表大会上的报告》，人民出版社2017年版，第32页。

我国现代化建设和实现中华民族伟大复兴进程中的基本问题，必须坚持把解决好"三农"问题作为全党工作重中之重，始终把"三农"工作牢牢抓住、紧紧抓好。他强调，把解决好"三农"问题作为全党工作重中之重，是我们党执政兴国的重要经验，必须长期坚持、毫不动摇。[①] 任何时候都不能忽视农业、忘记农民、淡漠农村。必须始终坚持强农惠农富农政策不减弱、推进农村全面小康不松劲，在认识的高度、重视的程度、投入的力度上保持好势头。[②]

（二）国家粮食安全是国民经济发展的战略问题

中国是一个人口大国，解决13亿多人的吃饭问题是一个重大战略问题。保障国家粮食安全始终是中国农业发展的出发点。习近平总书记在党的十九大报告中指出："确保国家粮食安全，把中国人的饭碗牢牢端在自己手中。"[③] 习近平总书记多次告诫全党，我国有13亿多人口，如果哪天粮食出了问题，谁也救不了我们。中国人的饭碗任何时候都要牢牢端在自己手上，饭碗里必须装的是中国粮。这充分体现了习近平总书记居安思危、深谋远虑的战略理念。

20世纪80年代初期推行的家庭联产承包责任制，

---

① 参见中共农业部党组理论学习中心组《以科学的理论思维开创农村改革发展新境界》，《求是》2015年第11期。

② 《保持战略定力增强发展自信　坚持变中求新变中求进变中突破》，《人民日报》2015年7月19日第1版。

③ 习近平：《决胜全面建成小康社会　夺取新时代中国特色社会主义伟大胜利——在中国共产党第十九次全国代表大会上的报告》，人民出版社2017年版，第32页。

拉开了农村改革的序幕，极大地解放了农村生产力，释放了农业生产的活力，实现了粮食产量的逐年增加，在短时间内解决了温饱问题，为中国长期保持高速经济发展奠定了基础。进入21世纪以来，党中央、国务院进一步关注国家粮食安全，并采取了一系列支持政策，有力地促进了粮食生产，创造了粮食产量"十二连增"的奇迹。全国粮食产量由2003年的4.31亿吨增加到2015年的6.21亿吨。正是由于始终将粮食安全放在重要的战略地位，才为国民经济的高速发展提供了坚实保障。

新时代，中国粮食生产面临资源环境约束和生产经营成本上升两大挑战。在这种情况下，党中央提出了新形势下国家粮食安全战略，即以我为主、立足国内、确保产能、适度进口、科技支撑，进而实现谷物基本自给、口粮绝对安全的目标。

（三）"中国要强，农业必须强"

农业是人类社会生存的基础，是国民经济中提供食物等主要生活必需品的最基本的物质生产部门。中国是一个发展中国家，也是一个农业大国，农业在国民经济中的基础地位就更为突出。中国要实现现代化，实现中华民族伟大复兴的中国梦，就必须把农业这个基础打牢。

在2015年12月召开的中央农村工作会议上，习近平总书记强调，重农固本，是安民之基，要求任何时候都不能忽视和放松"三农"工作。"十三五"时期，必须坚持把解决好"三农"问题作为全党工作的重中之重,牢固树立和切实贯彻创新、协调、绿色、开放、共享的发展理念,加大强农惠农富农力度,深入推进农村各项改革,破解"三农"难题、增强创新动力、厚植发展优势,积极推进农业现代化,扎实做好脱贫开发工作,提高社会主义新农村建设水平,让农业农村成为可以大有作为的广阔天地。

党的十八大提出了"四化同步"的目标,将实现农业现代化提到了一个非常重要的位置。但是,也应该看到,农业现代化在"四化同步"中的任务最为艰巨。习近平总书记在2013年召开的中央农村工作会议上指出:"一定要看到,农业还是'四化同步'的短腿,农村还是全面建成小康社会的短板。"[1]他提醒全党同志,务必从思想上、政治上高度重视农业,高度重视农业现代化的实现,要下大力气补上这一短板。只有实现了农业现代化,才能实现真正的"四化同步",也只有实现了"四化同步"这一战略目标,才能够真正实现中华民族伟大复兴的中国梦。

(四)"中国要美,农村必须美"

农村是中国广大农民的聚居地,承载着中华民族的乡愁。加快新农村建设,改变农村面貌,建设美丽新乡村,

---

[1] 习近平:《在中央农村工作会议上的讲话》,载中共中央文献研究室编《十八大以来重要文献选编》(上),中央文献出版社2014年版,第658页。

这是小康社会在农村的具象化表达，是农村经济、政治、文化、社会、生态文明建设和党的建设有机结合、协调发展的统一体。习近平总书记对新农村建设提出了生动而具体的要求，那就是"农村不能成为荒芜的农村、留守的农村、记忆中的故园"①。"中国要美，农村必须美"，只有广大农村变得美丽了，实现了人与生态的和谐发展，中国才能变得更美。

建设社会主义新农村必须坚持中国特色，立足中国现实。2015年1月20日，习近平总书记在云南省考察工作时强调，新农村建设一定要走符合农村实际的路子，遵循乡村自身发展规律，充分体现农村特点，注意乡土味道，保留乡村风貌，留得住青山绿水，记得住乡愁。②

（五）"农村要发展，根本要靠亿万农民"

中国是一个农业大国，拥有世界上最多的农村人口。2016年年末，中国乡村人口总数为58973万人，占总人口的42.65%。中国的富裕离不开农村的富裕，正如习近平总书记所说的，"中国要富，农民必须富"。农民是中国人口的重要组成部分，是劳动力的重要来源，是不可忽视的财富创造者。在主持中共中央政治局第二十二次集体学习时，习近平总书记强调：农村要发展，根本要依靠亿万农

---

① 习近平：《在中央农村工作会议上的讲话》，载中共中央文献研究室编《十八大以来重要文献选编》（上），中央文献出版社2014年版，第682页。

② 《坚决打好扶贫开发攻坚战 加快民族地区经济社会发展》，《人民日报》2015年1月22日第1版。

民。要坚持不懈推进农村改革和制度创新，充分发挥亿万农民主体作用和首创精神，不断解放和发展农村社会生产力，激发农村发展活力。①

第一，要重视农民富，一个都不能少。 改革开放以来，中国经济保持持续高速增长，人民收入水平大幅度提高。但是，由于长期存在的城乡差别难以在短时间内改变，农民与城市居民的收入仍有较大的差距。全面建成小康社会，关键在农村，难点也在农村。正如习近平总书记所说的，"小康不小康，关键看老乡"。2014年12月，习近平总书记在江苏调研时强调，要更加重视促进农民增收，让广大农民都过上幸福美满的好日子，一个都不能少，一户都不能落。② 自2010年以来，虽然中国农民收入增速连续7年高于城镇居民增速，但实现全面建成小康社会的任务仍然十分艰巨。要大力促进农民增加收入，不要平均数掩盖了大多数，要看大多数农民收入水平是否得到提高。

第二，实现农民富，需要推进城乡一体化。 要消除二元结构，推进城乡发展一体化，让广大农民共享经济发展的成果。党的十八大提出"四化同步"的目标就是把城市和乡村作为一个整体协调发展。习近平总书记指出：我们既要有工业化、信息化、城镇化，也要有农业

---

① 《健全城乡发展一体化体制机制　让广大农民共享改革发展成果》，《人民日报》2015年5月2日第1版。

② 《主动把握和积极适应经济发展新常态　推动改革开放和现代化建设迈上新台阶》，《人民日报》2014年12月15日第1版。

现代化和新农村建设，两个方面要同步发展。要破除城乡二元结构，推进城乡发展一体化，把广大农村建设成农民幸福生活的美好家园。① 着力点是通过建立城乡融合的体制机制，形成以工促农、以城带乡、工农互惠、城乡一体的新型工农城乡关系，目标是逐步实现城乡居民基本权益平等化、城乡公共服务均等化、城乡居民收入均衡化、城乡要素配置合理化，以及城乡产业发展融合化。② 随着中国综合国力的不断增强，通过强农惠农政策，实现工业反哺农业，城市支持农村，国家财政对"三农"的支持力度也在不断加大。习近平总书记强调，把工业反哺农业、城市支持农村作为一项长期坚持的方针，坚持和完善实践证明行之有效的强农惠农富农政策，动员社会各方面力量加大对"三农"的支持力度，努力形成城乡发展一体化新格局。③

第三，要提高农民素质，培养造就一支懂农业、爱农村、爱农民的"三农"工作队伍。城乡差距同样表现在教育方面，中国农村教育也是短板。办好农村教育事业，努力提高农村教育水平，是建设社会主义新农村和全面建成小康社会的迫切需要。习近平总书记非常关心农村教育，提出要切实办好农村义务教育，让农村下一代掌握更多知

---

① 中共中央文献研究室编：《习近平关于协调推进"四个全面"战略布局论述摘编》，中央文献出版社2015年版，第32页。
② 《健全城乡发展一体化体制机制　让广大农民共享改革发展成果》，《人民日报》2015年5月2日第1版。
③ 同上。

识和技能。① 发展贫困地区的教育尤为重要，这是因为贫困地区的教育和人才状况与发达地区的差距还很大，教育水平落后对经济发展的影响很大。农村人力资源无论是数量上还是质量上都存在很大的缺口，针对这种情况，习近平总书记指出，要加大对农村地区、民族地区、贫困地区职业教育支持力度，努力让每个人都有人生出彩的机会。② 贫困地区义务教育落后，对高端人才缺乏吸引力，发展职业教育，培养懂技术、有技能、会操作、有专长的职业人才有利于扩大就业，促进劳动力的转移。

现代农业的发展离不开高素质的农民，中国在向现代农业迈进的今天，需要一批不同于传统农民的新型农民，以适应现代农业的需要。习近平总书记在党的十九大报告中指出，要"培养造就一支懂农业、爱农村、爱农民的'三农'工作队伍"③，就是为了满足农业农村现代化对高素质农民的需求。习近平总书记早在2013年中央农村工作会议上就指出："……要提高农民素质，培养造就新型农民队伍……把培养青年农民纳入国家实用人才培养计划，确保农业后继有人……要把加快培育新型农业经营主体作为一项重大战略，以吸引年轻人务农、培育职业农民

---

① 《深化改革开放推进创新驱动　实现全年经济社会发展目标》，《人民日报》2013年11月6日第1版。

② 《更好支持和帮助职业教育发展　为实现"两个一百年"奋斗目标提供人才保障》，《人民日报》2014年6月24日第1版。

③ 习近平：《决胜全面建成小康社会　夺取新时代中国特色社会主义伟大胜利——在中国共产党第十九次全国代表大会上的报告》，人民出版社2017年版，第32页。

为重点，建立专门政策机制，构建职业农民队伍……为农业现代化建设和农业持续健康发展提供坚实人力基础和保障。"① 随着城镇化水平的不断提高，离开农村的人口将会逐渐增多，新型农业经营主体将逐步取代家庭经营成为中国农业的主要经营方式。经营方式的转变需要专门的经营管理人才和技术人才。培养造就新型农民队伍、构建职业农民队伍是农业现代化的必然要求。

第四，实现农民富，改善基础设施条件很重要。农村基础设施是经济发展的重要物质基础，加快基础设施建设、提供更多的农村公共品是政府义不容辞的责任。特别是对贫困地区来说，基础设施投资的边际效益非常高，对促进经济发展和提高农民收入效果显著。习近平总书记在湖南考察时指出，贫困地区要脱贫致富，改善交通等基础设施条件很重要，这方面要加大力度，继续支持。② 他在关于农村公路发展的报告上批示强调，特别是在一些贫困地区，改一条溜索、修一段公路就能给群众打开一扇脱贫致富的大门。③ 对于如何加强对贫困地区的基础设施投资，完善对贫困地区基础设施投资的体制机制，习近平总书记

---

① 习近平：《在中央农村工作会议上的讲话》，载中共中央文献研究室编《十八大以来重要文献选编》（上），中央文献出版社2014年版，第679—680页。

② 《深化改革开放推进创新驱动 实现全年经济社会发展目标》，《人民日报》2013年11月6日第1版。

③ 《修一段公路就打开一扇致富大门——习近平总书记关心农村公路发展纪实》，《人民日报》（海外版）2014年4月29日第1版。

在中共中央政治局第二十二次集体学习时明确指出，要完善农村基础设施建设机制，推进城乡基础设施互联互通、共建共享，创新农村基础设施和公共服务设施决策、投入、建设、运行管护机制，积极引导社会资本参与农村公益性基础设施建设。[①]

（六）"小康不小康，关键看老乡"

没有农村的小康，就不能说实现全面小康。但是，实现全面小康难点又在农村。习近平总书记提醒全党"全面建成小康社会，不能丢了农村这一头"。只有农村实现了小康，才能称得上全面小康。因为农村是实现全面小康的短板，是难啃的硬骨头。

习近平总书记多次提醒全党"小康不小康，关键看老乡"，就是希望全党同志看到全面小康的重点和难点所在，懂得没有农村的小康就没有全国的小康这个道理。在迈向现代化的进程中，农村不能掉队。在同心共筑中国梦的进程中，不能没有近6亿农民的梦想构筑。

关键看老乡，就是要看农民是否富裕了。要大力推进农业现代化，实现农村一二三产业融合发展。通过拓宽新渠道、挖掘新潜力、培育新动能来增加农民增收渠道，同步实现农业的巩固、农民的增收和农村的发展。关键看老乡，就是要看农民是否满意了。农民的满意是衡量我们工作的标准，只有农民满意的小康才是真正的小康。关键看

---

① 《健全城乡发展一体化体制机制　让广大农民共享改革发展成果》，《人民日报》2015年5月2日第1版。

老乡，就是要提醒全党，要充分认识到实现农村小康的艰巨性和挑战性，敢于面对，知难而上。

到 2020 年全面建成小康社会是我们党的第一个百年目标，全面建成小康社会，难点在农村。习近平总书记指出："现在，全面建成小康社会的号角已经吹响，关键是要树立起攻坚克难的坚定信心，凝聚起推进事业的强大力量，紧紧依靠全国各族人民，推动党和国家事业不断从胜利走向新的胜利。"① 全面建成小康社会是一项艰巨的工作，需要全党齐心协力，攻坚克难。习近平总书记提醒我们，"全面建成小康社会，最艰巨最繁重的任务在农村、特别是在贫困地区。没有农村的小康，特别是没有贫困地区的小康，就没有全面建成小康社会。大家要深刻理解这句话的含义"②。他在《关于〈中共中央关于制定国民经济和社会发展第十三个五年规划的建议〉的说明》中进一步指出，"'十三五'规划作为全面建成小康社会的收官规划，必须紧紧扭住全面建成小康社会存在的短板，在补齐短板上多用力。比如，农村贫困人口脱贫，就是一个突出短板"③。

全面建成小康社会需要补上农村这个短板，下大力气

---

① 习近平：《在全国政协新年茶话会上的讲话》，《人民日报》2013 年 1 月 2 日第 2 版。

② 习近平：《在河北省阜平县考察扶贫开发工作时的讲话》，载《做焦裕禄式的县委书记》，中央文献出版社 2015 年版，第 16 页。

③ 习近平：《关于〈中共中央关于制定国民经济和社会发展第十三个五年规划的建议〉的说明》，《人民日报》2015 年 11 月 4 日第 2 版。

改善农村基础设施和基本公共服务，补上生态和环境短板，消除地区发展不平衡和农村贫困现象。

一是基础设施和基本公共服务的短板。由于历史原因，目前中国城乡基础设施和基本公共服务差距依然很大。农村交通、通信、公共教育、卫生、文化和社保等事业与城市还有一定的差距。为此，2016年中央一号文件指出，要把财政支持的基础设施建设重点放在农村，把社会事业发展的重点放在农村和接纳农业转移人口较多的城镇。通过国家财政投入，加快改善农村水电路气网等生产生活条件，大力发展农村教育、文化、卫生和社保等社会事业，稳步提高城乡基本公共服务均等化水平。要实施农村饮水安全巩固提升工程；加快实现所有具备条件的乡镇和建制村通硬化路、通班车，推动一定人口规模的自然村通公路。在公共服务方面，包括加快发展农村学前教育，加快普及高中阶段教育；全面实施城乡居民大病保险制度；建立健全农村困境儿童福利保障和未成年人社会保护制度。实现上述目标，一方面，可以通过把城市的基础设施延伸到农村，促进城乡基础设施互联互通、共建共享，建立城乡统一的基础设施和公共服务保障机制；另一方面，一些财政支持政策可以走在城市的前头。例如，可以率先在农村实行高中教育免除学杂费政策等。通过倾斜政策，缩小城乡差距。

二是环境和生态上的短板。中国用世界10%的耕地和6%左右的淡水资源，养活了世界20%的人口，农业做出了巨大的贡献。但是，由于农业生产高度依赖化学投入品，对耕地进行过度使用，导致面源污染严重，土壤肥力下降，农业的可持续性遭到破坏。农业发展面临资源条件、生态环境这两个"紧箍咒"。因此，转变农业发展方式，走资源节约、环境友好型的现代农业发展之路尤为必要。

三是地区发展不平衡，农村贫困现象依然存在。地区发展不平衡主要表现为东西部地区经济发展水平差距大。改革开放以来，中国广大农民得益于经济持续高速发展，收入水平和生活水平迅速提高，农村贫困人口大幅度减少。1978—2015年，农村贫困人口减少7.15亿人，年均减贫人口规模1931万人；贫困发生率下降91.8个百分点，贫困人口年均减少6.9%。特别是2010年以来，中国农村贫困人口下降速度显著加快。2010年，农村贫困发生率为17.2%，贫困人口规模为16567万人。2011—2015年，农村贫困人口共减少10992万人，年均减贫人口规模2198万人；贫困发生率下降11.5个百分点，贫困人口年均减少19.6%。[1] 但是，中国的扶贫工作仍然任重而道远，按照现行农村贫困标准，到2016年年底，全国还有4335万农村贫困人口，这些贫困人口主要集中在中西部地区，其中，中部地区农村贫困人口1594万人，贫困发生率为4.9%；西部地区农村贫困人口2251万人，贫困发生率为7.8%。[2] 尤其是连片特困

---

[1] 李培林、魏后凯主编：《中国扶贫开发报告2016》，社会科学文献出版社2016年版，第50页。

[2] 魏后凯、黄炳信主编：《中国农村经济形势分析与预测（2016—2017）》，社会科学文献出版社2017年版，第43页。

地区和贫困县，贫困人口多，贫困发生率高，脱贫难度大。2015年全国贫困县贫困发生率为13.3%，14个连片特困地区贫困发生率全部在10%以上，其中有8个片区超过15%。① 所以，现阶段中国的扶贫开发工作已进入"啃硬骨头、攻坚拔寨"的冲刺期。

习近平总书记指出："我们不能一边宣布全面建成了小康社会，另一边还有几千万人口的生活水平处在扶贫标准线以下，这既影响人民群众对全面建成小康社会的满意度，也影响国际社会对我国全面建成小康社会的认可度。"② 2015年11月召开的中央扶贫工作会议吹响了扶贫攻坚的冲锋号，提出了"精准扶贫、精准脱贫"的扶贫战略，要求各级党委和政府把脱贫攻坚作为"十三五"期间头等大事和第一民生工程来抓。按照"五个一批"的总部署，实现2020年现行标准下农村贫困人口全面脱贫的目标。

2016年中央一号文件指出，到2020年，现代农业建设取得明显进展，粮食产能进一步巩固提升，国家粮食安全和重要农产品供给得到有效保障，农产品供给体系的质量和效率显著提高；农民生活达到全面小康水平，农村居民人均收入比2010年翻一番，城乡居民收入差距继续缩小；我国现行标准下农村贫困人口实现脱贫，贫困县全部

---

① 李培林、魏后凯主编：《中国扶贫开发报告2016》，社会科学文献出版社2016年版，第58页。

② 习近平：《关于〈中共中央关于制定国民经济和社会发展第十三个五年规划的建议〉的说明》，《人民日报》2015年11月4日第2版。

摘帽，解决区域性整体贫困；农民素质和农村社会文明程度显著提升，社会主义新农村建设水平进一步提高；农村基本经济制度、农业支持保护制度、农村社会治理制度、城乡发展一体化体制机制进一步完善。

二 习近平总书记在"三农"领域的探索与实践

习近平总书记关于"三农"的重要论述是在他长期的农村工作实践和政治生涯中形成的，是基于中国"三农"实际的经验总结和理论概括。习近平总书记数十年的政治生涯中，从知青和大队书记开始，就与"三农"结下了深厚的感情，发展农业、造福农村、富裕农民成为始终萦绕在他心头的"三农梦"。党的十八大之前，他在不同层级领导岗位上的学术论著大多是关于"三农"问题的。党的十八大后，习近平总书记从治国理政的高度对"三农"工作做出了一系列的论述和指示，形成了一整套完整的"三农"理论体系。

（一）从亲历"三农"中读懂中国

习近平总书记青年时期到延川县文安驿公社梁家河大队插队，开始他的知青岁月，这是他亲历中国"三农"的开端。在梁家河大队的七年间，他以一名普通社员的身份与梁家河大队的社员一起劳作，开荒、种地、铡草、放羊、拉煤、打坝、挑粪……几乎没有歇过，在乡亲们眼中，他是个"吃苦耐劳的好后生"。知青经历增进了他与人民群众的血肉联系，加深了他与农民之间的深厚真挚感情。习近平总书记关于"三农"的重要论述就根植于一线的农业生产劳动，与农民一起劳作的经历使习近平总书记更能体察民情、了解农村、熟知农业。

在其后的政治生涯中，习近平同志先后在河北、福建、浙江、上海等地主抓农业或分管农业，从县委书记到省委书记，他最关心的是"三农"，与"三农"结下了不解之缘。正是他在不同历史时期、不同工作岗位上对"三农"工作的亲身参与、大胆创新和深入探索，使他在"三农"领域积累了大量的实践经验，然后再把这些经验进行系统的理论性总结。习近平总书记在党的十八大之前的学术论著、工作讲话和批示大都是关于"三农"问题的。例如，他早年出版了《摆脱贫困》，在福建省委副书记的任期主编了《现代农业理论与实践》一书，完成了专著《中国农村市场化建设研究》。在他任浙江省省长和省委书记时，浙江省在全国率先颁布了地方性法规《农民专业合作社条例》，为2006年全国出台颁布《中华人民共和国农民专业合作社法》奠定了基础。

（二）勇于探索，开拓创新

习近平总书记关于"三农"的重要论述与他在不同时期分管农业和农村工作时勇于探索、不断开拓"三农"工作新局面有直接的关系。从在陕西农村插队任大队党支部书记时，习近平同志就开始了使农村摆脱贫困的探索，在以后的不同层级的领导岗位上，他更是亲力亲为，根据当地的特点进行了一系列的改革与实践，积累了丰富的经验。

习近平同志在福建宁德工作时就指出，粮食问题历来是我国国民经济发展的战略问题，这个问题对闽东来说有着更加重要而特殊的意义。因此，在宁德工作期间，他时刻高度重视"三农"工作，以居安思危、深谋远虑的战略理念指导"三农"工作。在此期间出版的《摆脱贫困》就是他对"三农"问题的阶段性总结。

在浙江省工作期间，他亲自指导了浙江省"三位一体"农民合作经济组织体系改革工作，推动了在瑞安的试点工作，并亲自召开全省现场会进行经验总结和推广。"三位一体"即农民专业合作、供销合作和信用合作融为一体，形成三重合作功能的一体化，三类合作组织的一体化和三级合作体系的一体化。目前，"三位一体"已成为中国供销社综合改革的目标之一。

习近平同志在闽东工作时曾经指出，对发展大农业的一些带根本性的问题，我们在整个国家的格局内，必须有独到的"闽东思考"。这就是习近平同志提出的"走一条发展大农业的路子"。大农业应朝着多功能、开放式、综合性的方向发展立体农业。"闽东思考"是包括粮食生产、家庭联产承包制、农业综合开发、农村集体经济、科技兴农和农村服务体系等在内的现代农业发展的系统思考。

三 新时期"三农"工作的重要内容

习近平总书记关于"三农"的重要论述涵盖了新时期

做好"三农"工作的重要领域,构成了一整套系统解决中国"三农"问题的理论体系和政策指引。习近平总书记作出的一系列关于确保粮食安全、全面深化农村改革、加快新农村建设、转变农业发展方式、促进农民增收致富等重要论述,既有如何准确认识和把握现阶段"三农"问题的本质,又有如何深化改革以加快"三农"问题的解决。同时,他也对深化农村改革提出了需要坚持的原则和不能触碰的底线。这套系统的"三农"理论体系是政府制定"三农"政策的依据,也是指导当前和今后一个时期中国"三农"工作实践的重要依据。

(一)确保粮食安全是治国理政的头等大事

中国是一个人口众多的发展中大国,必须把解决吃饭问题置于国家战略的高度来对待。为此,2013年召开的中央农村工作会议提出了坚持"以我为主、立足国内、确保产能、适度进口、科技支撑"的国家粮食安全战略。

"以我为主、立足国内"就是要明确中国人的饭碗任何时候都要牢牢端在自己手上。中国人的饭碗应该主要装中国粮。只有立足粮食基本自给,才能掌握粮食安全主动权,进而才能掌控经济社会发展这个大局。实现粮食基本自给的首要条件就是要确保耕地红线不能失守,要坚守18亿亩耕地红线,这是我们立足的根本。失去了耕地,各方面就会被动。

"确保产能"就是要调动和保护好"两个积极性",让农民种粮有利可图、让主产区抓粮有积极性。要充分发挥市场在资源配置中的决定性作用，改革粮食价格形成机制，探索形成农业补贴同粮食生产挂钩机制，让多生产粮食者多得补贴，把有限资金真正用在刀刃上。

要搞好粮食储备调节，调动市场主体收储粮食的积极性，有效利用社会仓储设施进行储粮。中央和地方要共同负责，中央承担首要责任，各级地方政府要树立大局意识，增加粮食生产投入，自觉承担维护国家粮食安全责任。"适度进口"是指在农业对外开放中，要善于用好两个市场、两种资源，适当增加进口和加快农业走出去步伐，把握好进口规模和节奏。要高度重视节约粮食，节约粮食要从娃娃抓起，从餐桌抓起，让节约粮食在全社会蔚然成风。

（二）稳定和完善农村基本经营制度

习近平总书记在党的十九大报告中指出，要"巩固和完善农村基本经营制度，深化农村土地制度改革，完善承包地'三权'分置制度"。[①] 坚持党的农村政策，首要的就是坚持农村基本经营制度。坚持农村土地农民集体所有，这是坚持农村基本经营制度的"魂"。习近平总书记指出，农村基本经营制度是党的农村政策的基石；要不断探索农村土地集体所有制的有效实现形式，按照落实集体所有权、稳定农户承包权、放活土地经营权的

---

① 习近平：《决胜全面建成小康社会　夺取新时代中国特色社会主义伟大胜利——在中国共产党第十九次全国代表大会上的报告》，人民出版社2017年版，第32页。

原则，完善承包地"三权分置"制度。加快构建以农户家庭经营为基础、合作与联合为纽带、社会化服务为支撑的立体式复合型现代农业经营体系。我们要按照这些要求，在工作中既坚持依法自愿有偿原则，引导农村土地有序流转，发展多种形式的适度规模经营；又因地制宜、循序渐进，不搞"大跃进"，不搞强迫命令，不搞瞎指挥。在坚持农户家庭经营基础性地位的同时，加快培育种养大户、家庭农场、农民合作社、产业化龙头企业等新型农业经营主体。

习近平同志早在闽东工作时就指出，"统"与"分"的结合，构成了目前农村有中国特色的社会主义经营体制的基本形式。党的十八大以来，习近平总书记又明确指出，要构建以农户家庭经营为基础、合作与联合为纽带、社会化服务为支撑的立体式复合型现代农业经营体系。这是创新农业经营体系的根本遵循。

坚持农村基本经营制度要尊重农民的意愿，不能搞强迫命令，不能以改革为由做违背农民意愿的事情。在2014年9月召开的中央全面深化改革领导小组第五次会议上，习近平总书记强调指出：要尊重农民意愿，坚持依法自愿有偿流转土地经营权，不能搞强迫命令，不能搞行政瞎指挥。要坚持规模适度，重点支持发展粮食规模化生产。要让农民成为土地适度规模经营的积极参与者和真正受益者。①

---

① 《严把改革方案质量关督察关 确保改革改有所进改有所成》，《人民日报》2014年9月30日第1版。

（三）走中国特色农业农村现代化道路

习近平总书记在党的十九大报告中指出，要坚持农业农村优先发展，按照产业兴旺、生态宜居、乡风文明、治理有效、生活富裕的总要求，建立健全城乡融合发展体制机制和政策体系，加快推进农业农村现代化。这既是乡村振兴战略的总要求，又是对中国特色农业农村现代化的深刻诠释。习近平总书记还指出，没有农业现代化，没有农村繁荣富强，没有农民安居乐业，国家现代化是不完整、不全面、不牢固的。[①] 农业的根本出路在于现代化，农业现代化是国家现代化的基础和支撑。在新型工业化、信息化、城镇化、农业现代化中，农业现代化是基础，不能拖后腿。解决好"三农"问题，根本在于深化改革，走中国特色的农业农村现代化道路。

产业兴旺就是要通过农业供给侧结构性改革，调优产品结构，调好生产方式，调顺产业体系，实现农业产业的转型升级，促进传统农业向现代农业转变。减少低质量农产品供给，增加优质农产品生产与供给。协调好生态保护与农业生产的关系。发展农业农村新产业新业态，实现农业的产业融合和全环节升级、全链条升值。生态宜居就是要注重农村生态保护，改善农村居住环境，让农村成为农民安居乐业的美丽家园。一方面，要树立和践行"绿水青山就是金山银山"的理念，推进农村山

---

① 《主动把握和积极适应经济发展新常态 推动改革开放和现代化建设迈上新台阶》，《人民日报》2014年12月15日第1版。

水林田路综合治理，做好包括农村垃圾处理、污水处理、秸秆堆放等村庄环境整治工作，实现人与自然和谐共生。另一方面，要加大对农村公共基础设施的投资力度，努力做到城乡公共服务均等化，实现城乡融合发展。乡风文明就是要在农村践行社会主义核心价值观，把中华民族传统美德发扬光大，使农村成为和谐之乡、文明之地。治理有效就是要提高农村社会治理水平，加强农村基层基础工作，健全自治、法治、德治相结合的乡村治理体系。生活富裕就是让广大农民共享经济发展成果，让农民过上美好生活。2018年3月，习近平总书记参加十三届全国人大一次会议山东代表团审议时强调，实施乡村振兴战略是一篇大文章，要统筹谋划、科学推进。他提出了推动乡村产业振兴、推动乡村人才振兴、推动乡村文化振兴、推动乡村生态振兴、推动乡村组织振兴的"五个振兴"的科学论断，为乡村振兴这篇大文章作了仔细谋划。在2018年1月召开的中央农村工作会议上，习近平总书记首次提出了走中国特色社会主义乡村振兴道路，并深刻阐释了其内涵：一是必须重塑城乡关系，走城乡融合发展之路。二是必须巩固和完善农村基本经营制度，走共同富裕之路。三是必须深化农业供给侧结构性改革，走质量兴农之路。四是必须坚持人与自然和谐共生，走乡村绿色发展之路。五是必须传承发展提升农耕文明，走乡村文化兴盛之路。六是必须创新乡村治理体系，走乡村善治之路。七是必须打好精准脱贫攻坚战，走中国特色减贫之路。

走中国特色的农业农村现代化道路，就要立足中国实际，探索适合中国国情的现代化模式。我国幅员辽阔，农业生产条件差别很大，农业经营方式多样。在一定的时间里，农户家庭在农业经营中的主体地位仍将存在。这就决定我国农业现代化的道路必须立足国情，因地制宜，不能"一刀切"。要处理好适度规模经营和小农户经营的关系。要构建现代农业产业体系、生产体系、经营体系，完善农业支持保护制度，发展多种形式适度规模经营，培育新型农业经营主体，健全农业社会化服务体系，实现小农户和现代农业发展有机衔接。

农业现代化是"四化同步"战略目标的重要内容，农业现代化是农业发展的目标和出路，实现现代化必须依靠科学技术。习近平总书记指出，要给农业插上科技的翅膀，按照增产增效并重、良种良法配套、农机农艺结合、生产生态协调的原则，促进农业技术集成化、劳动过程机械化、生产经营信息化、安全环保法治化，加快构建适应高产、优质、高效、生态、安全农业发展要求的技术体系。①

（四）推进城乡融合发展

实施乡村振兴战略就要对不利于城乡融合发展的体制机制进行创新，建立健全城乡融合发展的政策体系，不断缩小城乡差距，实现城乡融合发展。习近平总书记指出，推进城乡发展一体化，是国家现代化的重要标志；

---

① 《认真贯彻党的十八届三中全会精神 汇聚起全面深化改革的强大正能量》，《人民日报》2013年11月29日第1版。

要继续推进新农村建设,使之与新型城镇化协调发展、互为一体,形成双轮驱动;要把工业和农业、城市和乡村作为一个整体统筹谋划,形成以工促农、以城带乡、工农互惠、城乡一体的新型工农城乡关系,目标是逐步实现城乡居民基本权益平等化、城乡公共服务均等化、城乡居民收入均衡化、城乡要素配置合理化,以及城乡产业发展融合化。

走中国特色的城乡一体化发展道路,必须立足中国实际。"城乡发展不平衡不协调,是我国经济社会发展存在的突出矛盾,是全面建成小康社会、加快推进社会主义现代化必须解决的重大问题。改革开放以来,我国农村面貌发生了翻天覆地的变化。但是,城乡二元结构没有根本改变,城乡发展差距不断拉大趋势没有根本扭转。根本解决这些问题,必须推进城乡发展一体化。"[①]

习近平同志在闽东工作期间,对农业、工业两个轮子怎么转,推动以工补农、以工促农等方面,提出了许多富有创见的观点。党的十八大以来,习近平总书记指出,农村绝不能成为荒芜的农村、留守的农村、记忆中的故园。要让居民望得见山、看得见水、记得住乡愁。要慎砍树、不填湖、少拆房。这些体现辩证思维、富含深刻哲理的思想观点,为城乡发展一体化指明了方向。推进城乡发展一体化要坚持从国情出发,从我国城乡发展不平衡不协调和二元结构的现实出发,从我国的自然

---

① 习近平:《关于〈中共中央关于全面深化改革若干重大问题的决定〉的说明》,《人民日报》2013年11月16日第1版。

禀赋、历史文化传统、制度体制出发，既要遵循普遍规律又不能墨守成规，既要借鉴国际先进经验又不能照抄照搬。①

2013年12月召开的中央城镇化工作会议特别强调：城镇化与工业化一道，是现代化的两大引擎。走中国特色、科学发展的新型城镇化道路，核心是以人为本，关键是提升质量，与工业化、信息化、农业现代化同步推进。要以人为本，推进以人为核心的城镇化，提高城镇人口素质和居民生活质量，把促进有能力在城镇稳定就业和生活的常住人口有序实现市民化作为首要任务。②

（五）建设社会主义新农村

建设社会主义新农村是中国特色社会主义建设事业中的一项重大历史任务，是一项涵盖经济、社会、政治、文化、党建和生态等各领域的系统工程。党的十九大报告中指出的"产业兴旺、生态宜居、乡风文明、治理有效、生活富裕"是乡村振兴的总要求，也是社会主义新农村的根本特征。农村是中国传统文明的发源地，乡土文化的根不能断。习近平总书记指出，新农村建设一定要走符合农村实际的路子，遵循乡村自身发展规律，充分体现农村特点，注意乡土味道，保留乡村风貌，留得住青山绿水，记

---

① 《健全城乡发展一体化体制机制　让广大农民共享改革发展成果》，《人民日报》2015年5月2日第1版。

② 《中央城镇化工作会议在北京举行》，《人民日报》2013年12月15日第1版。

得住乡愁。①

符合农村实际的路子就是立足中国农村实际,在城镇化快速推进的过程中,走农村共同发展和富裕之路。在农村劳动力流向城镇,农村人口逐渐减少,农村留守人口呈现老龄化和低龄化的情况下,如何激发农村的活力,保持农村的乡土气息和发展动力,是新农村建设中必须面对的问题。2013年中央农村工作会议指出,要重视农村"三留守"问题,搞好农村民生保障和改善工作,健全农村留守儿童、留守妇女、留守老年人关爱服务体系。要重视空心村问题,推进农村人居环境整治,继续推进社会主义新农村建设,为农民建设幸福家园和美丽乡村。

新农村建设要尊重农民意愿,要保护好农村的生态环境,要守住乡村伦理,传承乡村文明。2013年,习近平总书记在考察湖北鄂州农村时严肃指出,要建设美丽乡村,但是要尊重农民意愿,不能涂脂抹粉大拆大建。改善人居环境是新农村建设的重要内容,特别是农村卫生条件的改善尤为重要。2014年,习近平总书记在考察江苏时指出,解决好厕所问题在新农村建设中具有标志性意义,要因地制宜做好厕所下水道管网建设和农村污水处理,不断提高农民生活质量。②

提高农民素质是新农村建设的一项重要内容。建设社

---

① 《坚决打好扶贫开发攻坚战 加快民族地区经济社会发展》,《人民日报》2015年1月22日第1版。
② 《主动把握和积极适应经济发展新常态 推动改革开放和现代化建设迈上新台阶》,《人民日报》2014年12月15日第1版。

会主义新农村必须重视对农民的教育，农民是新农村的主人，农民素质的高低决定了新农村建设的水平。要切实办好农村义务教育，习近平总书记在考察河北阜平时指出："下一代要过上好生活，首先要有文化，这样将来他们的发展就完全不同。义务教育一定要搞好，让孩子们受到好的教育……"① 要加强农村职业教育，加大对农村职业教育的投入，培育新型职业农民，使之成为农业现代化的主力军。建设社会主义新农村的目的是要达到农村社会的全面发展和进步，还必须培育农村文明新风尚，倡导农村健康文明的生活，因此，要加强农民的思想道德教育和民主法制教育。

（六）精准扶贫、精准脱贫

习近平总书记高度重视扶贫工作，一直关心贫困地区的脱贫问题，为了实现"两个一百年"的奋斗目标，他提出了"精准扶贫、精准脱贫"的扶贫方略，这是中国在2020年实现全面建成小康社会目标的一项重大战略部署。

习近平总书记指出："全面建成小康社会，最艰巨最繁重的任务在农村、特别是在贫困地区。没有农村的小康，特别是没有贫困地区的小康，就没有全面建成小康社会。中央对扶贫开发工作高度重视。各级党委和政府要增强做好扶贫开发工作的责任感和使命感，做到有计划、

---

① 习近平：《在河北省阜平县考察扶贫开发工作时的讲话》，载《做焦裕禄式的县委书记》，中央文献出版社2015年版，第24页。

有资金、有目标、有措施、有检查,大家一起来努力,让乡亲们都能快点脱贫致富奔小康。"①

习近平总书记在2015年中央扶贫开发工作会议上指出,坚持精准扶贫、精准脱贫,重在提高脱贫攻坚成效。关键是要找准路子、构建好的体制机制,在精准施策上出实招、在精准推进上下实功、在精准落地上见实效。要解决好"扶持谁"的问题,确保把真正的贫困人口弄清楚,把贫困人口、贫困程度、致贫原因等搞清楚,以便做到因户施策、因人施策。要解决好"谁来扶"的问题,加快形成中央统筹、省(自治区、直辖市)负总责、市(地)县抓落实的扶贫开发工作机制,做到分工明确、责任清晰、任务到人、考核到位。② 实现精准扶贫和精准脱贫关键要解决好怎么扶的问题。根据中国农村贫困的特征和具体情况,习近平总书记提出要实施"五个一批"工程,即发展生产脱贫一批,易地搬迁脱贫一批,生态补偿脱贫一批,发展教育脱贫一批和社会保障兜底一批。

(七) 加快农村生态文明建设

党的十八大报告指出了经济建设、政治建设、社会建设、文化建设、生态文明建设"五位一体"总体布局,首次将生态文明建设列入国家发展战略布局之中,这是一个

---

① 习近平:《推动贫困地区脱贫致富、加快发展》,载《习近平谈治国理政》,外文出版社2014年版,第189页。

② 《脱贫攻坚战冲锋号已经吹响 全党全国咬定目标苦干实干》,《人民日报》2015年11月29日第1版。

重要的创新与发展。2013年4月,习近平总书记在海南考察工作时指出,良好生态环境是最公平的公共产品,是最普惠的民生福祉。① 这一论述具有明确的经济学含义,即建设生态文明不是工具,而是社会发展的目标,它体现了以人民为中心的发展思想。

2013年5月,习近平总书记在中共中央政治局第六次集体学习时强调:"要正确处理好经济发展同生态环境保护的关系,牢固树立保护生态环境就是保护生产力、改善生态环境就是发展生产力的理念……"②

党的十八届五中全会提出了五大发展理念,其中就有生态文明建设中的绿色发展理念。从国际经验和教训来看,人们对生态文明的认识也在不断进步,由早期的"先污染、后治理"到后来的"边污染、边治理",再到近年来的"可持续发展"。但是,在这个发展过程中一个重要的不足是,目前大家仍然把发展和保护环境看作一种工具,认为资源、环境、生态是工具、手段,而习近平总书记认为它是目的本身。时任浙江省委书记的习近平同志曾指出,环境就是民生,青山就是美丽,蓝天就是幸福,绿水青山就是金山银山。③ 这就将生态环境放在一个新的高

---

① 中共中央文献研究室编:《习近平关于全面深化改革论述摘编》,中央文献出版社2014年版,第107页。

② 习近平:《努力走向社会主义生态文明新时代》,载《习近平谈治国理政》,外文出版社2014年版,第209页。

③ 参见中共浙江省委《照着绿水青山就是金山银山的路子走下去——深入学习习近平同志"两山"重要思想》,《求是》2015年第17期。

度,并把它看成一个与时俱进的发展目标。

(八) 加强党的领导和农村治理

"三农"工作在任何时期都是党中央工作的重中之重。习近平总书记在河南调研时强调指出:"三农"工作是一切工作的重要之基,各级党委和政府一定要抓紧抓紧再抓紧。如果"三农"工作出了问题,就会动摇党的执政根基,影响国家的发展大局。坚持党的领导,加强和改善党的领导,是中国社会主义革命和建设取得胜利的根本保证,更是做好"三农"工作的根本保证。

党的农村基层组织是党在农村基层的战斗堡垒,是党执政的政治基础。要不断增强农村基层党组织的创造力、凝聚力和战斗力,充分发挥农村基层党组织的领导核心作用,进一步巩固党在农村的执政基础。2015年6月习近平总书记在贵州调研时强调,党的工作最坚实的力量支撑在基层,经济社会发展和民生最突出的矛盾和问题也在基层,必须把抓基层打基础作为长远之计和固本之策,丝毫不能放松。要重点加强基层党组织建设,全面提高基层党组织凝聚力和战斗力。

农村治理是治国理政的有机组成部分,它关乎农村的稳定与繁荣,关乎农民的幸福与安康,关乎经济的发展与富强。农村治理是党在农村工作的重要内容,是党的农村基层组织的使命。在2013年12月召开的中央农村工作会议上,习近平总书记提出了农村治理的新理念,那就是"要以保障和改善农村民生为优先方向,树立系统治理、依法治理、综合治理、源头治理理念,确保广大农民安居乐业、农村社会安定有序"。①"四个治理"的理念构成了新时期农村治理的新思维，是对农村治理理论的重要创新。习近平总书记在党的十九大报告中指出，要加强农村基层基础工作，健全自治、法治、德治相结合的乡村治理体系，这就为新时期乡村治理工作指明了方向。

四 习近平总书记关于"三农"的重要论述的重要价值

习近平总书记关于"三农"的重要论述与实现中华民族伟大复兴的中国梦一脉相承，具有宏大深远的战略眼光，发扬了中国共产党重视"三农"工作的优良传统，继承了几代中国共产党人对"三农"问题的探索和奋斗，是习近平新时代中国特色社会主义思想的有机组成部分，进一步丰富和发展了马克思主义关于"三农"的思想理论。习近平总书记把"三农"工作定位为治国安邦的重中之重、全党工作的重中之重，他的系列重要讲话和论述进一步丰富了中国共产党关于"三农"工作的战略思想，深刻回答了新的历史条件下"三农"发展的一系列重大理论和现实问题，具有深远的理论价值和指导意义。

（一）是马克思主义中国化的最新成果

习近平总书记关于"三农"的重要论述形成了一个系

---

① 习近平：《在中央农村工作会议上的讲话》，载中共中央文献研究室编《十八大以来重要文献选编》（上），中央文献出版社2014年版，第681页。

统完整、博大精深的科学体系，既是对中国共产党高度重视"三农"工作的优良传统的继承和发扬，又是审时度势，与时俱进，指导中国新时期"三农"工作的理论基础。它是把马克思主义理论和方法运用到中国实际的又一理论创新，是对中国特色社会主义理论体系的丰富、完善和发展，是马克思主义中国化最新成果的集中体现。

与时俱进是马克思主义的理论品质，推进马克思主义中国化是中国共产党一以贯之的重大使命和任务。习近平总书记关于"三农"的重要论述是科学运用马克思主义原理和方法，结合中国新时期"三农"的新特征和面临的主要矛盾，在总结大量实践的基础上提出的科学解决"三农"问题的理论与方法；是与时俱进，顺应中国经济发展阶段和"三农"面临的新情况、新问题，科学运用生产力和生产关系的辩证关系提出来的新理论。

（二）是习近平新时代中国特色社会主义思想的重要组成部分

习近平总书记关于"三农"的重要论述是习近平新时代中国特色社会主义思想在"三农"领域的具体体现，是我党长期积累的做好"三农"工作的经验总结和习近平总书记亲历"三农"、勇于探索的理论总结，是习近平新时代中国特色社会主义思想的重要组成部分。正如党的十八届五中全会公报所指出的，党的十八大以来，以习近平同志为核心的党中央毫不动摇坚持和发展中国特色社会主义，勇于实践、善于创新，深化对共产党执政规律、社会主义建设规律、人类社会发展规律的认识，形成一系列治国理政新方略，为在新的历史条件下深化改革开放、加快推进社会主义现代化提供了科学的理论指导和行动指南。习近平总书记关于"三农"的重要论述是习近平新时代中国特色社会主义思想的重要理论基础，是在总结中国共产党长期以来"三农"工作经验基础上提出的新思想，遵循了"三农"发展的规律，适应了"三农"发展的新情况和新问题，具有高度的针对性，成为具有丰富内涵的治国理政新战略的有机组成部分。

（三）是中国特色"三农"理论的重大创新

由中国的国情所决定，要从根本上解决中国的"三农"问题，需要采用中国的方法，要在深入了解中国"三农"问题实质的基础上，科学运用马克思主义的理论和方法，提出解决"三农"问题的思路和途径。习近平总书记关于"三农"的重要论述根植于中国实践，是在中国农村改革开放取得巨大成功的基础上，经济发展处于新常态的情况下，根据中国农村发展面临的新情况、新问题，与时俱进提出的解决"三农"问题的新理论。习近平总书记关于"三农"的重要论述突出了以人民为中心的发展思想，以人的发展为出发点，以全面小康为目标，把解决"三农"问题与实现中华民族伟大复兴中国梦的宏伟目标结合起来，成为新时期做好"三农"工作的根本指导。

五 习近平总书记关于"三农"的重要论述的指导意义

习近平新时代中国特色社会主义思想是新时代建设中

国特色社会主义的理论基础,是我们行动的指导思想。习近平总书记关于"三农"的重要论述是习近平新时代中国特色社会主义思想的有机组成部分,是马克思主义政治经济学的重要创新成果。习近平总书记关于"三农"的重要论述内容丰富、深刻、系统,具有高度的前瞻性和指导性,是中国经济进入新常态下继续深化农村改革的理论指南,它回答了新的历史条件下"三农"发展的现实问题,是当前和今后一个时期中国"三农"工作的重要理论和政策依据,为新时期"三农"工作指明了方向。

(一) 要从政治高度充分认识"三农"工作的重要性

习近平总书记关于"三农"的重要论述是解决"三农"问题的重要理论依据和政策指引。做好"三农"工作需要从政治高度充分认识"三农"工作的重要性,需要从思想上正确认识"三农"在全面建成小康社会、实现现代化进程中的重要地位。做好"三农"工作离不开正确理论指导,习近平总书记关于"三农"的重要论述正是我们做好"三农"工作的重要理论指导。高度重视"三农"工作,把做好"三农"工作置于全党工作的重中之重,是做好其他工作的前提和基础。把"三农"工作置于治国安邦的重中之重的地位,充分阐释了中国共产党一贯坚持把"三农"工作做好的重要性和必要性。改革开放以来,1982—1986年中央连续出台了5个有关"三农"的一号文件,进入21世纪,从2004年开始,中央又连续14年出台有关"三农"的一号文件。做好"三农"工作是实现"两个一百年"宏伟目标的重要组成部分。中国农业农民农村的"强富美"与中国的强大紧密相连,与中华民族的伟大复兴紧密相连。不能很好地解决"三农"问题,就谈不上中国的强大和复兴。要站在实现中华民族伟大复兴中国梦的政治高度,认识到中国的强大需要有强大的农业、美丽的农村和富裕的农民。

"中国要强,农业必须强",要求我们必须加快传统农业向现代农业的转变,积极探索中国特色的现代化农业道路。农业要强,一要依靠改革,通过深化农村土地制度改革,探索集体所有制的新的实现形式,充分发挥市场在资源配置中的决定性作用,转变发展方式,实现农业适度规模经营。二要依靠科技进步,充分运用现代农业技术和装备,加强农业科技人才队伍建设,培养新型农民,走内涵式发展道路,提高农业的全要素生产率,提升农业综合生产能力,确保粮食安全。"中国要美,农村必须美",要求转变发展方式,改变高度依赖现代化学投入品的生产方式,实现绿色发展。"中国要富,农民必须富",就是要让广大农民共享经济发展的成果,形成以工促农、以城带乡、工农互惠、城乡一体的新型工农城乡关系,目标是逐步实现城乡居民基本权益平等化、城乡公共服务均等化、城乡居民收入均衡化、城乡要素配置合理化,以及城乡产业发展融合化。

(二)为走中国特色的"三农"发展道路指明了方向

深化改革是我党解决好"三农"问题的重要法宝,习近平总书记指出,解决好"三农"问题,根本在于深化改革,走中国特色农业现代化道路。20世纪80年代的农村改革极大地调动了农民的积极性,从而实现了农业的飞跃发展。现在我们继续深化改革,坚持不懈推进体制机制创新，向改革要活力，激发亿万农民创新创业活力，释放农业农村发展新动能。

党的十九大再次强调使市场在资源配置中起决定性作用。农村改革要坚持以市场需求为导向，深入推进农业供给侧结构性改革。要稳步推进粮食价格形成机制和收储制度改革，以市场需求为引领，加快调整农业生产结构、产品结构、产业结构，促进农业稳定发展和农民持续增收。坚持市场化改革取向与保护农民利益并重，采取"分品种施策、渐进式推进"的办法，完善农产品市场调控制度。

继续加大对"三农"的支持力度，通过健全农业农村投入持续增长机制，推动金融资源更多向农村倾斜，大力完善农业保险制度等措施，增加对农业的资金支持，改善农村金融供给。

深化农村集体产权制度改革，到 2020 年基本完成土地等农村集体资源性资产确权登记颁证、经营性资产折股量化到本集体经济组织成员，健全非经营性资产集体统一运营管理机制。农村集体产权制度改革的目的不是取消集体经济，而是更好地发展壮大集体经济，通过改革充分发挥集体经济的优势，让农民享受更多的财产性收益，共享改革成果。2016 年 4 月，习近平总书记在小岗村主持召开农村改革座谈会并发表重要讲话。他指出，不管怎么改，都不能把农村土地集体所有制改垮了，不能把耕地改少了，不能把粮食生产能力改弱了，不能把农民利益损害了。[①] 这

---

① 《加大推进新形势下农村改革力度　促进农业基础稳固农民安居乐业》，《人民日报》2016 年 4 月 29 日第 1 版。

四个"不能"是深化农村改革不可逾越和必须坚守的底线。

（三）是指导"三农"工作的根本遵循

习近平总书记关于"三农"的重要论述集中体现了新时期中国共产党关于"三农"工作的战略思想，深刻回答了新时代"三农"发展的一系列重大理论和现实问题，具有鲜明的时代特色和理论风格，是新时代做好"三农"工作的重要遵循。2017年中央一号文件指出，新的历史阶段下，农业的主要矛盾由总量不足转变为结构性矛盾，突出表现为阶段性供过于求和供给不足并存，矛盾的主要方面在供给侧。[①] 因此，必须顺应新形势、新要求，坚持问题导向，调整工作重心，深入推进农业供给侧结构性改革，加快培育农业农村发展新动能。

深入推进农业供给侧结构性改革必须全面贯彻党的十九大精神，以马克思列宁主义、毛泽东思想、邓小平理论、"三个代表"重要思想、科学发展观、习近平新时代中国特色社会主义思想为指导，深入贯彻习近平总书记在党的十九大上的报告精神，坚持新发展理念。坚持把做好"三农"工作放在重中之重的位置，着眼于加快推进农业农村现代化和城乡融合发展，让农业成为有奔头的产业，让农民成为体面的职业。

---

① 《中共中央国务院关于深入推进农业供给侧结构性改革加快培育农业农村发展新动能的若干意见》，《人民日报》2017年2月6日第1版。

（四）是深化农村改革的理论依据和支撑

党的十八大以来，以习近平同志为核心的党中央坚持深化农村改革，不断探索和创新与生产力相适应的生产关系，激发广大农民的积极性，不断释放改革的活力。习近平总书记指出，农村改革是全面深化改革的重要组成部分，做好"三农"工作，关键在于向改革要活力。党的十八届三中全会通过《关于全面深化改革若干重大问题的决定》后，中央陆续出台了一系列的改革措施，共有336项，其中直接和"三农"有关的改革有50项，约占15%。习近平总书记指出，农村要发展，根本要依靠亿万农民。要坚持不懈推进农村改革和制度创新，充分发挥亿万农民主体作用和首创精神，不断解放和发展农村社会生产力，激发农村发展活力。①

2015年11月，中共中央办公厅、国务院办公厅印发了《深化农村改革综合性实施方案》，提出了农村改革的五大领域：一是关于改革和完善农村的产权制度；二是关于创新农业的经营形式；三是进一步改革完善国家对农业的支持保护体系；四是进一步推进城乡发展一体化的体制机制；五是加强农村的基层组织建设，完善农村社会治理。五个领域的改革涉及26项重大改革措施。改革力度之大，涉及领域之广前所未有。

改革的内容很多，牵涉方方面面，利益关系十分复

---

① 《健全城乡发展一体化体制机制　让广大农民共享改革发展成果》，《人民日报》2015年5月2日第1版。

杂。针对这种情况，改革不能过急、过快。特别是土地制度改革，是农村最为敏感的改革领域，一定要审慎推进。为此，习近平总书记指出："农村土地制度改革是个大事，涉及的主体、包含的利益关系十分复杂，必须审慎稳妥推进。"[1] 他还强调，要好好研究农村土地所有权、承包权、经营权三者之间的关系，土地流转要尊重农民意愿、保障基本农田和粮食安全，要有利于增加农民收入。[2]

习近平总书记关于"三农"的重要论述是一个基于历史唯物主义和辩证唯物主义立场、观点和方法的深刻的科学理论体系，是回答和解决新时期"三农"重大理论和现实问题的指导思想，是创造性地发展了马克思主义的"三农"理论。习近平总书记关于"三农"的重要论述是新时期指导"三农"工作的重要理论依据，是马克思主义政治经济学的当代化和中国化，是习近平新时代中国特色社会主义思想的有机组成部分。

---

[1] 习近平：《在中央农村工作会议上的讲话》，载中共中央文献研究室编《十八大以来重要文献选编》（上），中央文献出版社2014年版，第671页。

[2] 《坚定不移全面深化改革开放　脚踏实地推动经济社会发展》，《人民日报》2013年7月24日第1版。

第二章

稳定和完善农村基本经营制度

中国经济体制的改革始于变革农村传统人民公社体制，逐步建立起以家庭承包经营为基础、统分结合的双层经营体制的农村基本经营制度。改革开放四十年中国取得的巨大成就和基本经验表明，稳定与完善农村基本经营制度对于解决"三农"问题、坚持和完善社会主义基本经济制度有着基础性和全局性的重大意义。党的十八届三中全会提出，要坚持家庭经营在农业中的基础性地位，坚持农村土地集体所有权，依法维护农民土地承包经营权。习近平总书记在党的十九大报告中进一步指出，要"巩固和完善农村基本经营制度"，并明确要"深化农村土地制度改革，完善承包地'三权'分置制度"，同时强调"保持土地承包关系稳定并长久不变"，提出"第二轮土地承包到期后再延长三十年"，以继续稳定农民和土地的关系。[①]

[①] 习近平：《决胜全面建成小康社会 夺取新时代中国特色社会主义伟大胜利——在中国共产党第十九次全国代表大会上的报告》，人民出版社2017年版，第32页。

党的十八大以来，习近平总书记从战略高度系统而深刻地论述了稳定与完善农村基本经营制度、深化农村集体土地制度改革等若干重要问题，强调农村基本经营制度是党的农村政策的基石，坚持土地农民集体所有是坚持农村基本经营制度的"魂"，要坚持家庭经营的基础性地位。为顺应快速城镇化进程中农村劳动力转移和土地流转加速的现实，习近平总书记提出要不断探索农村土地所有制的有效实现形式，要在坚持农村土地集体所有的前提下，促使承包权和经营权分离，形成所有权、承包权、经营权"三权分置"，经营权流转的格局。习近平总书记关于稳定和完善农村基本经营制度，特别是土地"三权分置"的重要论述，丰富了统分结合的农村双层经营体制的内涵，是习近平新时代中国特色社会主义思想的重要组成部分。

一 坚持农村基本经营制度

（一）农村基本经营制度是党的农村政策的基石

中国的改革开放始于农村，农村的改革始于引入家庭联产承包责任制，逐步建立起家庭承包经营为基础、统分结合的双层经营制度。坚持、巩固和完善农村基本经营制度是中国共产党各项农村政策的根基，它对于我们建设中国特色的社会主义，有效解决"三农"问题有着不可替代的重大战略意义。2013年12月，习近平总书记在中央农村工作会议上指出，坚持党的农村政策，首要的就是坚持农村基本经营制度。① 2016年4月25日在安徽凤阳县小岗村农村改革座谈会上,他再次强调,以家庭承包经营为基础、统分结合的双层经营体制,是我们党农村政策的重要基石。解决农业农村发展面临的各种矛盾和问题,根本靠深化改革。新形势下深化农村改革,主线仍然是处理好农民和土地的关系。最大的政策,就是必须坚持和完善农村基本经营制度,坚持农村土地集体所有,坚持家庭经营基础性地位,坚持稳定土地承包关系。② 在党的十九大报告中,习近平总书记再次强调,要"巩固和完善农村基本经营制度"③。改革以来,我国通过不断地调整和完善农民与土地的关系,最终确立了家庭承包经营的基础性地位。1978年党的十一届三中全会通过的《关于加快农业发展若干问题的决定(草案)》改变了人民公社体制下农民集体出工、吃大锅饭的生产方式,提出农业生产可以实行"包工到作业组,联系产量计算劳动报酬"的责任制,极大地调动了广大农民的生产热情。1979年党的十一届四中全会通过的《关于加快农业发展若干问题的决定》对农业生产责任制的形式进一步放宽,为包产到户

---

① 习近平:《在中央农村工作会议上的讲话》,载中共中央文献研究室编《十八大以来重要文献选编》(上),中央文献出版社2014年版,第668页。

② 《加大推进新形势下农村改革力度 促进农业基础稳固农民安居乐业》,《人民日报》2016年4月29日第1版。

③ 习近平:《决胜全面建成小康社会 夺取新时代中国特色社会主义伟大胜利——在中国共产党第十九次全国代表大会上的报告》,人民出版社2017年版,第32页。

网开一面。1982年中央一号文件《全国农村工作会议纪要》首次肯定了包产到户的社会主义性质，终于结束了20世纪50年代中期以来长达30年对农村包产到户实践的争议。到1983年年末，包产到户即家庭承包制成为全国农业生产责任制的主要形式，占生产队总量的97.8%。① 1984年中央一号文件《中共中央关于1984年农村工作的通知》提出，要继续稳定和完善联产承包责任制，鼓励农民增加投资，培养地力，实行集约经营；延长土地承包期，土地承包期应在十五年以上。1991年党的十三届八中全会通过的《中共中央关于进一步加强农业和农村工作的决定》进一步强调，要"把以家庭联产承包为主的责任制、统分结合的双层经营体制，作为我国乡村集体经济组织的一项基本制度长期稳定下来，并不断充实完善"；明确双层经营体制"是我国农民在党的领导下的伟大创造，是集体经济的自我完善和发展"。② 1993年11月发布的《中共中央、国务院关于当前农业和农村经济发展的若干政策措施》指出，为稳定土地承包关系，在原定的耕地承包期到期之后，再延长30年不变。从此，初步形成了坚持与稳定家庭承包经营制度的基本政策框架。

进入20世纪90年代，中国的农村基本经营制度建设

---

① 关锐捷主编：《中国农村改革20年》，河北科学技术出版社1998年版，第44页。

② 《中共中央关于进一步加强农业和农村工作的决定》，《中华人民共和国国务院公报》1991年第42期。

开始走上法治化轨道。1993年《宪法》修订版第八条第一款引入了"农村中的家庭联产承包为主的责任制",1999年《宪法》修订版又进一步完善为"农村集体经济组织实行家庭承包经营为基础、统分结合的双层经营体制"。2002年《农村土地承包法》颁布,明确立法目的是稳定和完善以家庭承包经营为基础、统分结合的双层经营体制,赋予农民长期而有保障的土地使用权,并将耕地承包期30年写入法律。2007年《物权法》颁布实施,进一步明确了土地承包经营权的用益物权属性,从而把多年实践检验行之有效的农村土地承包政策转化为法律规范,初步形成了中国农村基本经营制度的基本法律框架。

  因此,农村基本经营制度是遵循"实践是检验真理的唯一标准"的马克思主义思想路线,在总结20余年中国农业长期徘徊、发展速度不快的农业集体化道路失败经验与教训的基础上,从中国的基本国情和社会主义市场经济的探索实践以及国际经验出发,从农业产业的特殊属性出发,尊重农民意愿,再造农村微观组织系统的改革成果。农村基本经营制度作为中国特色社会主义市场经济体制的一项基础性制度安排,在向城乡一体化发展的社会转型时期,在中国经济进入新常态,深度参与国际农产品贸易的背景下,它事关农业农村现代化建设的顺利推进、农民福祉的增进和农村社会的稳定。正因为如此,2013年12月23日,习近平总书记在中央农村工作会议上深刻指出:坚持农村基本经营制度,不是一句空口号,而是有实实在在的政策要求,就是要坚持农村土地集体所有,坚持家庭经营基础性地位,坚持稳定土地承包关系;现有农村土地承包关系要保持稳定并长久不变。30多年的改革经验表明，党在农村的各项政策只有与之相适应，形成协调高效的农村经济制度体系，才会有利于促进农村基本经营制度的巩固和完善，才会适应实现农业现代化和农村全面小康的根本要求。因此，坚持农村基本经营制度是实现农业现代化和农村全面小康目标的制度保证，也是坚持中国特色社会主义基本经济制度的内在要求。在党的十九大报告中，习近平总书记又强调"保持土地承包关系稳定并长久不变，第二轮土地承包到期后再延长三十年"①，继续给予农民稳定的承包经营预期，保障农民的土地权益，以实现我国土地制度的连续稳定性。

（二）坚持农村土地农民集体所有是坚持农村基本经营制度的"魂"

习近平总书记在2016年4月安徽省凤阳县小岗村农村改革座谈会上指出，坚持农村土地农民集体所有，这是坚持农村基本经营制度的"魂"。他强调，农民作为土地所有权主体的权益必须得到充分的体现与保障，土地改革的底线不能突破，并指出，不管怎么改，都不能把农村土地集体所有制改垮了，不能把耕地改少了，不能把粮食生产能力改弱了，不能把农民利益损害了。②

---

① 习近平：《决胜全面建成小康社会　夺取新时代中国特色社会主义伟大胜利——在中国共产党第十九次全国代表大会上的报告》，人民出版社2017年版，第32页。

② 《加大推进新形势下农村改革力度　促进农业基础稳固农民安居乐业》，《人民日报》2016年4月29日第1版。

中华人民共和国成立之初，中国消灭了封建土地所有制，确立了"耕者有其田"的农民所有制。随后的20世纪50年代，中国共产党带领广大农民群众开展农业合作化运动，最终确立了土地的集体所有。改革开放以来，中国在农村实行土地家庭承包制，形成了土地集体所有、农民承包使用的农村耕地制度。在农村改革中，中央文件和政策一直坚持并强调土地集体所有，相关法律法规对土地集体所有的内涵界定不断完善。早在20世纪80年代农村实行联产承包责任制之初，针对农村中认为包产到户是实行土地私有化，1982年中央一号文件就明确指出，认为"包干到户就是'土地还家'、平分集体财产、分田单干，这完全是一种误解"；并强调，联产承包责任制是建立在土地公有基础上的，农户和集体保持承包关系。1982年的《宪法》第十条规定，农村和城市郊区的土地，除由法律规定属于国家所有的以外，属于集体所有；宅基地和自留地、自留山，也属于集体所有。1986年颁布的《土地管理法》第八条规定，集体所有的土地依照法律属于村农民集体所有，由村农业生产合作社等农业集体经济组织或者村民委员会经营、管理。1988年实施的《民法通则》第七十四条也明确规定集体所有的土地依照法律属于村农民集体所有，再加上2002年《农村土地承包法》和2007年《物权法》等一系列相关法律的颁布与不断完善，最终明确了土地的集体所有体现为农民成员组成的农民集体所有，农民所有者个人对集体所有土地的所有者权益通过30年的土地承包经营权权益落在实处。集体所有不再是传统计划经济体制下、国家行政权力控制下的那种否定集体成员的所有者权益、所谓的"人人所有、人人没份""个人一无所有"的传统集体所有制。

中国农村实行土地集体所有制是社会主义公有制的内在要求，也是由中国基本国情、历史遗产、所处的发展阶段等多个因素综合的选择结果。坚持和完善土地集体所有不仅符合中国特色社会主义初级阶段的现实，符合中国特色社会主义制度追求公平理念、共同致富的本质要求，也是取得改革各相关利益群体的最大公约数的理性选择。变革土地所有权的集体所有制性质不符合中国社会现实，并可能会引发社会动荡风险。实践表明，现行土地集体所有制促进了农村社会稳定，并且没有影响农村劳动力的外出转移步伐，也没有出现经营者对土地竭泽而渔的短视现象，在促进中国农业持续增长的同时，有效地保障了城镇化进程的顺利推进，避免了因土地私有或国有化的大变革而可能带来的社会矛盾激化和高昂的制度变迁成本，为建设中国特色的社会主义市场经济、平稳推进中国的现代化进程，提供了灵活而富有弹性的制度安排。

（三）坚持家庭经营的基础性地位和集体土地承包权属于农民成员是稳定和完善农村基本经营制度的根本要求

坚持和稳定农村基本经营制度，家庭经营是基础，也是根本。在2013年12月23日中央农村工作会议上，习近平总书记对家庭经营问题做了专门的全面阐述。他强调要坚持家庭经营基础性地位。家庭经营在农业生产中居于基础性地位，集中体现在农民家庭是集体土地承包经营的法定主体。农村集体土地应该由作为集体经济组织成员的农民家庭承包,其他任何主体都不能取代农民家庭的土地承包地位。农民家庭承包的土地,可以由农民家庭经营,也可以通过流转经营权由其他经营主体经营,但不论承包经营权如何流转,集体土地承包权都属于农民家庭。这是农民土地承包经营权的根本,也是农村基本经营制度的根本。

纵观世界农业发展历史,无论是在传统农业时期还是在现代农业发展阶段,无论是发达国家还是发展中国家,农业生产的基本经营单位都是以家庭经营形式为主体。家庭经营是指农户以家庭为基础、以家庭成员为主要劳动力来源开展农业经营活动。农业的基本经营组织形式之所以与其他产业不同,主要是由农业产业的自然再生产与经济再生产相交织的基本属性所决定的。尽管目前现代科技已经很发达,但是粮食等大宗农产品生产依然高度依赖气候等自然条件,风险大,具有不确定因素。农作物生长的季节性、周期性和生产过程的有序性,使农业劳动投入的计量和监督成本高,难以实行标准化管理,因此以家庭为单位开展经营可以有效解决劳动激励问题。并且,家庭农业可以包容多层次生产力水平,从发达国家完全市场化导向的公司化家庭农场,到欠发达地区集自我消费、自我生产于一身的兼业小农户,家庭农业的经营方式有着很强的弹性空间和灵活性。

人多地少、土地资源相对稀缺是中国最大的国情。在中国城镇化进程中,土地作为一种特殊的生产要素,肩负着多重功能。第一是生产功能。土地提供了广大小农户的基本生计，在保障国家粮食基本自给中具有不可替代的作用。第二是财产性功能。随着城镇化进程的推进，土地的财产性功能属性日益突出，并成为快速城镇化地区农民收入增长的重要甚至是主要来源。第三是社会保障功能。在中国，城乡统一的社会保障体系还没有完全建立起来，土地承担了为农民提供失业、养老等社会保障的最低安全线，特别是在遭遇经济周期性波动阶段，土地成为被动回乡的打工农民的生存依靠，同时也是失去非农就业劳动能力的老、病、弱、残等农村弱势群体和贫困户的重要依靠。第四是社会心理安全功能。从历史发展的长河看，随着城乡一体化进程的加快，第二、第三产业的非农收入成为农民家庭的主要经济来源，土地的经济保障功能呈逐步弱化态势将不可逆转，但是作为传统的农业大国，土地带给农民的社会心理安全感功能将滞后于土地功能的变化而长期存在。第五是社会政治功能。地权从来就是与公民的政治社会权利紧密联系在一起的，中国能够在农村基层顺利地实行村民自治制度，与中国农村实行土地集体所有制、村民成员拥有平等的土地承包经营权是密不可分的。[①]因此，坚持家庭经营的基础性地位和农户的土地承包权是坚持农村基本经营制度的根本，实现此目标的途径是坚持土地承包经营关系长久不变，并通过确权登记颁证的法律形式落实下来。

---

① ［美］伊利、莫尔豪斯：《土地经济学原理》，滕维藻译，商务印书馆1982年版，第28页。

二 实行农村土地"三权分置"

(一)土地"三权分置"是土地集体所有制的有效实现形式之一

深化农村土地制度改革是完善社会主义公有制的重要内容,也是建设中国特色的社会主义市场经济体制的一个必要条件。随着城镇化进程和农村劳动力转移的加快,土地集体所有制又出现了新的实现形式,通过出租、流转、入股和托管等多种形式,集体、承包农户、新型经营主体共享土地的使用权利。针对农村改革中的创新实践,习近平总书记适时提出要研究农村土地"三权分置"问题。2013年7月,他在湖北调研时指出,深化农村改革,完善农村基本经营制度,要好好研究农村土地所有权、承包权、经营权三者之间的关系,土地流转要尊重农民意愿、保障基本农田和粮食安全,要有利于增加农民收入。① 在同年年底的中央农村工作会议上,他再次强调完善农村基本经营制度,要顺应农民保留土地承包权、流转土地经营权的意愿,把农民土地承包经营权分为承包权和经营权,实现承包权和经营权分置并行。要放活土地经营权,推动土地经营权有序流转。这是农村改革又一次重大制度创新。回顾历史,早在20世纪80年代中期,在经济相对发达、耕地资源匮乏、人地矛盾突出的少数地方,就出现了大批农村

---

① 《坚定不移全面深化改革开放 脚踏实地推动经济社会发展》,《人民日报》2013年7月24日第1版。

劳动力外出谋生、土地流转给亲朋好友耕作的现象，当时，有的地方政府对此现象给予了政策认可，但是缺乏法律上的相关规定。针对这种情况，杜润生先生曾指出，"对于在市场经济条件下，我们怎样明确所有权，稳定承包权，搞活使用权，缺乏一种法律框架"①。2002年《农村土地承包法》颁布，推动中国土地制度迈入法制化建设阶段。该法第一条明确了立法的基本目标是"为稳定和完善以家庭承包经营为基础、统分结合的双层经营体制，赋予农民长期而有保障的土地使用权"。第三条明确了"国家实行农村土地承包经营制度"，从而将承包权的长期化通过法律的形式固定下来；同时，第十条明确"国家保护承包方依法、自愿、有偿地进行土地承包经营权流转"。第三十二条具体规定"通过家庭承包取得的土地承包经营权可以依法采取转包、出租、互换、转让或者其他方式流转"，同时还规定了土地流转应遵循的原则，由此将土地所有权集体所有、农户拥有承包经营权并且可以流转的土地制度基本框架法律化。但是，该法存在明显的缺陷，它没有规定承包经营权的性质，是属于所有者的物权还是合同双方之间的债权？对何为转包、出租、互换、转让也没有做出具体明确的规定；另外，对于农民家庭土地承包经营权的抵押也没有规定。而之后出台的《担保法》第三十七条规定，耕地、自留地等集体所有的土地使用权原则上不可抵押。2007年颁布实施的《物权法》进一步稳定人地关系，完成了农村土

---

① 杜润生：《杜润生自述：中国农村体制变革重大决策纪实》，人民出版社2005年版，第154页。

地权利的物权化。该法第五十九条规定,"农民集体所有的不动产和动产,属于本集体成员集体所有"。与其他已经颁布的相关法律最大的不同是,《物权法》引入了"成员权"概念来明确集体所有权的主体,并对集体成员享有参与决策、知情的权利与权利保护做出了相应的规定,从而将《民法通则》中的"劳动群众集体所有"和《土地管理法》中的"农民集体所有"规定向前推进了一大步。正是由于集体所有包含的农户成员、集体双层所有,两者相互依存的特殊属性,农户承包经营权具有了物权属性。

近年来,随着农业现代化建设的深入,超小规模分散经营与农业现代化要求的生产经营集约化、专业化、组织化、社会化的矛盾日益突出,在党的十八届三中全会加快构建新型农业经营体系精神的引导下,农村土地流转加快,流入的主体也跳出了原来的本集体经济组织成员内部、农户之间的转包和互换为主的范围,越来越多地转向非成员的专业大户、家庭农场,甚至是农业企业、工商资本。截至2015年,全国家庭承包耕地经营权流转面积达到4.43亿亩,占全国家庭承包经营耕地的33.3%。[①] 其中,家庭承包耕地流转入合作社的面积为9737万亩,占流转总面积的21.8%。[②] 农业部的数据显示,截至2016年6月,全国2.3亿农户中流转土地的农户已经超过7000万

[①] 张红宇:《关于深化农村改革的四个问题》,《农业经济问题》2016年第7期。

[②] 农业部农村合作经济经营管理总站课题组:《新常态下促进农民合作社健康发展研究报告(一)》,《中国农民合作社》2016年第11期。

户，比例超过30%，其中东部沿海地区农户转移的比例超过50%，许多农户已经将承包土地流转给家庭农场、农民合作社、农业企业等270多万各类新型农业经营主体。①《农村土地承包法》第三十九条规定，"承包方可以在一定期限内将部分或者全部土地承包经营权转包或者出租给第三方，承包方与发包方的承包关系不变"。它意味着，承包农户如果将土地出租给第三方，在与集体发包方关系不变的情况下，出租的土地不应是承包经营权，而只是经营权。因此，《农村土地承包法》需要完善。为更好地保护农户成员的承包权益，土地制度要进一步创新。对于实践中的新变化，习近平总书记在2013年12月的中央农村工作会议上指出，土地承包经营权主体同经营权主体发生分离，这是我国农业生产关系变化的新趋势，对完善农村基本经营制度提出了新的要求，要不断探索农村土地集体所有制的有效实现形式。②

2016年10月31日，中共中央办公厅、国务院办公厅颁布了《关于完善农村土地所有权承包权经营权分置办法的意见》，土地"三权分置"政策最终落地，该文件再次明确了土地承包权是一种用益物权，要促进流出土地经营权的农户增加财产收入，同时保护新型农业经营主体的土

---

① 《坚持所有权 稳定承包权 放活经营权 为现代农业发展奠定制度基础——韩长赋在国新办发布会上就〈关于完善农村土地所有权承包权经营权分置办法的意见〉答记者问》，《农村工作通讯》2016年第22期。

② 《中央农村工作会议在北京举行》，《人民日报》2013年12月25日第1版。

地经营权和相应的收益,促进农业实现适度规模经营。党的十九大报告指出要"完善承包地'三权分置'制度"。"三权分置"是继家庭联产承包责任制后农村改革又一重大制度创新。它丰富了中国统分结合的农村双层经营体制的内涵,为在坚持集体所有制、坚持承包农户的土地权益前提下,走中国特色的现代农业发展道路提供了一种新的发展模式;而"三权分置"的实施,展现了中国农村基本经营制度灵活的弹性空间和持久活力,丰富了中国农村土地制度改革与创新的理论。

(二)稳定农户承包经营权是保护广大农户利益的关键

土地"三权分置"政策的最终出台,适应了经济发展的新阶段以及土地流转的新变化和新趋势,对于坚持土地的集体所有属性、稳定家庭经营的基础性地位具有很强的现实意义和政策含义。它回答了"长久不变"的制度内涵,即土地承包经营权"长久不变"的核心是农户承包权,是土地承包关系长久不变而不是土地经营关系长久不变。在土地流入方越来越转向非承包农户的情况下,通过明晰和强化承包权,可以有效保护广大弱势农户群体的利益,以避免出现大批农户丧失承包权、失去自我最低社会保护网的潜在风险。同时在经营权向外流转的过程中,通过承包权与经营权的分离,促进放活经营权,平等保护经营主体依法取得的经营权,实现经营者收益最大化,特别是对于开展规模经营、租赁合同期稳定、投资回报期长的经营者,通过政府的放活土地经营权,可以对土地经营权进行融资担保，由此缓解农民和其他土地经营者向银行贷款抵押物不足问题，同时也为防止土地经营权因融资担保而影响土地承包关系筑起一道防火墙。因此，土地承包权和经营权分离，既是坚持土地集体所有权的内在要求，也是实现承包农户和经营者利益双赢的制度安排。从长远来看，要实现土地经营权的流转，有赖于土地承包权的稳定。因此，习近平总书记2016年4月在安徽省凤阳县小岗村农村改革座谈会上指出，要抓紧落实土地承包经营权登记制度，真正让农民吃上"定心丸"。[①] 农业部的最新数据显示，2016年已经有2545个县（市、区）、2.9万个乡镇、49.2万个村开展土地确权工作，已经完成确权面积7.5亿亩，接近家庭承包耕地面积的60%。[②]

（三）放活土地经营权是引导土地规范有序流转的关键

放活土地经营权，是顺应现代农业发展大趋势的重要政策措施。在充分保护农户承包权益的基础上，将农户的经营权分离出来，放活土地经营权，通过契约关系，保障新型经营主体长期而稳定的土地经营权，有利于新型经营主体在土地上进行长期投资，有利于提高土地产出率、劳动生产率、资源利用率。但是土地经营权放活后，如何避

[①] 《加大推进新形势下农村改革力度　促进农业基础稳固农民安居乐业》，《人民日报》2016年4月29日第1版。

[②] 《"三权分置"是农村土地产权制度的重大创新》，《人民日报》2016年11月4日第6版。

免可能出现的非粮化、非农化问题,在2016年4月小岗村农村改革座谈会上,习近平总书记提出需要有"三个适应",他强调,放活土地经营权,推动土地经营权有序流转,政策性很强,要把握好流转、集中、规模经营的度,要与城镇化进程和农村劳动力转移规模相适应,与农业科技进步和生产手段改进程度相适应,与农业社会化服务水平提高相适应。① 在2014年9月29日的中央全面深化改革领导小组第五次会议上,习近平总书记强调要在坚持农村土地集体所有的前提下,促使承包权和经营权分离,形成所有权、承包权、经营权"三权分置"、经营权流转的格局。② 针对少数工商资本取得耕地经营权的目的不是开展农业生产,而是试图通过下乡圈地、坐享城镇化带来的农地变性的潜在巨大增值空间,习近平总书记于2015年5月对土地流转实践作出了重要指示,强调特别要防止一些工商资本到农村介入土地流转后搞非农建设、影响耕地保护和粮食生产等问题。要注意完善土地承包法律法规、落实支持粮食生产政策、健全监管和风险防范机制、加强乡镇农村经营管理体系建设,推动土地流转规范有序进行,真正激发农民搞农业生产特别是粮食生产的积极性。③

---

① 《加大推进新形势下农村改革力度 促进农业基础稳固农民安居乐业》,《人民日报》2016年4月29日第1版。

② 《严把改革方案质量关督察关 确保改革改有所进改有所成》,《人民日报》2014年9月30日第1版。

③ 《依法依规做好耕地占补平衡 规范有序推进农村土地流转》,《人民日报》2015年5月27日第1版。

三 完善统一经营，发展多种形式的适度规模经营

（一）完善统一经营

习近平总书记在福建工作时撰写的《摆脱贫困》[①]一书深入研究了"集体统一"与"家庭经营"之间、"统"与"分"之间的辩证关系，提出了"统分结合""分"了以后，"统"怎么办的核心问题。他提出，要发挥集体的优势，把集体的优越性和个人的积极性结合在一起，纠正大包干中无视统一经营造成的偏差，完善家庭承包联产承包制。同时，他还指出，要积极探索发展农村集体经济的具体形式和路子。习近平总书记在其博士学位论文《中国农村市场化研究》[②]中进一步系统研究了新时期农村集体经济组织的多种实现形式，明确要走组织化的农村市场化发展路子，并深入探讨了如何强化各类农村集体经济组织的建设，强化服务职能，为农民顺利进入市场和拓展市场搞好社会化服务。在浙江主持工作期间，习近平同志在2006年全省农村工作会议上，系统地提出了发展农民专业合作、供销合作、信用合作"三位一体"

[①] 习近平：《摆脱贫困》，福建人民出版社2014年版，第144—146页。

[②] 习近平：《中国农村市场化研究》，博士学位论文，清华大学，2001年。

第二章　稳定和完善农村基本经营制度

的宏伟构想①，这是对农村统分结合的双层经营体制的重大完善和创新。

2008年，党的十七届三中全会通过的《中共中央关于推进农村改革发展若干重大问题的决定》首次提出："家庭经营要向采用先进科技和生产手段的方向转变，增加技术、资本等生产要素投入，着力提高集约化水平；统一经营要向发展农户联合与合作，形成多元化、多层次、多形式经营服务体系的方向转变……"② 统一经营的内涵进一步得以丰富，统一经营的实现方式得以完善与创新。2013年，党的十八届三中全会通过的《中共中央关于全面深化改革若干重大问题的决定》进一步提出，"加快构建新型农业经营体系。坚持家庭经营在农业中的基础性地位，推进家庭经营、集体经营、合作经营、企业经营等共同发展的农业经营方式创新。坚持农村土地集体所有权，依法维护农民土地承包经营权，发展壮大集体经济"③。由此，强调了多种经营方式的创新。2013年12月中央农村工作会议以习近平总书记关于推进农村改革发展方向性和战略性重大问题的重要讲话精神为指导，提出要加快构建以农户

---

① 《探索建立农民专业合作、供销合作、信用合作"三位一体"新型合作体系——浙江农村改革这样破题》，《经济日报》2017年7月14日第1版。

② 《中共中央关于推进农村改革发展若干重大问题的决定》，《人民日报》2008年10月20日第1版。

③ 《中共中央关于全面深化改革若干重大问题的决定》，载中共中央文献研究室编《十八大以来重要文献选编》（上），中央文献出版社2014年版，第523页。

家庭经营为基础、合作与联合为纽带、社会化服务为支撑的立体式复合型现代农业经营体系。①

（二）发展多种形式的适度规模经营

中国正处在社会转型期的历史发展阶段和农业现代化的加速时期，东中西部地区发展的不平衡性加剧，东部沿海发达地区和大城市郊区家庭经营走向企业化、专业化生产的同时，中西部家庭经营仍以兼业农户为主体，欠发达贫困地区则存在着大量维持生计的传统农户，家庭经营出现了多类型、多层次的经营方式。但是，随着城镇化带来的农村老龄化，谁来种地、如何种地问题突出，农户家庭经营存在的小、弱、散问题，直接影响了中国现代农业建设和农产品的市场竞争力。根据习近平总书记的重要讲话精神，2013年中央农村工作会议指出，要提高种地集约经营、规模经营、社会化服务水平，增加农民务农收入，鼓励发展、大力扶持家庭农场、专业大户、农民合作社、产业化龙头企业等新型主体。②

目前，中国农村初步形成了以家庭农场和专业大户为代表的家庭经营规模主体、以合作社为代表的合作经营主体和以农业产业化龙头企业为代表的企业规模经营主体等多种新型经营主体类型。据农业部的初步统计，到2016年年底，中国经营耕地50亩以上的农户3762万

---

① 《中央农村工作会议在北京举行》，《人民日报》2013年12月25日第1版。

② 同上。

户，农业部门认定的家庭农场444885个，家庭农场经营土地面积9571万亩，土地股份合作社102736个，入股土地面积2916万亩。① 2015年，全国农业产业化龙头企业达12.9万家，销售收入达9.2万亿元，分别比"十一五"末期增长29.7%和82.9%，与龙头企业有效对接的农民合作组织超过23万个，成为农业生产和农产品市场供给的主体。② 2016年，全国承包耕地流转面积达到了4.8亿亩，比上年增长7.3%，占承包地的35.1%，其中，有五个省市这一比例超过50%，分别是上海（74.8%）、江苏（60.2%）、北京（60.0%）、浙江（53.8%）、黑龙江（50.4%）。③ 同时，近年来以服务规模化为特征的一大批新型服务主体脱颖而出，为广大农户和新型农业经营主体提供各种专业化生产经营服务，丰富了农村适度规模经营的内涵，目前大体形成了以农机、植保合作社为代表的专业服务型合作社、以提供产前产中产后一条龙服务的生产服务型企业以及各类农业科技服务型组织等多形式的规模化新型服务主体。新型农业经营主体

---

① 农业部农村经济体制与经营管理司、农业部农村合作经营管理总站编：《中国农村经营管理统计年报（2016）》，中国农业出版社2017年版，第4、31、42页。

② 农业部农村经济体制与经营管理司、农业部农村合作经营管理总站编：《中国农村经营管理统计年报（2015）》，中国农业出版社2016年版，第23页。

③ 农业部农村经济体制与经营管理司、农业部农村合作经营管理总站编：《中国农村经营管理统计年报（2016）》，中国农业出版社2017年版，第14、131页。

和新型农业服务主体一道,正在成为中国建设现代农业的主力军。

(三)推进农业适度规模经营要坚持适度、尊重农民意愿和保护好农民权益

在推进农业适度规模经营中,习近平总书记特别强调要尊重农民意愿和保护好农民权益,要有足够的历史耐心。在2016年4月安徽小岗村农村改革座谈会上,他指出,要尊重农民意愿和维护农民权益,把选择权交给农民,由农民选择而不是代替农民选择,可以示范和引导,但不搞强迫命令、不刮风、不一刀切。[①] 他同时强调粮食的适度规模化经营和农民的主体性参与。2014年9月29日,习近平总书记在中央全面深化改革领导小组第五次会议上指出:要坚持规模适度,重点支持发展粮食规模化生产。要让农民成为土地适度规模经营的积极参与者和真正受益者。要根据各地基础和条件发展,确定合理的耕地经营规模加以引导,不能片面追求快和大,更不能忽视经营自家承包耕地的普通农户仍占大多数的基本农情。对工商企业租赁农户承包地,要有严格的门槛,建立资格审查、项目审核、风险保障金制度,对准入和监管制度作出明确规定。[②] 习近平总书记的这些重要阐述,系统指明了发展

---

① 《加大推进新形势下农村改革力度 促进农业基础稳固农民安居乐业》,《人民日报》2016年4月29日第1版。
② 《严把改革方案质量关督察关 确保改革改有所进改有所成》,《人民日报》2014年9月30日第1版。

适度规模经营的基本指导思想、基本原则、工作重点，以及政府如何强化监管机制、避免行政干预，保障以市场为导向推进适度规模经营发展，提高土地的利用率，并让广大农民分享收益，防止政府乱刮风。

第三章

深化农村改革

当前,农村经济社会深刻变革,农村改革涉及的利益关系更加复杂、目标更加多元、影响因素更加多样,任务也更加艰巨。面对如此复杂的局面,习近平总书记在党的十九大报告中提出"实施乡村振兴战略"。"巩固和完善农村基本经营制度,深化农村土地制度改革,完善承包地'三权'分置制度。保持土地承包关系稳定并长久不变,第二轮土地承包到期后再延长三十年。深化农村集体产权制度改革,保障农民财产权益,壮大集体经济。"[①] 这一论断为深化农村改革指明了正确的方向,也为各地深化农村改革实践提供了理论依据。农村集体产权制度改革作为重要的顶层设计,是农村改革的基础性工作之一和重大制度创新;供销合作社作为"三位一体"中的重要一体,发挥为农服务的重要作用,亟须进一步改革以体现出其效用;农业支持保护制度是稳定主

---

① 习近平:《决胜全面建成小康社会 夺取新时代中国特色社会主义伟大胜利——在中国共产党第十九次全国代表大会上的报告》,人民出版社2017年版,第32页。

要农产品供给、促进农民增收、实现农业可持续发展的制度性保障，需要得到进一步发展以剔除不合理细节，完善农业支持保护制度。

一　农村综合配套改革的主要内容

农村综合配套改革涉及农村集体产权制度、农业经营体系制度、农业支持保护制度、城乡发展一体化体制机制和农村社会治理制度五大领域改革。

（一）农村集体产权制度改革

深化农村集体产权制度改革，保障农民财产权益，壮大集体经济是实施乡村振兴战略的重要举措。习近平总书记在安徽小岗村召开的农村改革座谈会上强调，解决农业农村发展面临的各种矛盾和问题，根本靠深化改革。他同时强调，不管怎么改，都不能把农村土地集体所有制改垮了，不能把耕地改少了，不能把粮食生产能力改弱了，不能把农民利益损害了。深化农村土地制度改革，要坚守土地公有性质不改变、耕地红线不突破、农民利益不受损"三条底线"，防止犯颠覆性错误。巩固和完善农村基本经营制度，深化农村土地制度改革，完善承包地"三权分置"制度。保持土地承包关系稳定并长久不变，第二轮土地承包到期后再延长三十年。通过农村土地制度改革，可以稳定农业生产者的收益预期，激发农业生产者从事农业生产经营的积极性，避免土地掠夺式经营；推动农村土地流转，培育农业新型经营主体，发展农业适度规模经营；

保护农民的土地财产权益。

(二) 新型农业经营体系建设

习近平总书记在党的十九大报告中指出，要"构建现代农业产业体系、生产体系、经营体系，完善农业支持保护制度，发展多种形式适度规模经营，培育新型农业经营主体，健全农业社会化服务体系，实现小农户和现代农业发展有机衔接"。[①] 这一论断是在实践中不断丰富和完善的，习近平总书记在2015年"两会"期间参加吉林代表团审议时指出，推进农业现代化，要突出抓好加快建设现代农业产业体系、现代农业生产体系、现代农业经营体系三个重点。他在安徽小岗村农村改革座谈会上进一步强调，要以构建现代农业产业体系、生产体系、经营体系为抓手，加快推进农业现代化。[②] 习近平总书记强调，现代农业经营体系是推进农业现代化的重要推手之一，具有无可替代的重要作用。构建新型农业经营体系要着重培育壮大专业大户、家庭农场、农民合作社、农业企业等新型经营主体，推动家庭经营、集体经营、合作经营、企业经营共同发展。要构建符合国情和发展阶段的以农户家庭经营为基础、合作与联合为纽带、社会化服务为支撑的立体

[①] 习近平：《决胜全面建成小康社会 夺取新时代中国特色社会主义伟大胜利——在中国共产党第十九次全国代表大会上的报告》，人民出版社2017年版，第32页。

[②] 参见韩长赋《构建三大体系 推进农业现代化——学习习近平总书记安徽小岗村重要讲话体会》，《人民日报》2016年5月18日第15版。

式、复合型现代农业经营体系，提高农业经营集约化、规模化、组织化、社会化、产业化水平，从而实现小农户和现代农业发展有机衔接。

（三）农业支持保护制度完善

实施乡村振兴战略，要坚持农业农村优先发展。2013年12月习近平总书记在中央农村工作会议上指出："要加大农业投入力度，财政再困难也要优先保证农业支出，开支再压缩也不能减少'三农'投入。"① 对农业实行必要的支持保护是发展现代农业的客观需要，农业现代化的成败关系到社会主义现代化建设的全局。当前，我国农业发展还面临着诸多困难与挑战，迫切要求政府采取合理有效的保护措施大力支持农业的发展。

（四）城乡一体化体制机制创新

习近平总书记在党的十九大报告中指出："建立健全城乡融合发展体制机制和政策体系，加快推进农业农村现代化。"② 促进城乡社会现代化经济体系、民主政治、文化活力、社会治理、生态文明互联互通。从习近平新时代中国特色社会主义思想的脉络来看，面对目前城市越来越

---

① 习近平：《在中央农村工作会议上的讲话》，载中共中央文献研究室编《十八大以来重要文献选编》（上），中央文献出版社2014年版，第679页。

② 习近平：《决胜全面建成小康社会 夺取新时代中国特色社会主义伟大胜利——在中国共产党第十九次全国代表大会上的报告》，人民出版社2017年版，第32页。

大、乡村越来越空的现实困境,习近平总书记在2015年4月30日就健全城乡发展一体化体制机制进行第二十二次集体学习时强调:加快推进城乡发展一体化,是党的十八大提出的战略任务,也是落实"四个全面"战略布局的必然要求。全面建成小康社会,最艰巨、最繁重的任务在农村特别是农村贫困地区。我们一定要抓紧工作、加大投入,努力在统筹城乡关系上取得重大突破,特别是要在破解城乡二元结构、推进城乡要素平等交换和公共资源均衡配置上取得重大突破,给农村发展注入新的动力,让广大农民平等参与改革发展进程、共同享受改革发展成果。① 城乡融合发展是解决中国"三农"问题的根本途径,是破解城乡二元经济发展难题的关键举措。

(五)农村社会治理创新

习近平总书记在党的十九大报告中指出:"加强农村基层基础工作,健全自治、法治、德治相结合的乡村治理体系。"② 在"四化同步"发展过程中,农村社会治理面临新的挑战。习近平总书记就建设美丽乡村、加强农村精神文明建设提出了一系列富有创见的新思想、新观点、新要求。他强调,中国要美,农村必须美;中国要强,农业必须强;中国要富,农民必须富。要继续推进社会主义新

---

① 《健全城乡发展一体化体制机制 让广大农民共享改革发展成果》,《人民日报》2015年5月2日第1版。

② 习近平:《决胜全面建成小康社会 夺取新时代中国特色社会主义伟大胜利——在中国共产党第十九次全国代表大会上的报告》,人民出版社2017年版,第32页。

农村建设，为农民建设幸福家园；按照产业兴旺、生态宜居、乡风文明、治理有效、生活富裕的总要求，建立健全城乡融合发展体制机制，加快推进农业农村现代化。一定要走符合农村的建设路子，注意乡土味道，体现农村特点，记得住乡愁，留得住绿水青山。农村社会治理必须加强农村基层党组织建设，健全农村基层民主管理制度，加强农村精神文明建设，创新农村扶贫开发体制机制，深化农村行政执法体制改革。

此外，在党的十九大报告中，对于农村社会的治理创新还包括：(1) 优先发展教育事业，高度重视农村义务教育；(2) 提高就业质量和人民收入水平，促进农民工多渠道就业创业；(3) 加强社会保障体系建设，健全农村留守儿童和妇女、老年人关爱服务体系；(4) 坚决打赢脱贫攻坚战，确保到2020年我国现行标准下农村贫困人口实现脱贫；(5) 实施健康中国战略，加强基层医疗卫生服务体系和全科医生队伍建设；(6) 打造共建共治共享的社会治理格局，提高社会治理社会化、法治化、智能化、专业化水平；(7) 有效维护国家安全，严密防范和坚决打击各种渗透颠覆破坏活动、暴力恐怖活动、民族分裂活动、宗教极端活动。这些都对农村社会治理创新提出了全新要求。

二 深化农村集体产权制度改革

由于改革涉及面广、情况复杂，影响十分巨大，利益面互相交织，稍有不慎，可能会造成较为严重的后果，甚至威胁到社会稳定。2016年4月29日，习近平总书记在小岗村农村改革座谈会上指出：深化农村改革需要多要素联动，着力推进农村集体资产确权到户和股份合作制改革。以集体所有为基础的农村集体所有制，是社会主义公有制的重要表现形式，也是社会主义制度优越性的充分体现。经过三十多年的发展变化，目前农村产权制度已经难以适应新时代的要求，到了必须加以改革的阶段。党的十八届三中全会强调，"坚持农村土地集体所有权，依法维护农民土地承包经营权，发展壮大集体经济"。[①] 2015年中央一号文件也提出，"推进农村集体产权制度改革。探索农村集体所有制有效实现形式，创新农村集体经济运行机制"。[②] 习近平总书记在党的十九大报告中指出：巩固和完善农村基本经营制度，深化农村土地制度改革，完善承包地"三权分置"制度。保持土地承包关系稳定并长久不变，第二轮土地承包到期后再延长三十年。深化农村集体产权制度改革，保障农民财产权益，壮大集体经济。

（一）推进土地股份合作制改革

主要是在农户承包土地这一核心生产要素上做文章。目前农地流转主要有转包、出租、互换、转让、股份合作五种形式，前四种方式，土地主要是在不同经营主体之间流转，转出方获得一次性收入，与发展集体经济关系不

[①] 《中共中央关于全面深化改革若干重大问题的决定》，载中共中央文献研究室编《十八大以来重要文献选编》（上），中央文献出版社2014年版，第523页。

[②] 《中共中央国务院印发〈关于加大改革创新力度加快农业现代化建设的若干意见〉》，《人民日报》2015年2月2日第1版。

大，农民也很难共享土地规模经营的增值收益。近年来，土地股份合作在一些地区开始显现并逐步增加，土地股份合作以专业大户、家庭农场等为经营主体，以土地为基础，农民以地入社、发展合作经营，既实现了农业的规模化、标准化，促进现代农业的发展，又避免了工商资本进入农业、大规模租赁农户土地可能产生的负面影响，而且还能使老弱群体或外出打工农民从合作社发展中受益，在发展壮大集体经济的同时，解决了"种什么样的田""谁来种田""怎样种田"的问题。

在东部经济发达地区，重点是推进经营性资产股份合作制改革，借鉴现代企业制度，在合作制的基础上引入股份制来改造原有的集体经济。在中西部地区，特别是经济相对落后的地区，要把功夫主要用在土地上。

（二）探索发展农村混合所有制经济

集体经济组织可以其拥有的土地等资源性资产，与房屋、设备等经营性资产作为出资，引导和吸引农民投入土地经营权，社区外经济主体投入资金、技术等，共同发展农村混合所有制经济，带领农民走向合作与联合。

（三）探索集体积累新机制

建立与农村税费改革前"三提五统"性质不同的集体积累新机制，变过去"自取他用"为"自取自用"，完善集体公积公益金提取制度，探索家庭承包经营以外的集体经营等多种经营形式。对于非经营性资产，重点是探索集体统一运营管理的有效机制，更好地为集体经济组织成员及社区居民提供公益性服务。

三 完善农业支持保护制度

目前,中国的农产品价格竞争优势逐步消失,导致农业国际竞争力不强,农产品价格倒挂导致对国外农产品需求强劲,对本国农产品需求疲软,国外农产品进入市场流通消费增多,国内农产品则进入库存积压浪费。改革开放以来,农产品市场价格频繁大幅度波动,市场机制在资源配置中的作用很不稳定。在农产品价格形成机制中,有效合理的农产品价格必须发挥市场在资源配置中的决定性作用,更好发挥政府作用。

一段时间以来,政府在农产品市场价格形成过程中采取了必要的支持保护政策,比如实行十多年的托市收购政策(政策性收储),实际上是一种价格支持手段。具体是指,符合收储条件的粮食仓储企业,按国家确定的最低收购价(或临时收储价格)收购农民的粮食。托市收购政策走到今天,成绩卓然但也弊端重重。托市收购政策保障了农民的种粮收益,防止了谷贱伤农,但由于托市政策提升了农产品价格,使国内同类农产品与国外相比不具有竞争优势,国产粮食库存积压问题日益严重。国内农业生产成本高于国际市场,国内农业不得不面对"两个'天花板'、两道'紧箍咒'"①,加快完善农产品价格形成机制意义重大。

---

① 李克强:《以改革创新为动力 加快推进农业现代化》,《求是》2015年第4期。

（一）坚持市场化改革方向

习近平总书记在党的十九大报告中强调：坚持新发展理念，使市场在资源配置中起决定性作用，更好发挥政府作用。在此背景下，农业改革的总体方向将是减少行政干预，坚持市场化改革。首先要建立统一开放、竞争有序的市场体系，完善有序的农产品市场体系是价格形成机制的基础。近年来，中国农产品市场体系建设成绩斐然，但是问题依然较为突出，流通成本高昂、效率低下等问题依然影响农业生产者的收益，这就需要建立一个安全高效、竞争有序的农产品市场体系。建立健康完善的农产品市场体系意义十分重大，既可以保障有效的农产品供给，又可以促进农民增收，引导消费，还可以推动整个农村经济的结构性调整，使农村经济保持持续稳定增长。习近平总书记指出：新形势下农业主要矛盾已经由总量不足转变为结构性矛盾；推进农业供给侧结构性改革，提高农业综合效益和竞争力，是当前和今后一个时期我国农业政策改革和完善的主要方向。

事实上，借鉴学习欧美发达农业国家先进的农产品目标价格形成政策，要按照"市场引导，政策跟进"原则，逐步摸索出一套以市场为主导的农产品目标价格形成机制体系。习近平总书记在中共中央政治局第十次集体学习时强调，只有坚持市场化改革方向，才能充分激发市场活力。[①]作为农产品价格支持政策重要内容的最低收购价政策，在调

[①] 《市场取向，效率公平为百姓》，《人民日报》2013年11月10日第1版。

动农民生产积极性、促进农民增收、实现粮食稳定增长等方面做出了重要贡献。现有的研究表明，最低收购价政策可以有效激励农业生产，提高产量，保障供给，优点是效果直接、操作简便，缺点就是对农产品市场干预和扭曲较为严重，造成效率低下，财政负担加大。习近平总书记强调：推进农业供给侧结构性改革，要求创新财政支农体制机制，更好发挥财政资金的引导作用，提高农产品供给的质量和效率。

根据最近几年的实践，通过大豆、棉花的目标价格改革以及玉米的生产者补贴改革，从思路来看，需要深入研究和推进顶层设计，不能仅限于解决单一粮食品种高库存的专项措施，而要从根本上消除粮食价格支持政策对市场的扭曲影响。其包括以下两个方面：一是将粮食价格补贴的目标定位于"解决农民卖粮难"。习近平总书记在2013年中央农村工作会议上强调，"调动和保护好'两个积极性'"，"要让农民种粮有利可图、让主产区抓粮有积极性"，"要探索形成农业补贴同粮食生产挂钩机制，让多生产粮食者多得补贴，把有限资金真正用在刀刃上"。[①] 二是确保国家粮食安全。习近平总书记多次强调：中国人的饭碗任何时候都要牢牢端在自己手上。我们的饭碗应该主要装中国粮。坚持谷物基本自给、口粮绝对安全的底线。依靠科学技术进步和政策支持，确保粮食综合生产能力持续

---

① 习近平：《在中央农村工作会议上的讲话》，载中共中央文献研究室编《十八大以来重要文献选编》（上），中央文献出版社2014年版，第664页。

稳定增长。

(二) 完善农业补贴制度

发挥市场在资源配置中的决定性作用，更好发挥政府作用，处理好政府和市场的关系，是加快完善社会主义市场经济体制、加快建设创新型国家的应有之义。习近平总书记指出：要加大农业投入力度，财政再困难也要优先保证农业支出，开支再压缩也不能减少"三农"投入，要提高农业补贴的精准性和指向性。因此，在实施乡村振兴战略时，从提高农业补贴的精准性和指向性角度看，需要进一步完善农业补贴制度。农业补贴本质上是政府为实现农业发展、农村稳定以及农民增收等目的，通过法定标准和方式将政府财政收入转移支付给特定的农业生产经营者。农业补贴具有两层含义，一种是广义补贴，又称为"绿箱补贴"。主要指政府对农业的所有的投资或支持，其中较大部分为对科技、水利、修路架桥等方面的投资。"绿箱补贴"不直接干预农产品价格。另一种是保护性补贴，又称为"黄箱补贴"。这是政府对农产品的直接价格干预和补贴。其中包括种子、肥料、灌溉等农业投入品补贴、农产品营销贷款补贴、休耕补贴等。

补贴农业农民是世界各国的一贯做法。目前，中国农业发展面临的矛盾日益突出，具体体现在数量质量、投入产出、成本效益、生产生态等方面。在这些矛盾短期内日益趋紧、粮食供求关系长期趋紧的大背景下，要确保粮食产量维持在一个有效区间，农业供给质量和效率提升到更高层次，同时让资源环境能够得到"短暂休息"，农业补贴不仅不能减少，还要进一步强化。在全面推进农业供给侧结构性改革的大背景下，完善农业补贴政策，关键是提高补贴的精准性和效能，提高农业生产力水平。2016年年底，习近平总书记在中共中央政治局常委会会议上明确指出，要坚持新发展理念，把推进农业供给侧结构性改革作为农业农村工作的主线，培育农业农村发展新动能，提高农业综合效益和竞争力。

2016年开始的农业支持保护补贴是值得一试的有效途径。将农业"三项补贴"合并为农业支持保护补贴，政策目标调整为支持耕地地力保护和粮食适度规模经营。农业支持保护补贴核心内容包括：一是将全部种粮农民直接补贴和农作物良种补贴资金，以及农资综合补贴存量资金的80%，用于耕地地力保护。二是将农资综合补贴存量资金的20%，加上农业"三项补贴"的增量资金，集中用于支持粮食适度规模经营。

由此可见，农业"三项补贴"改革的核心在于：一是耕地地力保护。补贴资金与耕地面积挂钩。对已作为畜牧养殖场使用的耕地、林地、成片粮田转为设施农业用地和质量达不到耕种条件的耕地等不给予补贴。用于耕地地力保护的补贴对象为所有拥有耕地承包权的种地农民，补贴资金直接补贴到农户。二是粮食适度规模经营，主要支持通过土地流转、土地股份合作等形式形成的土地适度规模经营的主体，通过土地托管、订单农业等形式实现规模经营的主体和为农业生产提供规模化社会化服务的主体。支持耕地地力保护，补贴对象原则上是拥有耕地承包权的种地农民。支持粮食适度规模经营，支持对象重点向种粮大户、家庭农场、农民合作社和农业社会化服务组织等新型经营主体倾斜,体现"谁多种粮食,就优先支持谁"。

当前农业补贴的重点在于:把规模经营、新型经营主体培育,以及一般农户粮食生产能力的保护有机结合起来。一部分是给农户,继续按照承包土地面积发放,条件就是保证耕地不可撂荒,地力不要下降,国家需要种粮的时候可以更快地把生产能力恢复成实际的产量。规模农户的种植补贴,根据种植规模以及作为新型主体,单独发放。"三项补贴"改革不会是农业支持保护制度调整的休止符,要守住"确保谷物基本自给、口粮绝对安全"的粮食安全战略底线,保持农民持续增收好势头,农业补贴制度改革依然在路上。

2016年11月1日,中央全面深化改革领导小组第二十九次会议审议通过了《建立以绿色生态为导向的农业补贴制度改革方案》,新的农业补贴机制突出绿色生态导向,加快推动落实相关农业补贴政策改革,强化耕地、草原、林业、湿地等主要生态系统补贴政策,探索重金属污染耕地治理、农业面源污染治理、农业高效节约用水等有效支持政策,把政策目标由以数量增长为主转到数量质量生态并重上来。

四 推进供销合作社综合改革

改革开放以来,中国实行"统分结合"的双层经营体制,但却存在"分有余而统不足"的缺陷。2013年3月"两会"期间,习近平总书记到江苏代表团座谈时表示,统分结合的家庭承包责任制，"分"的积极性充分体现了，但"统"怎么适应市场经济、规模经济，始终没有得到很好的解决。

习近平同志曾在其博士学位论文《中国农村市场化研究》中指出，一方面，分散经营的农户组织化程度低，在市场上没有平等的谈判地位，是"受价者"而不是"定价者"；另一方面，分散经营的小农户规模小，无法单独面对大市场。论文给出了解决方案：依靠组织，走向新的联合。让广大农民之间，形成"风险共担、利益共享"的共同体，从而靠组织化形成强大合力去开拓和占领市场。2006年中央一号文件刚提出"社会主义新农村建设"，时任浙江省委书记的习近平就在当年1月8日的全省农村工作会议上，提出了农民专业合作、供销合作、信用合作"三位一体"的构想，后来在12月19日的全省推进试点的现场会上进一步表述为："三位一体"是三类合作组织的一体化，也是三重合作功能的一体化，又是三级合作体系的一体化。"三位一体"，首先是农民专业合作、供销合作、信用合作三类合作组织的三位一体，要促进其发展、规范与改革，加强合作、联合与整合。"三位一体"，又指金融、流通与科技三重合作功能的三位一体，还可引申为基层、区域（行业）乃至全国三级合作体系的三位一体，或者经济合作组织、群众自治团体与行政辅助机构的三位一体。"三位一体"农民合作，是构建新型农业经营体系的核心内涵，是完善农村基本经营制度最终实现统分结合的战略抉择，是使农村长治久安和可持续发展的战略道路。

"三位一体"农民合作中,供销合作社是其中关键的"一体"。作为中国最大的合作经济组织,供销合作社是为农服务的合作经济组织,也是党和政府做好"三农"工作的重要载体。长期以来,供销合作社扎根农村、贴近农民,组织体系比较完整,经营网络比较健全,服务功能比较完备,完全有条件成为党和政府抓得住、用得上的为农服务的骨干力量。然而,由于历史原因和体制没有完全理顺,目前供销合作社存在与农民合作关系不够紧密、综合服务实力不强、层级联系比较松散、内生动力和发展活力不足等诸多问题。在新的形势下,如何尽快将供销合作社系统打造成为与农民联结更紧密、为农服务功能更完备、市场化运行更高效的合作经济组织体系,成为服务农民生产生活的生力军和综合平台,成为党和政府密切联系农民群众的桥梁纽带,已经成为当前十分紧迫的战略任务。

习近平总书记在党的十九大报告中指出:"健全农业社会化服务体系,实现小农户和现代农业发展有机衔接。"[1] 推进供销合作社综合改革要把确保为农业发展服务放在首位,在农资供应、农产品流通、农村服务等重点领域和环节为农民提供便利实惠、安全优质的服务。2017年中央一号文件提出推进农业供给侧结构性改革,补短板是农业供给侧结构性改革的重要内容,其中关键抓手在于补上农业社会化服务供给的短板。习近平总书记指出,在新

---

[1] 习近平:《决胜全面建成小康社会 夺取新时代中国特色社会主义伟大胜利——在中国共产党第十九次全国代表大会上的报告》,人民出版社2017年版,第32页。

的历史条件下，要继续办好供销合作社，发挥其独特优势和重要作用。[①] 供销合作社根植农村、贴近农民，组织体系和经营网络健全，在发展现代农业、促进农民致富、繁荣城乡经济中具有独特优势。供销合作社综合改革不是单纯的流通领域改革，也不单单是供销合作社自身的机构改革，而是整个经济体制特别是农村经济体制改革的重要组成部分，涉及城市与农村、工业与农业、生产与流通等各方面的关系。

供销合作社综合改革主要目标之一就是提高农业社会化服务能力。供销合作社综合改革要以拓宽供销合作社为农服务领域为主，具体包括以下四个方面：一是强化农业社会化服务。要建立面向现代化农业的新型供销合作社，支持供销合作社组织实施农业社会化服务惠农工程。建立健全为农服务组织，广泛联合新型农业经营主体和服务主体，推动供销合作社由流通服务向全程农业社会化服务延伸。二是提升农产品流通服务水平。加强供销合作社农产品流通网络建设，创新流通方式，推进多种形式的产销对接。将供销合作社农产品市场建设纳入全国农产品市场发展规划，在集散地建设大型农产品批发市场和现代物流中心，在产地建设农产品收集市场和仓储设施，在城市社区建设生鲜超市等零售终端，形成布局合理、联结产地到消费终端的农产品市场网络。三是打造城乡社区综合服务平台。适应新型城镇化和新农村建设要求，加快建设农村综

---

① 《发挥供销合作社独特优势和重要作用　谱写发展农业富裕农民繁荣城乡新篇章》，《人民日报》2014年7月25日第1版。

合服务社和城乡社区服务中心,为城乡居民提供日用消费品、文体娱乐、养老幼教、就业培训等多样化服务。统筹整合城乡供销合作社资源,发展城市商贸中心和经营服务综合体,提升城市供销合作社沟通城乡、服务"三农"的辐射带动能力。四是稳步开展农村合作金融服务。发展农村合作金融是解决农民融资难问题的重要途径,是合作经济组织增强服务功能、提升服务实力的现实需要。有条件的供销合作社要按照社员制、封闭性原则,在不对外吸储放贷、不支付固定回报的前提下,发展农村资金互助合作。有条件的供销合作社可依法设立农村互助合作保险组织,开展互助保险业务。

第四章

保障国家粮食安全

中国是一个人口大国,确保国家粮食安全是一项重大的国家安全战略任务。党的历届领导人都把保障粮食安全放在一个极其重要的位置。党的十八大以来,习近平总书记对国家粮食安全提出了一系列战略思想和科学论断,高屋建瓴地提出了新时期国家粮食安全的新战略。习近平总书记指出,"保障国家粮食安全是一个永恒课题,任何时候这根弦都不能松","中国人的饭碗任何时候都要牢牢端在自己手上","饭碗应该主要装中国粮","靠别人解决吃饭问题是靠不住的","绝不能买饭吃、讨饭吃"。[1] 党的十九大报告再次强调"确保国家粮食安全,把中国人的饭碗牢牢端在自己手中"。[2] 习近平总书记站在治国安邦的战略高度深刻阐释了确保国家粮食安

---

[1] 习近平:《在中央农村工作会议上的讲话》,载中共中央文献研究室编《十八大以来重要文献选编》(上),中央文献出版社2014年版,第660—662页。

[2] 习近平:《决胜全面建成小康社会 夺取新时代中国特色社会主义伟大胜利——在中国共产党第十九次全国代表大会上的报告》,人民出版社2017年版,第32页。

全的极端重要性、长期性、艰巨性，体现了一种居安思危的战略思维。

一　新粮食安全观形成的背景与重要意义

（一）世界粮食安全问题日益突出

从国际环境来看，全球粮食产量增长正在逐步放缓，而需求却在不断增长，据统计，近年来全球粮食产量年均增长率仅为0.4%，而年均消费增长率为1%左右，粮食供求关系呈趋紧的态势；在金融全球化条件下，粮食已成为金融衍生品，包括粮食在内的国际大宗商品市场正成为全球投资者的新"战场"，粮食价格更多地受金融投机活动影响，背离粮食供求关系；粮食商品化和政治化通过市场和战略，带来全球农业生产和贸易体系的失衡，欧美农业强国在农业生物技术领域占据优势地位，全球农业跨国公司四大粮商强化全球粮源、物流、贸易、加工、销售全产业链布局，已控制全球80%的粮食贸易和70%的油籽贸易；世界石油价格上涨，一方面部分口粮被转为生物能源的生产原料，另一方面直接增加了农业生产成本，最终被转嫁到粮食价格上。联合国粮食与农业组织（FAO）警告，世界正面临粮食价格冲击，粮食等农产品价格将会在不断波动中上升，国际市场价格将显著影响国内市场的稳定。

（二）中国农产品供求总量基本平衡、结构性紧缺

改革开放以来，中国粮食供需经历了短缺、平衡、

不足、连增四个阶段。第一阶段（改革开放以后至1984年）：基本解决了粮食供给问题；第二阶段（1985—1998年）：农产品短缺时代结束，粮食供求基本持平、丰年有余；第三阶段（1999—2003年）：粮食产量不能满足当年消费，库存持续下降；第四阶段（2004—2015年）：粮食实现"十二连增"。尽管粮食连年增产，但农产品供求仍然处于总量基本平衡、结构性紧缺的状况。与此同时，耕地、水等多种资源要素趋紧，继续扩大粮食面积的空间有限，稳定增产的压力越来越大。

即使粮食连年增产、粮食基本自给，依然需要更加清醒地认识到中国粮食安全面临的深层制约和严峻挑战。国内人口增长导致口粮需求呈刚性增长，肉、蛋、奶需求引发饲料粮消费快速增长，此外，城镇人口比重逐年上升及粮食加工产业发展也会加速粮食需求的增长。根据《国家粮食安全中长期规划纲要（2008—2020年）》预测，到2020年，中国粮食需求总量将达到5725亿千克；粮食生产社会效益远高于经济效益，工业化、城镇化建设对粮食生产产生"挤出效应"，耕地减少、资源环境压力增大、劳动力成本上升等因素都影响着粮食生产与供给。

（三）粮食安全问题是治国安邦重中之重的战略部署

习近平总书记在《摆脱贫困》一书中写道："过去讲以粮为纲，现在讲粮食是基础的基础，从字面上理解，好像都强调粮食生产的特殊位置，但实质上过去讲的粮食只是狭隘地理解为就是水稻、小麦、玉米等禾本科作物。现在讲的粮食即食物，大粮食观念替代了以粮为纲的旧观念。"① 立足中国的资源禀赋和粮食供求现状，特别是顺应居民消费需求趋势，习近平总书记提出了大粮食观，即全方位、多途径开发食物资源。牢固树立大粮食观，在促进粮食生产稳定发展的基础上，统筹抓好棉油糖、果菜鱼、肉蛋奶等重要农产品生产。

习近平总书记指出，农业是人类社会赖以生存发展的基础产业，中国始终高度重视国家粮食安全，把发展农业、造福农村、富裕农民、稳定地解决13亿人口的吃饭问题作为治国安邦重中之重的大事。② 稳固农业基础地位，确保国家粮食安全，农业是一个国家国民经济发展的基础，更是稳民心、安天下的战略产业。保障粮食安全，是农业现代化的核心任务。粮食安全问题是关乎国家发展和政权稳固的根本问题。对于拥有13亿多人口的大国而言，保障粮食安全更是国家的根基与国本。2013年11月，习近平总书记在山东省农业科学院座谈会上明确指出，保障粮食安全对中国来说是永恒的课题，任何时候都不能放松。③ 历史经验告诉我们，一旦发生大饥荒，有钱也没用。解决13亿人吃饭问题，要坚持立足国内。

---

① 习近平：《摆脱贫困》，福建人民出版社2014年版，第178页。
② 《把中美农业互利合作提到新水平》，《人民日报》（海外版）2012年2月18日第4版。
③ 《认真贯彻党的十八届三中全会精神 汇聚起全面深化改革的强大正能量》，《人民日报》2013年11月29日第1版。

二 新粮食安全战略的基本内涵

中国新粮食安全战略,确立了"确保谷物基本自给、口粮绝对安全"的战略底线。新粮食安全战略包括以下五个方面的内容:一是谷物基本自给、口粮绝对安全;二是立足国内、适度进口;三是调动两个积极性;四是藏粮于地、藏粮于技;五是保障人民群众"舌尖上的安全"。

(一)粮食安全战略的根本底线:谷物基本自给、口粮绝对安全

习近平同志早在福建宁德主政时就指出,粮食问题对闽东来说,有着更加重要而特殊的意义。闽东脱贫致富的一个基本问题,就是手中有没有粮食,有多少粮食。党的十八大以来,习近平总书记告诫全党:保障粮食安全是治国理政头等大事,是一个永恒的课题。中国人的饭碗任何时候都要牢牢端在自己手上,饭碗里必须主要装中国粮。这充分体现了居安思危、深谋远虑的战略理念。

中国粮食产量已连续 8 年超过 5000 亿千克,也已连续两年超过 6000 亿千克,人均粮食占有量明显提高,国家粮食安全得到了有效保障。但是,目前中国粮食面临的突出矛盾,不是数量不足,而是库存压力过大,国家按最低收购价和临时收储价收购的粮食大量积压,难以顺价销售出去,给国家财政带来很大

负担。①

解决13亿人的吃饭问题，必须长期坚持立足国内实现粮食基本自给的方针。要结合未来一段时间我国农产品供需形势和资源条件，对主要品种进行战略平衡，合理确定目标定位和主要农产品发展的优先顺序，确保水稻、小麦、玉米三大主粮自给率保持在95%以上，其中水稻、小麦两大口粮保持100%自给。②

显然，这样的战略底线定位是马克思主义理论在中国具体运用的典型范例，是习近平总书记根据中国当前粮食生产现状、国内外政治经济局势综合考虑后所得出的科学判断。这为我们在新形势下保障国家粮食安全开阔了视野、拓展了思路。最突出的是"保"的范围有所收缩。按照传统粮食统计口径，中国粮食自给率2013年已经下降到88.7%，但这主要是由大豆进口快速增长造成的。继续沿用包括谷物、豆类、薯类在内的宽口径计算粮食自给率既不符合国际惯例，也不符合中国粮食安全工作实际情况。从笼统地要求粮食基本自给收缩为"谷物基本自给、口粮绝对安全"，有利于集中资源保重点。③ 这也明确了保障国家粮食安全的优先次序。综合考虑未来一段时间中国农产品供需形势和资源条件，确保谷物基本自给、口粮绝

---

① 《求是网专访：走中国特色新型农业现代化道路》，《求是访谈》2015年第34期。

② 《实现中国梦 基础在"三农"》，《光明日报》2013年9月13日第10版。

③ 《求是网专访：走中国特色新型农业现代化道路》，《求是访谈》2015年第34期。

对安全绝不是要减轻保障国家粮食安全的责任,也绝不能误读为可以放松国内粮食生产,而是要合理配置资源,集中力量先把最基本、最重要的保住,是确保国家粮食安全的战略底线。农业生产可以由过去的保全部、保所有向保重点、保口粮转变,这是以习近平同志为核心的党中央做出的科学战略部署,为转变农业发展方式、加快农业产业结构调整提供了更宽松的政策环境和资源空间。

(二)粮食安全战略的首要原则:立足国内、适度进口

一个国家只有立足粮食基本自给,才能掌握粮食安全主动权,进而才能掌控经济社会发展这个大局。联合国粮农组织等发布的《全球粮食危机报告2018》称,2017年,全球共有51个国家约1.24亿人受到急性粮食不安全的影响,较上一年多出1100万人。这表明,十几亿中国人不能靠买饭吃、找饭吃过日子,不能把粮食安全的保障寄托在国际市场上。否则,一有风吹草动,有钱也买不来粮,就要陷入被动。当然,立足国内,并非所有粮食和农产品都要完全自给,还要充分用好两种资源、两个市场,适当增加农产品进口,但要把握好规模和节奏,防止冲击国内生产,给农民就业增收和国际市场带来大的影响。同时,要高度重视节约粮食,从娃娃抓起,从餐桌抓起,让节约粮食在全社会蔚然成风。将"适度进口"作为粮食安全战略的重要组成部分,就是要在提高国内产能的同时,积极参与国际贸易,广辟粮食进口渠道,使中国粮食供给更加可靠、市场更加稳定。

近年来，有些人主张应更加开放国际市场，通过进口解决中国耕地资源不足和人民生活水平提高对粮食消费增长之间的矛盾。这种观点在现实中根本行不通。因为国际市场上粮食贸易量每年只能提供 2 亿多吨谷物，而中国谷物消费量每年超过 5 亿吨，绝对无法满足我们的需要。退一万步说，如果国际市场现在能够满足我们的粮食需求量，那我们依赖他人吃饭的程度就太高，几乎等于把我们的生命交给了别人。我国 13 亿多张嘴要吃饭，悠悠万事、吃饭为大。只要粮食不出大问题，中国的事就稳得住。习近平总书记以战略家视野审视饭碗问题，他指出，保障粮食安全是一个永恒的课题，任何时候都不能放松。[①]

（三）粮食安全战略的内生动力：要让农民种粮有利可图、让主产区抓粮有积极性

保障粮食供给是政府的基本目标，但粮食安全却不是农民的目标。农民是粮食的微观供给主体，地方政府是基层粮食供给管理主体。如果不能充分调动他们的生产积极性和管理积极性，粮食安全将变成空中楼阁。现实中，对每一个农民来说，最关心的是如何提高收入，无论宣传工作如何出色，也不会使农民自觉自愿地以减少收入为代价来种植粮食。在一定条件下，农民在家种田还是外出打工，是种粮还是种其他作物，主要取决于农业比较效益的

[①] 《认真贯彻党的十八届三中全会精神　汇聚起全面深化改革的强大正能量》，《人民日报》2013 年 11 月 29 日第 1 版。

高低。对基层政府来说，保障粮食生产更多的是一种政治任务，缺乏经济热情。产粮大县往往是工业弱县、财政穷县，在粮价较低和税收贡献优先的情况下，粮食生产需要投入大量资金，却难以带动GDP和税收的增长，远远没有工业项目和招商引资来得快，由此形成了越抓粮食越穷的怪圈。在目前的绩效考核体系下，基层政府抓粮的积极性受到严重影响。

解决粮食供给问题需要处理好中央、地方和农民三者的利益。在2013年中央农村工作会议上，习近平总书记指出，要调动和保护好两个积极性，让农民种粮有利可图、让主产区抓粮有积极性，要探索形成农业补贴同粮食生产挂钩机制，让多生产粮食者多得补贴，把有限资金真正用在刀刃上。要搞好粮食储备调节，调动市场主体收储粮食的积极性，有效利用社会仓储设施进行储粮。中央和地方要共同负责，中央承担首要责任，各级地方政府要树立大局意识，增加粮食生产投入，自觉承担维护国家粮食安全责任。同时，习近平总书记高度重视保护农民权益，高度重视培养造就新型农民队伍，他指出，"农村经济社会发展，说到底，关键在人"，要"通过富裕农民、提高农民、扶持农民，让农业经营有效益，让农业成为有奔头的产业，让农民成为体面的职业"。[①] 这样的战略思想体现了农业供给侧结构性改革的思维，有利于激发农民种粮的

---

① 习近平：《在中央农村工作会议上的讲话》，载中共中央文献研究室编《十八大以来重要文献选编》（上），中央文献出版社2014年版，第678页。

积极性。

（四）粮食安全战略的要素保证：藏粮于地、藏粮于技

耕地是粮食生产的命根子，耕地红线要严防死守。耕地红线包括数量，也包括质量。习近平总书记多次强调，保障国家粮食安全的根本在耕地，耕地是粮食生产的命根子，18亿亩耕地红线必须坚守，同时现有耕地面积必须保持基本稳定。这丰富和拓展了耕地红线的内涵，鲜明地回答了要不要坚守耕地红线的疑问。要严格落实耕地保护责任制，像保护文物那样保护耕地，甚至要像保护大熊猫那样来保护耕地，推进划定永久基本农田，保持现有耕地面积基本稳定，保住我们赖以吃饭的家底。在工业发展和城镇建设中尽量不占、少占基本农田，加快推进高标准农田建设和耕地土壤修复，不断提高耕地质量。在农村土地制度改革过程中，严守18亿亩耕地红线是推进农村土地制度改革的底线和前提，绝不能逾越。要始终把维护好、实现好、发展好农民权益作为出发点和落脚点，坚持土地公有制性质不改变、耕地红线不突破、农民利益不受损三条底线，在试点基础上有序推进。土地征收、集体经营性建设用地入市、宅基地制度改革关系密切，可以作统一部署和要求，但在试点工作中要分类实施。

要探索实行耕地轮作休耕制度试点，促进耕地休养生息和农业可持续发展。近年来，虽然我国粮食连年增产，为经济社会发展做出了重要贡献。但是，中国农业发展方式依然较为粗放，农业资源过度开发、农业投入品过量使用、地下水超采以及农业内外源污染相互叠加等带来的一系列问题日益凸显，农业可持续发展面临重大挑战，必须加快转变农业发展方式，推进农业绿色转型发展。与发达国家相比，中国粮食生产目前仍处于靠化肥、农药、杀虫剂、除草剂等化学投入品以及大量的灌溉用水来提高产量的粗放生产阶段。2015年，中国按农作物总播种面积计算的化肥施用强度为362千克/公顷，远高于国际公认的化肥施用安全上限（225千克/公顷）。化学投入品的长期过量使用，对土壤和地下水环境造成污染，进而影响了农产品的质量安全。目前中国耕地退化面积已占耕地总面积的40%以上。东北黑土层变薄，南方土壤酸化，华北平原耕层变浅，严重影响耕地的产出能力。

党的十八届五中全会提出，利用现阶段国内外市场粮食供给充裕的时机，在部分地区实行耕地轮作休耕，既有利于耕地休养生息和农业可持续发展，又有利于平衡粮食供求矛盾、稳定农民收入、减轻财政压力。2016年的《政府工作报告》和中央一号文件都对探索实行耕地轮作休耕制度试点提出了明确要求。习近平总书记明确指出，要提高农业综合效益和竞争力，要走内涵式现代农业发展道路，实现藏粮于地、藏粮于技。[①] 他在《关

---

① 《习近平李克强张德江俞正声刘云山王岐山张高丽分别参加全国人大会议一些代表团审议》，《人民日报》2016年3月9日第1版。

于〈中共中央关于制定国民经济和社会发展第十三个五年规划的建议〉的说明》中强调:"实行耕地轮作休耕制度,国家可以根据财力和粮食供求状况,重点在地下水漏斗区、重金属污染区、生态严重退化地区开展试点,安排一定面积的耕地用于休耕,对休耕农民给予必要的粮食或现金补助。"①

科技是农业现代化的重要支撑。在耕地稳定的情况下,要满足中国人民日益增长的粮食需要,保证粮食产量持续稳定增长,必须靠不断创新的粮食增产技术来保障。科技是突破各种资源环境约束、实现持续稳定发展的关键要素。习近平总书记指出,农业的出路在现代化,农业现代化关键在科技进步,必须比以往任何时候都更加重视和依靠农业科技进步。② 要给农业插上科技的翅膀,加快构建适应高产、优质、高效、生态、安全农业发展要求的技术体系。③ 2016年3月8日,他在参加十二届全国人大四次会议湖南代表团审议时又强调,要推进农业供给侧结构性改革,提高农业综合效益和竞争力;要以科技为支撑走内涵式现代农业发展道路,实现藏粮

---

① 习近平:《关于〈中共中央关于制定国民经济和社会发展第十三个五年规划的建议〉的说明》,《人民日报》2015年11月4日第2版。

② 参见韩长赋《稳固农业基础 确保粮食安全——深入学习贯彻习近平同志关于农业问题的重要论述》,《人民日报》2013年12月29日第5版。

③ 中共中央文献研究室编:《习近平关于科技创新论述摘编》,中央文献出版社2016年版,第93页。

于地、藏粮于技。①

（五）粮食安全的最终目标：保障人民群众"舌尖上的安全"

民以食为天，食以安为先。保障人民健康是农业发展的根本目标。随着社会经济的发展，中国食物消费已彻底摆脱吃得饱的阶段，进入了以质量消费为主导的新阶段。在2013年中央农村工作会议上，习近平总书记强调，能不能在食品安全上给老百姓一个满意的交代，是对我们执政能力的重大考验。食品安全源头在农产品，基础在农业，必须正本清源，首先把农产品质量抓好。要把农产品质量安全作为转变农业发展方式、加快现代农业建设的关键环节，用最严谨的标准、最严格的监管、最严厉的处罚、最严肃的问责，确保广大人民群众"舌尖上的安全"。2013年11月他在山东考察时明确指出，要以满足吃得好吃得安全为导向，大力发展优质安全农产品。农产品安全问题，事关人民身体健康。要建立食品安全系统化技术解决方案，使群众能够获得可靠可信的安全消费，保障"舌尖上的安全"。

2016年1月，习近平总书记对食品安全工作作出重要指示，指出：确保食品安全是民生工程、民心工程，是各级党委、政府义不容辞之责。近年来，各相关部门做了大量工作，取得了积极成效。当前，我国食品安全

---

① 《基层代表讲述总书记牵挂的事儿》，《人民日报》2016年3月9日第4版。

形势依然严峻,人民群众热切期盼吃得更放心、吃得更健康。2016年是"十三五"的开局之年,要牢固树立以人民为中心的发展理念,坚持党政同责、标本兼治,加强统筹协调,加快完善统一权威的监管体制和制度,落实"四个最严"的要求,切实保障人民群众"舌尖上的安全"。① 这充分体现了习近平总书记对农产品质量安全高度重视的态度和常抓不懈的决心,要努力在"产出来"这个环节上下功夫,在"管出来"这个环节上建体系,形成覆盖从田间到餐桌全过程的监管体系。

三 保障国家粮食安全的有效途径

当前中国农业面临诸多矛盾和难题,粮食出现生产量、进口量、库存量"三量齐增"的现象;粮食生产受粮食价格"天花板"和生产成本"地板"等因素的制约;国内外农业资源配置扭曲严重,国内过高的粮食生产成本在国际市场上不具备竞争优势,增产越多亏损越多。近年来,中国个别粮食品种生产过剩,供过于求,致使粮价下跌,造成谷贱伤农。突出表现在结构方面,主要是供给侧结构性失衡,有的农产品多了,库存爆满,有的又少了,大量依靠进口;高品质产品供不应求,一般性产品、大路货又供大于求。总体特征表现为:一是有效供给不能适应需求变

---

① 《牢固树立以人民为中心的发展理念 落实"四个最严"的要求 切实保障人民群众"舌尖上的安全"》,《人民日报》2016年1月29日第1版。

化，进入21世纪以来，粮食的生产结构出现明显的变化，如大豆产量不断减少，而对大豆的需求增长较快，导致供求缺口不断加大；二是生产成本过高，主要大宗农产品价格高于国际价格，市场竞争力低下；三是玉米、小麦等农产品供过于求，库存量急剧增加，去库存压力大。

近年来，中国粮食生产连获丰收，粮食产量由2003年的4307亿千克增加到2016年的6163亿千克，但玉米、稻谷阶段性过剩特征明显，小麦优质品种供给不足，大豆产需缺口巨大，结构性问题日益突出，粮食的主要矛盾由总量不足转变为结构性矛盾，突出表现为阶段性供过于求和供给不足并存，矛盾的主要方面在供给侧。粮食库存长期处于高位状态，粮食生产成本不断攀升，大宗农产品价格高于国际市场，出现"高库存、高进口、高成本"三高现象，农业发展的质量和效益低下。2017年中央一号文件聚焦农业供给侧结构性改革，强调将深入推进农业供给侧结构性改革作为当前农业农村工作的主线，提出包括优化产品产业结构、推行绿色生产方式、壮大新产业新业态、强化科技创新驱动、补齐农业农村短板、加大农村改革力度六个方面33条政策措施。

（一）加快推进粮食产品有效供给

农业供给侧结构性改革着力于调整和优化农业产业结构，提高农业供给体系质量和效率，提升农业综合效益和竞争力，真正形成结构合理、保障有力的农产品有效供给。习近平总书记明确指出，要加强和巩固农业基础地位，加大对农业的支持力度，加强和完善强农惠农富农政策,加快发展现代农业,确保国家粮食和重要农产品有效供给。① 通过推动农业供给侧结构性改革,促进农村一二三产业融合,优化农业生产结构,降低农业生产成本,增加农产品附加值,提高粮食和主要农产品的市场竞争力,从而确保国家粮食等主要农产品的有效供给。

2016年3月8日,习近平总书记在参加十二届全国人大四次会议湖南代表团审议时指出,要推进农业供给侧结构性改革,提高农业综合效益和竞争力。② 深入推进农业供给侧结构性改革,就要加快调整农业结构以提高农产品供给的有效性,使市场在农业资源配置中起决定性作用,推动农业生产提质增效,破解中国农业发展困境。习近平总书记指出,保障粮食安全,要加快转变农业发展方式,推进农业现代化,既要实现眼前的粮食产量稳定,又要形成新的竞争力,注重可持续性,增强政策精准性。粮食安全既要算政治账,也要算经济账,更要算生态账,不能踩"跷跷板",要通过规划科学的区域布局、富有弹性的产能张力、均衡的市场供求和合理的经济效益来构筑中国的粮食安全体系。要加快对主要农产品品种进行战略平衡的研究和测算,集中国内资源保重点,充分利用国内国际两个市场、两种资源,提高国家粮食安全保障水平。

---

① 习近平:《经济增长必须是实实在在和没有水分的增长》,载《习近平谈治国理政》,外文出版社2014年版,第112页。
② 《基层代表讲述总书记牵挂的事儿》,《人民日报》2016年3月9日第4版。

农业供给侧结构性改革出发点在于去库存、促转型，加快消化过剩的粮食存量。当前，储粮量已经逼近历史峰值，而庞大体量的粮食沉淀在国库之中，新粮难储、陈粮难出。2015年11月2日第十二届全国人民代表大会常务委员会第十七次会议公布的《农业法》实施情况报告显示，政策性粮食库存积压比较严重，有10%左右的库存达到或超过正常储存年限。过高的粮食库存，不仅加大国家财政压力，也给粮食产业链带来成本压力：上游的农民增产难增收，下游的加工企业成本高，而中段的收储环节却仓容紧张。同时，沉淀在粮仓之中的陈粮损耗加重。2016年中央一号文件提出，要完善粮食等重要农产品价格形成机制和收储政策，为农业供给侧结构性改革提供动力。去库存还需要加快农产品加工业的发展，调整完善农业补贴政策和粮食收储政策。要通过规划和政策引导以推动农产品加工业的转型升级，继续执行并完善稻谷、小麦最低收购价政策。

（二）加快推进粮食产业结构优化调整

党的十九大报告针对"深化供给侧结构性改革"强调要"优化存量资源配置，扩大优质增量供给，实现供需动态平衡"。[①] 农业供给侧结构性改革的路径在于通过调结构、转方式，提高粮食生产的质量和效益。结构调整是农

---

① 习近平：《决胜全面建成小康社会 夺取新时代中国特色社会主义伟大胜利——在中国共产党第十九次全国代表大会上的报告》，人民出版社2017年版，第31页。

业供给侧结构性改革的核心内容，其基本要点在于促进一二三产业融合互动，提高农业发展的质量和效益。通过结构调整，促进国际国内两个市场联动，减轻国内耕地、水等自然资源的压力，缓解经济发展和环境容量之间的矛盾；促进农业生产由以数量为主转向数量质量并重，更加注重效益，注重市场导向，更好地满足消费者需求。2016年的中央一号文件从创新发展和绿色发展等新理念出发，明确提出要优化农业生产结构和区域布局，特别是针对中国玉米种植面积过大和国家库存水平过高等问题，要求适当调减非优势区玉米种植。农业供给侧结构性改革目的在于提质量、转方式、增效益，激发粮食生产的积极性。要通过完善农村基础设施、培育新型经营主体、加快科技创新与科技推广、推动土地制度改革、完善农业社会化服务等方式，进一步激发广大农民从事农业生产经营的积极性，发展农业适度规模经营，降低农业生产成本。党的十九大报告中特别强调，"发展多种形式适度规模经营，培育新型农业经营主体，健全农业社会化服务体系，实现小农户和现代农业发展有机衔接"[①]。

（三）加快提升粮食品质

农业供给侧结构性改革的核心目标是解决优质农产品供给问题。居民的"钱袋子"越来越鼓，消费结构也随之

---

① 习近平：《决胜全面建成小康社会 夺取新时代中国特色社会主义伟大胜利——在中国共产党第十九次全国代表大会上的报告》，人民出版社2017年版，第32页。

快速升级并创造新的消费需求。在新形势下，要着力从七个方面全面提升农产品品质：一是在生产环节上，要加强良种培育，减少化肥、农药等的使用，推广和扩大绿色、安全、优质的农产品，确保农产品质量；二是在加工工艺上，产品要不断细分，强化标准意识，向精深方向发展，提高整体加工档次；三是在产品销售上，向电商等新销售业态发展，满足消费者的需要；四是在流通储存上，向全程冷链发展，保障产品新鲜度；五是在培育品牌上，进一步提升品牌意识，实施品牌战略，大力培育知名品牌，提高品牌市场占有率；六是在产品区分上，建立健全农产品等级标准体系，提高产品区分度，实现优质优价，防止"劣币驱逐良币"现象发生；七是在粮食安全方面，要健全粮食质量安全标准体系，加强监测预警，加强对农药残留、重金属、真菌毒素超标粮食的管控。

（四）推进粮食产业融合和科技创新

着力转变粮食生产方式，推动粮食生产由数量增长转变为数量、质量、效益并重，由主要依靠要素投入转变为依靠科技创新和提高劳动者素质并重。要加快构建具有地域特色、"五位一体"的现代粮食产业技术创新体系，具体包括：建立一批重点龙头企业带动的粮食产业集群；组建一批由院士（或领军人物）领衔的粮食产业科技创新联盟；整合一批粮食科研机构，建立一个粮食综合研发平台；突破一批关键技术，做好重大专项和公益类项目等的组装整合；确定一批工艺或质量标准，打造一批粮食知名品牌。

党的十九大报告中强调,要"促进农村一二三产业融合发展,支持和鼓励农民就业创业,拓宽增收渠道"。① 实现粮食产业纵向和横向的融合,大力推进农工融合、农商融合、农旅融合等多种融合发展模式,把粮食生产与农产品加工、流通和农业休闲旅游融合起来发展,着力打造集生产、加工、展销等于一体的全产业链大融合体。深入挖掘发挥粮食种植的休闲旅游、文化传承、生态保护等多重功能,让农民更多分享第二、第三产业的增值收益。加快推进粮食加工业发展,不断提升粮食加工转化率。要培育壮大农业产业化粮食龙头企业,促进生产要素向优势企业集聚。支持粮食企业推广应用先进技术装备,进行技术改造升级。加大粮食知名品牌的宣传推荐力度,鼓励企业积极引入"互联网+"模式,促进线上线下融合发展,提升品牌营销能力和产品市场竞争力。充分利用各种政策和项目资金支持粮油加工龙头企业打造全产业链,实现规模化、标准化生产,增加绿色有机高端粮食供给。

---

① 习近平:《决胜全面建成小康社会 夺取新时代中国特色社会主义伟大胜利——在中国共产党第十九次全国代表大会上的报告》,人民出版社2017年版,第32页。

第五章

实现中国特色农业现代化

农业是与土地、水等自然资源禀赋条件密切相关的产业，各国自然资源禀赋条件差异较大，其农业发展的道路也各不相同。① 中国走什么样的农业现代化道路，是需要探讨的重大理论与现实问题。习近平同志早在2007年就指出，中国农业人口多、耕地资源少、水资源紧缺、工业化城镇化水平不高的国情，决定了发展现代农业既不能照搬美国、加拿大等大规模经营、大机械作业的模式，也不能采取日本、韩国等依靠高补贴来维持小规模农户高收入和农产品高价格的做法，而必须探索一条具有中国特色的现代农业发展之路。②

习近平总书记将马克思主义基本理论与中国实践有机结合，对新时代中国农业发展进行了全方位思考，提出了具有中国特色的农业现代化论述，为推进中国特色农业现

---

① 《求是网专访：走中国特色新型农业现代化道路》，《求是访谈》2015年第34期。

② 习近平：《走高效生态的新型农业现代化道路》，《人民日报》2007年3月21日第9版。

代化指明了方向。习近平总书记关于农业现代化的重要论述是习近平新时代中国特色社会主义思想的有机组成部分，是马克思主义理论的当代化和中国化。

一　实现农业现代化的重大意义

农业是国民经济的基础，农村是承载中华民族乡愁的精神家园，农民是中国人口数量最多的群体。"三农"问题是中国现代化进程中的基础性问题，也是中国共产党治国理政的一个重大议题。农业是全面建成小康社会、实现现代化的基础，是稳民心、安天下的战略产业。实现农业现代化，是中国农业发展的重要目标，也是乡村振兴的基本任务。

（一）农业现代化是实现社会主义现代化的重要基础

农业现代化是实现社会主义现代化和中华民族伟大复兴的重要内容，更是当前全面建成小康社会的迫切要求。2014年，习近平总书记在江苏调研时强调，没有农业现代化，没有农村繁荣富强，没有农民安居乐业，国家现代化是不完整、不全面、不牢固的。[①] 他强调，全面建成小康社会，最艰巨、最繁重的任务在农村。全面建成小康社会，重点是"三农"，关键在"三农"，成效看"三农"。要努力在发展现代农业上开辟新途径，在建设美丽乡村上

---

① 《主动把握和积极适应经济发展新常态　推动改革开放和现代化建设迈上新台阶》，《人民日报》2014年12月15日第1版。

迈出新步伐，在促进农民增收上获得新成效，使农业基础稳固，农村和谐稳定，农民安居乐业。

实现农业现代化是"四化"同步的内在要求。"坚持新发展理念"是习近平新时代中国特色社会主义思想中十四个基本方略之一，该方略明确强调，发展是解决我国一切问题的基础和关键，要推动新型工业化、信息化、城镇化、农业现代化同步发展。农业现代化也是农业农村现代化的有机组成部分，是乡村振兴战略的重要支撑。城乡实现融合发展对农业现代化提出了更高要求。从现实情况来看，目前中国农业现代化进程明显滞后于城镇化和信息化，农业成了"四化"同步的"短腿"。习近平总书记强调，工业化、城镇化、信息化、农业现代化应该齐头并进、相辅相成，千万不要让农业现代化和新农村建设掉了队。一些国家没有协调好"四化"关系，忽视了农业现代化，出现了农业萎缩、农村凋敝、农民贫困的现象，导致社会动荡、经济停滞，现代化进程受阻，我们要引以为戒。因此，要从根本上确保中国经济社会长治久安，必须突出"三农"的重中之重地位，明确加快农业现代化是"四化同步"发展的重要基础和必然要求，千方百计地补齐农业这条"短腿"。①

实现农业现代化是保障国家粮食安全的根本举措。习近平总书记指出，我国人多地少，解决13亿多人口的吃饭问题事关重大，始终是我们治国安邦面临的头号任务。

---

① 徐守盛：《在现代农业建设上寻求新突破——学习习近平总书记关于发展现代农业的重要讲话精神》，《求是》2014年第14期。

从现实情况来看，虽然中国粮食产量连年增产，但在耕地等资源日趋紧张、生产成本不断上涨的情况下，中国粮食自给率连年下降，粮食供需将长期处于紧平衡状态。保障粮食安全是一个永恒的课题，任何时候都不能放松。

实现农业现代化将为新常态下的经济发展提供支撑力量。习近平总书记指出，发展农业首先要树立"大农业"的思想。"重商轻农"的思想应该冷却，许多人觉得发展农业没有经济效益，其实经济效益的高低在于我们懂不懂挖掘，有些人发展无公害农业，有些人搞农业旅游，有些人做农产品深加工等，都取得了良好的经济效益，农业其实可以带动其他附加产业的发展。[1] 从理论上看，在新常态下保持经济中高速增长，需要继续发挥消费的基础作用，包括需要进一步挖掘农村消费潜力。推进农业现代化有助于把农村居民的消费潜力释放出来，可以把新常态下的全国居民消费支出增速维持在一个较高水平。在新常态下保持经济中高速增长，需要继续发挥投资的关键作用，包括需要进一步挖掘农村投资潜力。通过发展现代农业，积极推进农田水利、农产品仓储等农业基础设施，农村道路、饮水、环保等公共设施，住房和村庄人居环境等方面的投资，把农村的投资潜力释放出来，可以把新常态下的全国投资增速维持在一个较高水平。[2]

---

[1] 习近平：《摆脱贫困》，福建人民出版社2014年版，第132、136—140页。

[2] 《求是网专访：走中国特色新型农业现代化道路》，《求是访谈》2015年第34期。

（二）农业现代化面临巨大挑战

"十三五"时期，农业现代化的内外部环境更加错综复杂。新时代我国社会主要矛盾是人民日益增长的美好生活需要和不平衡不充分的发展之间的矛盾。随着我国经济社会的发展，城乡居民消费结构持续升级，对农产品的营养功能、保健功能和优质、独特等个性化、多样化需求快速增加，农产品供给的不平衡和不充分问题越来越突出。优质化、多样化、专用化、特色化农产品发展相对滞后，大豆供需缺口进一步扩大，玉米产量增速超过了需求增速，部分农产品库存过多，确保供给总量与结构平衡的难度加大。在资源环境约束趋紧的背景下，粗放的农业发展方式导致的问题也日益凸显。工业"三废"和城市生活垃圾等污染向农业农村扩散，耕地数量减少质量下降、地下水超采、化学投入品过量使用、农业面源污染问题加重，农产品质量安全风险增多，推动农业绿色发展和自然资源永续利用十分迫切。在国内外农产品市场深度融合的背景下，由于农产品质量、成本等因素导致的农业竞争力不强的问题日益凸显。劳动力、土地等生产成本持续攀升，主要农产品国内外市场价格倒挂，部分农产品进口逐年增多，传统优势农产品出口难度加大，中国农业大而不强、多而不优、优而不特的问题更加突出。在经济发展速度放缓、动力转换的背景下，农民持续增收难度加大的问题日益凸显。农产品价格提升空间有限，依靠劳动力转移就业促进农民收入增长的空间收窄，家庭经营收入和工资性收入增速放缓，加快缩小城乡居民收入差距、确保如期实现农村全面小康的战略任务艰巨。① 现在主要农产品价格顶到"天花板",农业生产成本的"地板"刚性抬升,农业生产补贴和价格补贴逼近约束"黄线",资源环境亮起"红灯"。唯一出路就是坚定不移加快转变农业发展方式。要统筹保障国家粮食安全与转变农业发展方式,使农业尽快转到数量质量效益并重、注重农业技术创新、注重可持续的集约发展上来。②

(三) 农业现代化具有支撑条件

经过多年努力,中国农业现代化建设取得巨大成就。2015年,农业科技进步贡献率为56%,主要农作物良种基本实现全覆盖,耕种收综合机械化水平达到63%,农田有效灌溉面积比例为52%,农业物质装备技术水平显著提升。③"十二五"期间,中国农业实现了"保供增收"两大目标,粮食产量实现历史性的"十二连增",农民收入增幅连续6年超过国内生产总值和城镇居民收入增幅。农业形势好,为经济社会发展大局提供了有力支撑。④

---

① 《全国农业现代化规划(2016—2020年)》(国发〔2016〕58号)。

② 蒋超良:《走好中国农业的现代化道路——学习贯彻习近平总书记关于加快建设现代农业的重要论述》,《求是》2015年第8期。

③ 《全国农业现代化规划(2016—2020年)》(国发〔2016〕58号)。

④ 韩长赋:《构建三大体系 推进农业现代化——学习习近平总书记安徽小岗村重要讲话体会》,《人民日报》2016年5月18日第15版。

"十三五"期间，推进农业现代化的有利条件不断积蓄。一是发展共识更加凝聚。党中央和国务院始终坚持把解决好"三农"问题作为全党工作的重中之重，加快补齐农业现代化短板成为全党和全社会的共识，为开创工作新局面汇聚了强大推动力。二是外部拉动更加强劲。新型工业化、信息化、城镇化快速推进，城乡一体发展新格局加快建立，为推进"四化同步"发展提供强劲拉动力。习近平总书记在2015年中共中央政治局第二十二次集体学习时强调，当前，我国经济实力和综合国力显著增强，具备了支撑城乡发展一体化物质技术条件，到了工业反哺农业、城市支持农村的发展阶段。三是转型基础更加坚实。农业基础设施加快改善，农产品供给充裕，农民发展规模经营主动性不断增强，为农业现代化提供了不竭原动力。四是市场空间更加广阔。人口数量继续增长，个性化、多样化、优质化农产品和农业多种功能需求潜力巨大，为拓展农业农村发展空间增添巨大带动力。五是创新驱动更加有力。农村改革持续推进，新一轮科技革命和产业革命蓄势待发，新主体、新技术、新产品、新业态不断涌现，为农业转型升级注入强劲驱动力。

二 农业现代化的目标、定位及根本途径

（一）发展目标

目标是引领行动的导向。党的十八大以来，习近平总书记就做好"三农"工作发表了一系列重要讲话。这些讲话高屋建瓴、思想深刻、指导性强。习近平总书记强调，要给农业插上科技的翅膀，按照增产增效并重、良种良法

第五章　实现中国特色农业现代化

配套、农机农艺结合、生产生态协调的原则，促进农业技术集成化、劳动过程机械化、生产经营信息化、安全环保法治化，加快构建适应高产、优质、高效、生态、安全农业发展要求的技术体系。[①] 要坚定不移加快转变农业发展方式，走"产出高效、产品安全、资源节约、环境友好"的现代农业发展道路。这是中央把握农业现代化规律、立足经济新常态的趋势性变化、着眼农业外部环境的深刻影响提出的战略要求，是我们做好"三农"工作的基本遵循，是推进农业现代化的目标。

早在2007年，习近平同志在全面分析浙江资源禀赋、经济社会发展水平和农业发展新形势的基础上，就作出了大力发展高效生态农业的战略决策，把高效生态农业作为浙江现代农业发展的目标模式，把发展高效生态农业作为浙江发展现代农业的具体实践形式。概括起来，就是坚持以科学发展观为统领，走经济高效、产品安全、资源节约、环境友好、技术密集、凸显人力资源优势的新型农业现代化道路。[②]

（二）发展定位：走一条发展大农业的路子

习近平同志早在1990年就明确提出"走一条发展大农业的路子"，这已成为推进中国农业现代化的基本定位。

[①]《认真贯彻党的十八届三中全会精神　汇聚起全面深化改革的强大正能量》，《人民日报》2013年11月29日第1版。

[②] 习近平：《走高效生态的新型农业现代化道路》，《人民日报》2007年3月21日第9版。

大农业的发展思想是习近平同志对当时福建闽东农业发展实践探索进行的理论提升，对现代农业发展具有很强的指导意义。2014年中央一号文件提出"立体式复合型现代农业经营体系"，就是大农业发展思想的具体体现。

习近平总书记指出，大农业是朝着多功能、开放式、综合性方向发展的立体农业。它区别于传统的、主要集中在耕地经营的、单一的、平面的小农业。小农业是满足自给的自然经济，大农业是面对市场的有计划的商品经济。习近平总书记的大农业观具有丰富的科学内涵：第一，大农业强调大粮食观。小农业讲以粮为纲，是小粮食观，主要指水稻、小麦、玉米等禾本科作物。大农业讲粮食是基础的基础，是一种大粮食观，强调粮食、食品的重要性。大农业观认为，粮食问题是国民经济发展的战略问题，粮食生产能带动整个农村产业结构的调整，而且林、牧、副、渔业的发展也有赖于粮食的供给。第二，大农业强调农林牧副渔业全面、融合发展。过去所讲的农林牧副渔全面发展，追求的只是单体的经济效益，而没有关注它们之间互相联系、相互促进。大农业强调这些产业的融合立体发展。第三，大农业强调生态效益、经济效益和社会效益的统一。传统农业发展观以追求单纯的经济效益为导向，往往会导致农业发展对整个生态系统造成负面影响。而大农业则把农业作为一个系统工程来抓，强调发挥总体效益，"注重生态效益、经济效益和社会效益的统一"。① 第四，大农业

---

① 习近平：《摆脱贫困》，福建人民出版社2014年版，第132页。

注重面向市场。过去的小农业满足于自给自足,现在的大农业则要面向市场,追求农业生产的商品率,农业商品化观念替代了自给自足的小农经济观念。第五,大农业强调要积极认识家庭承包责任制的统分特点。要摆正"统"与"分"的关系。所谓"分",就是以家庭为主的生产经营单位,充分发挥劳动者个人在农业生产中的积极性;所谓"统",就是以基层农村组织为依托,帮助农民解决一家一户解决不了的问题。因此,从本质上来讲,"统"与"分"是相互联系的,而不是相互排斥的。不能一说"分",就排斥任何形式的"统";一说"统",又不分青红皂白地否定"分"。正是这种"统"与"分"的结合,构成了目前农村有中国特色的社会主义经营体制的基本形式。总之,无论讲"统"还是讲"分",都不是要重新束缚生产力,而是要进一步解放农村生产力;不是收回农民的自主权,而是使农民更有效地行使自主权。第六,大农业注重农业综合开发,强调向农业多层次、深层次进军。从根本上讲,农业综合开发一是寻求大农业的广阔阵地,即农业的多层次开发;二是追求大农业的经济效益,向农业的深层次进军。农业的多层次开发,"就是要我们把眼光放得远些,思路打得广些。即开发利用一些宜农、宜林、宜渔的新资源,以适应人口增长和社会经济发展的需要"[①]。农业的深层次开发,就是"通过改造现有的中低产田,提高土地的生产能力,提高农产品产量;改善和加

[①] 习近平:《摆脱贫困》,福建人民出版社2014年版,第136页。

强农田水利设施建设,以保证农业的稳定高产;在条件许可的前提下,开发荒地资源,以弥补非农产业对耕地的占用;加强农业的水土保持工作,以提高土地生产率"①,最终使农业实现三个转变:"一是以资源开发为主逐步转向技术开发、产品开发的内涵型生产为主;二是以产量型生产为主转向以质量型、出口型、创汇型生产为主;三是以小商品生产流通为主转向以大批量生产、大范围流通为主。"②

(三) 根本途径:加快转变农业发展方式

习近平新时代中国特色社会主义思想明确了中国特色社会主义事业总体布局是"五位一体",要求"坚持新发展理念",强调必须坚定不移贯彻创新、协调、绿色、开放、共享的发展理念,强调"坚持人与自然和谐共生",建设生态文明是中华民族永续发展的千年大计,必须树立和践行绿水青山就是金山银山的理念,形成绿色发展方式和生活方式。显然,农业现代化作为中国现代化的有机组成部分,必须遵循上述基本思想和要求,必须从生态文明建设高度推动农业发展方式的转变。

近年来,中国粮食生产连年增加,农民收入持续较快增长,同时,农业现代化扎实推进,农业科技进步贡献率达到56%,农业生产正在实现从主要依靠增加资源要素投

---

① 习近平:《摆脱贫困》,福建人民出版社2014年版,第137页。

② 同上。

入向主要依靠科技进步的重大转变。从总体上看，中国农业正在朝着现代化的目标稳步推进。农业发展取得的巨大成绩，为经济社会持续健康发展提供了有力支撑。但也要看到，制约中国农业发展的长期性矛盾仍然很多，各种新的风险在积聚。① 针对上述现实问题，习近平总书记在2015年中央经济工作会议上指出，中国经济发展进入新常态，是中国经济发展阶段性特征的必然反映，是不以人的意志为转移的。新常态反映在农业领域，表现为农业发展的速度变化、结构优化和动力转化，归根结底是要加快转变农业发展方式。2013年，习近平总书记在山东考察时提出了关于农业现代化的"三个导向"的重要论述，强调"要以解决好地怎么种为导向，加快构建新型农业经营体系；以解决好地少水缺的资源环境约束为导向，深入推进农业发展方式转变；以满足吃得好吃得安全为导向，大力发展优质安全农产品"。② 现在主要农产品价格顶到"天花板"，农业生产成本的"地板"刚性抬升，农业生产补贴和价格补贴逼近约束"黄线"，资源环境亮起"红灯"。唯一的出路就是坚定不移加快转变农业发展方式。要统筹保障国家粮食安全与转变农业发展方式，使农业尽快转到数量质量效益并重、注重农业技术创新、注重可持续的集

---

① 韩长赋：《坚定不移加快转变农业发展方式——学习贯彻习近平总书记在中央经济工作会议上的重要讲话精神》，《求是》2015年第2期。

② 《认真贯彻党的十八届三中全会精神 汇聚起全面深化改革的强大正能量》，《人民日报》2013年11月29日第1版。

约发展上来。①

不难理解，习近平总书记强调的"加快转变农业发展方式"是当前和今后一个时期加快农业现代化的根本途径。一方面，农业生产成本持续上升引致的农产品国际竞争力下降迫切需要转变农业发展方式。近年来，农业生产成本处在"上升通道"，人工、农机作业等费用不断上涨，种子、化肥、农药等投入品价格也不断提高，农业生产成本的"地板"不断抬升。以实行最低收购价格的小麦和稻谷为例，2007年小麦、早籼稻、中晚籼稻和粳稻的最低收购价格分别为每千克1.38—1.44元、1.40元、1.44元和1.50元，而2014年则分别为每千克2.36元、2.70元、2.76元和3.10元，7年内的提价幅度分别为64%—71%、92.9%、91.7%和106.7%。② 随着农业生产成本的上升，如果不相应提高农产品收购价格，农民补偿不了成本，生产就难以维持；而持续提高国内农产品收购价格，达到某一临界点后，国内农产品价格就会高于国际市场价格，这将使中国农产品失去国际竞争力。这一两难困境的破除需要切实转变农业发展方式。同时，国际大宗农产品到岸价格已经不同程度低于国内同类产品价格，国家对小麦、玉米等主要品种的

---

① 蒋超良：《走好中国农业的现代化道路——学习贯彻习近平总书记关于加快建设现代农业的重要论述》，《求是》2015年第8期。

② 陈锡文：《适应经济发展新常态 加快转变农业发展方式——学习贯彻习近平总书记在中央经济工作会议上的重要讲话精神》，《求是》2015年第6期。

支持已接近加入 WTO 时的承诺上限，加大"黄箱"支持也遇到了"天花板"。在两块"天花板"和一块"地板"的挤压下，农业竞争力严重削弱，农业比较效益显著下降，"谁来种地""如何种地"的问题日益凸显，出路仍是依靠转变农业发展方式，促进农业提质增效、节本降耗。2015 年 2 月 10 日，习近平总书记在中央财经领导小组第九次会议上强调指出，保障粮食安全，要加快转变农业发展方式，推进农业现代化，既要实现眼前的粮食产量稳定，又要形成新的竞争力。另一方面，实现农业可持续发展需要转变农业发展方式。近年来，中国农业发展取得了显著成就，但也付出了很大的代价，成就的取得是长期靠拼资源、拼投入的粗放式增长，农业资源过度开发，生态环境不堪重负。例如，全国农业每年使用农用塑料薄膜约 250 万吨，而回收不足 150 万吨；在每年使用的 180 多万吨农药中，真正能够作用于农作物的不足 1/3，由此造成了对水、土壤和空气的污染。如果不加快转变农业发展方式，可持续的农业现代化目标难以实现。①

2015 年 12 月 24—25 日召开的中央农村工作会议提出了农业供给侧结构性改革，为破解中国农业发展中的矛盾与挑战开出了"药方"。会议强调，要着力加强农业供给侧结构性改革，提高农业供给体系质量和效率，使

---

① 陈锡文：《适应经济发展新常态 加快转变农业发展方式——学习贯彻习近平总书记在中央经济工作会议上的重要讲话精神》，《求是》2015 年第 6 期。

农产品供给数量充足、品种和质量契合消费者需要，真正形成结构合理、保障有力的农产品有效供给。当前，要高度重视去库存、降成本、补短板。加快消化过大的农产品库存量，加快粮食加工转化；通过发展适度规模经营、减少化肥农药不合理使用、开展社会化服务等，降低生产成本，提高农业效益和竞争力；加强农业基础设施等农业供给的薄弱环节，增加市场紧缺农产品的生产。要树立大农业、大食物观念，推动粮经饲统筹、农林牧渔结合、种养加一体、一二三产业融合发展。①

（四）农业现代化的出发点和落脚点

习近平新时代中国特色社会主义思想特别强调以人民为中心的发展思想，明确提出"坚持在发展中保障和改善民生"，保证全体人民在共建共享发展中有更多获得感，不断促进人的全面发展、全体人民共同富裕。这表明，农业现代化的出发点和落脚点是"老乡"的"小康"。农业现代化必须是让广大农民参与的现代化，必须是让广大农民分享其成果的现代化。党的十八届三中全会提出，必须健全体制机制，形成以工促农、以城带乡、工农互惠、城乡一体的新型工农城乡关系，让广大农民平等参与现代化进程、共同分享现代化成果。2015年4月30日，习近平总书记在中共中央政治局第二十二次集体学习时强调，全面建成小康社会，最艰巨最繁重的任

---

① 《中央农村工作会议在京召开》，《人民日报》2015年12月26日第1版。

务在农村,特别是农村贫困地区。我们一定要抓紧工作、加大投入,努力在统筹城乡关系上取得重大突破,特别是要在破解城乡二元结构、推进城乡要素平等交换和公共资源均衡配置上取得重大突破,给农村发展注入新的动力,让广大农民平等参与改革发展进程、共同享受改革发展成果。

农业现代化应以农民利益和福祉为出发点和落脚点。2014年中央一号文件强调,把坚持农民主体地位、增进农民福祉作为农村一切工作的出发点和落脚点,用发展新理念破解"三农"新难题,厚植农业农村发展优势,加大创新驱动力度,推进农业供给侧结构性改革,加快转变农业发展方式,保持农业稳定发展和农民持续增收,走产出高效、产品安全、资源节约、环境友好的农业现代化道路,推动新型城镇化与新农村建设双轮驱动、互促共进,让广大农民平等参与现代化进程、共同分享现代化成果。

三 农业现代化的重点任务

党的十九大提出实施乡村振兴战略,要求坚持农业农村优先发展,按照产业兴旺、生态宜居、乡风文明、治理有效、生活富裕的总要求,建立健全城乡融合发展体制机制和政策体系,加快推进农业农村现代化。更具体地指出,要构建现代农业产业体系、生产体系、经营体系,为农业现代化的重点任务指明了方向。

习近平总书记在2015年"两会"期间参加吉林代表

团审议时指出，推进农业现代化，要突出抓好加快建设现代农业产业体系、现代农业生产体系、现代农业经营体系三个重点。2016年4月25日，习近平总书记在安徽小岗村农村改革座谈会上进一步强调，要以构建现代农业产业体系、生产体系、经营体系为抓手，加快推进农业现代化。习近平总书记关于加快构建现代农业"三大体系"的重要讲话，明确了实现农业现代化的任务，为新时期中国农业现代化指明了方向路径。"三大体系"各有侧重，但又相辅相成。其中，生产体系重在提升农业生产力，经营体系重在完善农业生产关系，二者又共同支撑产业体系，体现了生产力和生产关系的相互作用、有机融合。[1]

（一）构建现代农业产业体系

现代农业产业体系，是产业横向拓展和纵向延伸的有机统一，重点解决农业资源要素配置和农产品供给效率问题，是现代农业整体素质和竞争力的显著标志。构建现代农业产业体系，就是要通过优化调整农业结构，充分发挥各地资源比较优势，促进粮经饲统筹、农牧渔结合、种养加一体、一二三产业融合发展，延长产业链、提升价值链，提高农业的经济效益、生态效益和社会效益，促进农业产业转型升级。

---

[1] 参见韩长赋《构建三大体系　推进农业现代化——学习习近平总书记安徽小岗村重要讲话体会》，《人民日报》2016年5月18日第15版。

1. 做大做强农业主导产业

早在2007年，习近平同志就强调，经济高效就是做大做强有比较优势的农业主导产业，着力提升农业集约经营水平，开拓农业的多种功能，拉长农业产业链，提高农产品附加值，使农业成为能够带动农民致富的高效产业。他指出，做大做强高附加值的农业主导产业，要根据资源禀赋、产业基础和市场需求，选准若干拳头产品，按照区域化布局的农业块状经济和贸工农一体化的龙型经济要求，大力推进标准化、产业化的特色产业基地和特色农产品加工功能区建设，积极培育具有明显比较优势的主导产业。实施高效生态农业发展规划，着力打造一批有区域知名品牌、有相当市场知名度和市场份额、在当地农业产业中占有较大比重、拥有连片镇村基地的特色农业强县。积极拓展农业的多种功能，大力发展健康养殖业、农家乐休闲观光农业和农产品精深加工业。① 在确保粮食稳产增产的前提下，树立现代市场理念，打造一批在全国乃至世界叫得响的农产品品牌，不断提高农产品附加值和竞争力，使农民尽快富起来。选准主导产业，持之以恒抓下去，不能多点开花，更不能东一榔头西一棒子。②

2. 创新发展特色产业

习近平总书记在视察生态脆弱区时特别强调，要

---

① 习近平：《走高效生态的新型农业现代化道路》，《人民日报》2007年3月21日第9版。

② 强卫：《深化农村改革　推进农业现代化——深入学习贯彻习近平同志关于做好"三农"工作的系列重要讲话精神》，《人民日报》2014年7月15日第7版。

发展特色产业。贫穷落后是欠发达地区的主要矛盾，加快发展是欠发达地区的根本任务。生态脆弱区重点发展特色优质农牧产品，如以优质水果、干果、杂粮为主的特色农业，以优质牛羊及小动物为主的畜牧业，以藏药、蒙药、苗药、热带药等为代表的民族医药，发展少破坏或零污染的风景民俗旅游等。以特色农牧产品加工及生物资源利用型产业作为发展重点，着重突出东产西进转移产业。重视特色产业集聚区的发展，加速产业向园区集中，人口向城镇集中，提高组织化程度，加速推广节水等保护性农业技术等。① 重视优质粮食生产，发展优质米、功能米、种子粮、高含油菜籽等特色产业。

3. 加快发展现代都市型农业

党中央、国务院历来高度重视发展都市现代农业。党的十八大以来，以习近平同志为核心的党中央把都市现代农业摆到更加重要的位置，"十三五"规划纲要提出要加快发展都市现代农业。习近平同志在任浙江省委书记时就撰文提出，浙江已全面进入以工促农、以城带乡的新阶段，更有条件也更有必要实行工业反哺农业、城市支持农村的方针；他在天津考察时又提出，大城市要发挥独特优势，加快发展现代都市型农业；现代都市型农业将三次产业有机融合，是统筹城乡一体化发展、提高城镇化质量、扩大内需、改善民

---

① 张正河：《对中国农业现代化有哪些新判断》，《人民论坛》2015年10月下。

生的重要抓手。①

加快发展都市现代农业,是推进农业供给侧结构性改革、提高供给体系质量和效率的迫切需要。推进农业供给侧结构性改革,要义是使农业能够适应市场需求的变化。都市农产品需求总量大、样式多、增长快、质量安全要求高,在农产品市场需求变化中处于引领地位。都市农业紧靠市场需求,结构调整具有先导性,同时都市农业一般水土资源禀赋较好,生产设施较为完善,现代生产要素优势突出,是中国现代农业发展的高地,有条件、有责任在推动农业转型升级上先行一步,在农业供给侧结构性改革中发挥更大作用。

加快发展都市现代农业,是践行以人民为中心的发展思想、提高新型城镇化水平的客观要求。习近平总书记在中央城市工作会议上强调,城市工作要把创造优良人居环境作为中心目标,把握好生产空间、生活空间、生态空间的内在联系,实现生产空间集约高效、生活空间宜居适度、生态空间山清水秀,使城市内部的水系、绿地同城市外围河湖、森林、耕地形成完整的生态网络。发展都市现代农业,不仅能够更好地满足城乡居民日益增长的农产品需求,而且有利于优化城市生产、生活、生态三大布局,提高城市发展的宜居性,建设现代城市"后花园"。在促进生产上,通过做优做强特色农业,发挥品种、品质、品牌上的优势,可以为城市经济发展培育更多的绿色低碳产

---

① 参见张正河《对中国农业现代化有哪些新判断》,《人民论坛》2015年10月下。

业。在改善生活上,通过开展农业旅游、休闲、体验等服务,可以为市民提供更多回归自然、放松身心、感受传统文化的去处。在提升生态上,通过增加农业绿地、湿地等生态资源,可以减少大气和水土污染,为城市守住绿水青山、留下蓝天白云。

加快发展都市现代农业,是促进城乡发展一体化、提高农村发展水平的必然选择。都市农业近距离接受城市发展辐射带动,同时推动农村土地、劳动力等资源服务城市发展,在促进城乡要素自由流动和均衡配置上具有先天优势。加快发展都市现代农业,不仅有利于引导城市资金、技术、人才等投向农业、流向农村、造福农民,也有利于加快转移农业剩余劳动力,促进农业产业转型、功能拓展、效益提升。都市农业作为农业中先进生产要素最为聚集、创新活力最强的领域,是农村产业融合发展的"沃土",是推动农村大众创业、万众创新的"孵化器"。像农村电商、农产品定制、农家乐等新的业态和模式,大都是先在大中城市郊区探索出可行模式后,再复制推广到其他农村地区。加快发展都市现代农业,有利于促进新技术、新的商业模式与农业的对接转化,从而催生更多的兴农新业态、富农新产业。[①]

(二)构建现代农业生产体系

现代农业生产体系,是先进生产手段和生产技术的

---

① 《加快发展都市现代农业》,《农民日报》2016年5月12日第1版。

有机结合，重点解决农业的发展动力和生产效率问题，是现代农业生产力发展水平的显著标志。构建现代农业生产体系，就是要用现代物质装备武装农业，用现代科学技术服务农业，用现代生产方式改造农业，转变农业要素投入方式，推进农业发展从拼资源、拼消耗转到依靠科技创新和提高劳动者素质上来，提高农业资源利用率、土地产出率和劳动生产率，增强农业综合生产能力和抗风险能力，从根本上改变农业发展依靠人力畜力、靠天吃饭的局面。

1. 加快基础设施建设

农业农村基础设施是实现农业现代化的物质基础。基础设施欠账多，抗灾能力弱，是粮食稳产增产的不利因素。早在2007年，习近平同志就提出要加强高标准的农业基础设施和生态环境建设；加快建设适应主导产业发展的高标准农田水利基础设施，促进标准农田建设。[1]

2015年4月30日，习近平总书记在中共中央政治局第二十二次集体学习时指出，要完善农村基础设施建设机制，推进城乡基础设施互联互通、共建共享，创新农村基础设施和公共服务设施决策、投入、建设、运行管护机制，积极引导社会资本参与农村公益性基础设施建设。[2]

---

[1] 习近平：《走高效生态的新型农业现代化道路》，《人民日报》2007年3月21日第9版。

[2] 《健全城乡发展一体化体制机制　让广大农民共享改革发展成果》，《人民日报》2015年5月2日第1版。

2016年中央一号文件提出,要把国家财政支持的基础设施建设重点放在农村,建好、管好、护好、运营好农村基础设施,实现城乡差距显著缩小。2016年10月《全国农业现代化规划(2016—2020年)》明确提出,要全面完成永久基本农田划定,大规模推进高标准农田建设,以增强粮食等重要农产品安全保障能力。

2. 加强耕地治理保护

耕地是粮食生产的命根子,耕地红线要严防死守,红线包括数量,也包括质量。实行最严格的耕地保护制度,尤其是保护好高产良田。要着眼于提高土地产出率,加快中低产田的改造。[①] 随着工业化、城镇化的推进,耕地保护的担子越来越重。要守住耕地和基本农田两道红线,实行严格的耕地保护和节约用地制度,防止随意调整占用。还要提升耕地质量,抓好高标准农田建设。[②] 2015年5月,习近平总书记对耕地保护工作作出重要指示,耕地是我国最为宝贵的资源。我国人多地少的基本国情,决定了我们必须把关系13亿多人吃饭大事的耕地保护好,绝不能有闪失。要实行最严格的耕地保护制度,依法依规做好耕地占补平衡,规范有序推进农村土地流转,像保护大熊猫一样保护耕地。习近平总书记指出,耕地占补平衡政策是对工业化、城镇化建设占用耕地不

---

① 张正河:《对中国农业现代化有哪些新判断》,《人民论坛》2015年10月下。
② 蒋超良:《走好中国农业的现代化道路——学习贯彻习近平总书记关于加快建设现代农业的重要论述》,《求是》2015年第8期。

断扩大的补救措施，是国家法律和政策允许的，但必须带着保护耕地的强烈意识去做这项工作，严格依法依规进行。要采取更有力的措施，加强对耕地占补平衡的监管，坚决防止耕地占补平衡中出现的补充数量不到位、补充质量不到位问题，坚决防止占多补少、占优补劣、占水田补旱地的现象。在农村土地制度改革试点中要把好关，不能让一些人以改革之名行占用耕地之实。对耕地占补平衡以及耕地保护中出现的新情况新问题，要加强调查研究，提出有效的应对之策。[①] 习近平总书记强调，土地流转和多种形式规模经营，是发展现代农业的必由之路，也是农村改革的基本方向。在土地流转实践中，必须要求各地区原原本本贯彻落实党中央确定的方针政策，既要加大政策扶持力度、鼓励创新农业经营体制机制，又要因地制宜、循序渐进，不搞"大跃进"，不搞强迫命令，不搞行政瞎指挥。特别要防止一些工商资本到农村介入土地流转后搞非农建设、影响耕地保护和粮食生产等问题。

（三）构建现代农业经营体系

现代农业经营体系，是现代农业经营主体、组织方式、服务模式的有机组合，重点是解决"谁来种地"和经营效益问题，它是现代农业组织化程度的显著标志。构建现代农业经营体系，就是要加大体制机制创新力

---

① 《依法依规做好耕地占补平衡 规范有序推进农村土地流转》，《人民日报》2015年5月27日第1版。

度，培育规模化经营主体和服务主体，加快构建职业农民队伍，形成一支高素质农业生产经营者队伍，促进不同主体之间的联合与合作，发展多种形式的适度规模经营，实现小农户和现代农业发展有机衔接，提高农业经营集约化、组织化、规模化、社会化、产业化水平。

1. 适度规模经营

近10年来，农业生产出现了新变化、新问题。在土地经营模式上，农村土地流转带来了经营规模化，家庭农场等新型经营主体不断涌现。在耕地利用方式上，由于长期粗放经营、滥用化肥农药，地越种越差，耕地质量下降，粮食稳产高产难度加大。在劳动力资源上，农村劳动力结构发生显著变化，从事第一产业的劳动力逐年减少，出现农业兼业化、劳力老龄化、农村空心化，"谁来种地"的问题突出。在深化农村改革的诸多任务中，如何加快创新农业经营体系，解决好谁来种地和发展适度规模经营的问题，无疑是一个广受社会关注的重大问题。①

加快建设现代农业经营体系，就是要发挥多种形式的农业适度规模经营的引领作用，形成有利于现代农业生产要素创新与运用的体制机制。无论是先进科技成果的应用、金融服务的提供，还是农产品质量的提高、生产效益的增加、市场竞争力的提升，都要以一定的经营

---

① 陈锡文：《适应经济发展新常态　加快转变农业发展方式——学习贯彻习近平总书记在中央经济工作会议上的重要讲话精神》，《求是》2015年第6期。

规模为前提。① 2014年9月29日，习近平总书记在中央全面深化改革领导小组第五次会议上指出，现阶段深化农村土地制度改革，要更多考虑推进中国农业现代化问题，既要解决好农业问题，也要解决好农民问题，走出一条中国特色农业现代化道路。发展农业规模经营要与城镇化进程和农村劳动力转移规模相适应，与农业科技进步和生产手段改进程度相适应，与农业社会化服务水平提高相适应。要加强引导，不损害农民权益，不改变土地用途，不破坏农业综合生产能力。要尊重农民意愿，坚持依法自愿有偿流转土地经营权，不能搞强迫命令，不能搞行政瞎指挥。要坚持规模适度，重点支持发展粮食规模化生产。要让农民成为土地适度规模经营的积极参与者和真正受益者。要根据各地基础和条件发展，确定合理的耕地经营规模加以引导，不能片面追求快和大，更不能忽视经营自家承包耕地的普通农户仍占大多数的基本农情。对工商企业租赁农户承包地，要有严格的门槛，建立资格审查、项目审核、风险保障金制度，对准入和监管制度作出明确规定。要以土地制度改革为动力加快农业经营体系创新。改革是推动中国农业发展的不竭动力。

2. 家庭经营、统分结合

以家庭承包经营为基础、统分结合的双层经营体制是中央的既定方针，并且载入了《中华人民共和国宪法》

---

① 《构建"三大体系"，引领现代农业发展》，《安徽日报》2016年4月9日第1版。

第八条。习近平总书记早就指出，家庭承包经营是党在农村政策的基石，是农村的一项基本经济制度，决不能动摇。党的十八大以来，习近平总书记继续强调家庭经营在农业中的基础性地位，提出"三权分置"即集体所有权、农户承包权、土地经营权相互分离，回应了家庭经营本身的产权构造问题，这是一个重要的经验总结，也是理论继承和创新。从理论上讲，家庭经营的突出作用是由农业产业特性决定的。农业生产空间分散且必须对自然环境的微小变化作出及时反应，这使农业生产的监督成本较高。农户家庭成员之间的利益高度一致，几乎不需要任何精确的劳动计量和过程监督就能保证农业生产的顺利进行，因而可以最大限度地压缩农业生产的监督成本。只有以家庭作为农业生产的基本单位，才能保证生产者对农业劳动的全过程负责，才能保证农业生产对各种变化作出快速反应。①

家庭经营在规模和组织上的局限性，涉及统分结合的问题，习近平总书记在《摆脱贫困》一书中写道：一方面是摆正"统"与"分"的关系。另一方面就是如何继续稳定、完善、发展乡村合作经济组织的双层经营体制。习近平总书记在其博士学位论文中，针对一些人片面强调农村市场化，忽视了农民组织化，而另外一些人片面强调农民组织化，怀疑甚至抵制农村市场化的情况，旗帜鲜明地提出"要走组织化的农村市场化发展

---

① 韩俊：《农业改革须以家庭经营为基础》，《经济日报》2014年8月7日第14版。

路子"。① 由于市场信息的不对称性，农民在市场交易时往往处于劣势；同时，由于农民群体高度分散，如果一味地推进市场化而忽视组织化，不仅会导致农民的利益受到损害，而且会使整个农村市场的结构偏离公平竞争轨道，进而导致垄断现象的出现。只有将农民组织起来，走组织化的农村市场化道路，才能提高农民在市场上的谈判地位，让农民不再仅仅是"受价者"；才能使分散的农民形成一个个有机的整体，进而形成有效的市场竞争力；才能使农民尽快安全、顺利地进入国内外市场，并能够有效地降低进入市场的成本，提高农产品的市场竞争力、市场占有率。中国如果不能在 21 世纪将广大农民组织起来，通过"帮"的方式引导他们安全、顺利地进入国内和国际两个市场，那么要加快推进农村市场化建设和加快实现农业现代化都将是不可能的。

习近平总书记主政浙江时，率先颁布了地方性法规《浙江省农民专业合作社条例》，在很大程度上影响和加快了 2006 年《中华人民共和国农民专业合作社法》的出台。2006 年，习近平总书记进一步倡导农民专业合作、供销合作、信用合作"三位一体"，并在浙江瑞安率先试验，亲自召开全省现场会进行经验总结和推广，在理论上拓展表述为"三重合作功能的一体化、三类合作组织的一体化、三级合作体系的一体化"。这是一种"大农合"（大规模

---

① 参见陈林《习近平"三农"思想发展脉络》，《人民论坛》2015 年 10 月下。

综合性多层次农村合作组织）。至此，"三位一体"的合作制理论已经基本确立，并在实践中发挥了重大的指导作用。①

3. 重构集体经济组织

习近平总书记一直重视发挥集体经济组织的优势。他指出，加强集体经济力量，目的在于发挥集体经济组织"统"的职能。一是统一规划农田基本建设，加强农机、水利等技术装备和设施的使用和管理；二是合理规划生产布局，按照国家计划因地制宜种植作物；三是建立产前、产中、产后的社会化服务体系（包括生产、科技、农业生产资料的供应和农产品的销售等）；四是把农村改革和农村发展的事管起来，以促进农村经济和社会稳定、协调发展。②

四 农业现代化关键在科技进步

科技是现代农业的重要支撑，农业现代化的关键在于科技进步。习近平总书记指出，我们农业的发展必须把科技兴农作为一项基本政策，紧紧依靠科技进步，提高种植业和养殖业的单位面积产量，形成一个高产、低耗、优质、高效的农业生产体系。习近平总书记回忆说：

---

① 参见陈林《习近平"三农"思想发展脉络》，《人民论坛》2015年10月下。

② 习近平：《摆脱贫困》，福建人民出版社2014年版，第136页。

"1968年我在陕北延川县梁家河村插队的时候,只不过是在全村搞了沼气化的科技活动,但却尝到了推广科技进步的甜头。"①他在福建省主政时发现和推广了农业特派员下乡的"南平经验",这一经验后来成功移植到浙江和其他一些省份。习近平总书记强调,要给农业插上科技的翅膀,按照增产增效并重、良种良法配套、农机农艺结合、生产生态协调的原则,促进农业技术集成化、劳动过程机械化、生产经营信息化、安全环保法治化,加快构建适应高产、优质、高效、生态、安全农业发展要求的技术体系。②

当前,中国农业的发展,已经到了需要更多依靠科技突破资源环境约束、实现持续稳定发展的新阶段。这也是习近平总书记在2016年"两会"期间参加湖南代表团审议时所说的"藏粮于技"的深意。因此,我们不但要向土地要粮,还要向科技要粮。要走依靠科技进步、提高单产的内涵式发展道路。通过研究开发促进粮食生产的技术,用科技手段维持粮食供求平衡。根据粮食市场的平衡状态,适时地采用相应的技术,始终保持科学技术对粮食生产的支撑能力。通过涵养土壤、推广优良品种、采取标准化高产高效绿色技术模式等,提高粮食生产效率和水平。只有这样,才能给农业插上腾飞

---

① 习近平:《摆脱贫困》,福建人民出版社2014年版,第138—139页。
② 《认真贯彻党的十八届三中全会精神 汇聚起全面深化改革的强大正能量》,《人民日报》2013年11月29日第1版。

的翅膀。①

早在1990年，习近平同志在阐述"走一条发展大农业的路子"时，就对科技兴农问题进行了精彩的论述。他指出，"我们农业的发展必须把科技兴农作为一项基本政策，紧紧依靠科技进步，提高种植业和养殖业的单位面积产量，形成一个高产、低耗、优质、高效的农业生产体系"②。习近平总书记强调，依靠科技的力量可以来开发、利用原来不能利用的资源；依靠科技进步，可以节约要素的投入；依靠科技进步可以扩展农副产品的销售市场；依靠科技进步可以改善农民的生产水平。习近平总书记非常重视科技人才在农业现代化中的作用。在2013年中央农村工作会议上，习近平总书记强调，要提高农民素质，培养造就新型农民队伍，把培养青年农民纳入国家实用人才培养计划，确保农业后继有人。要把加快培育新型农业经营主体作为一项重大战略，以吸引年轻人务农、培育职业农民为重点，建立专门政策机制，构建职业农民队伍，为农业现代化建设和农业持续健康发展提供坚实的人力基础和保障。2013年11月初，习近平总书记在湖南考察时，特别嘱托要发挥袁隆平等科技领军人才的优势，推进农业科技创新，推进农业标准化生产，增强农业综合生产能力和整

---

① 郭俊奎：《习近平"藏粮于地、藏粮于技"传递啥新理念?》，2016年3月9日，人民网。

② 习近平：《摆脱贫困》，福建人民出版社2014年版，第138页。

体素质。① 同年11月27日，他在山东省农业科学院召开座谈会时又指出，要给农业插上科技的翅膀，要促进农业技术集成化、劳动过程机械化、生产经营信息化、安全环保法治化，加快构建适应高产、优质、高效、生态、安全农业发展要求的技术体系。②

---

① 参见徐守盛《在现代农业建设上寻求新突破——学习习近平总书记关于发展现代农业的重要讲话精神》，《求是》2014年第14期。

② 《认真贯彻党的十八届三中全会精神 汇聚起全面深化改革的强大正能量》，《人民日报》2013年11月29日第1版。

第六章

推进城乡融合发展

习近平总书记关于城乡融合发展的重要论述，是在科学分析中国城乡经济社会进入新常态所面临问题的基础上，形成的体系完备、内涵丰富、精辟深刻、富有民族性和时代性的思想，将对中国特色社会主义城乡融合发展的认识提升到了一个新的高度，是习近平新时代中国特色社会主义思想的重要组成部分。

一 推进城乡融合发展的重大意义

改革开放以来，我们在农村率先推进改革，农村面貌发生了巨大变化。但是，长期以来，城乡二元结构、城乡发展差距不断拉大的趋势没有得到根本扭转。近年来，党中央坚持把解决好"三农"问题作为全党工作的重中之重，农业基础地位得到显著加强，农村社会事业得到明显改善，统筹城乡发展、城乡关系调整取得重大进展。但由于欠账过多、基础薄弱，中国城乡发展不平衡不协调的矛盾依然比较突出，加快推进城乡发展一体化意义更加凸显、要求更加紧迫。党的十六大首次明确提出了"统筹城乡经济社会发展"方略，党的十七大提出，要建立以工促农、以城带乡长效机制，形成城乡经济社会发展一体化新格局，党的十八大进一步明确提出城乡一体化发展是解决"三农"问题的根本途径，党的十九大提出建立健全城乡融合发展体制机制和政策体系。

习近平总书记指出，推进城乡发展一体化，是工业化、城镇化、农业现代化发展到一定阶段的必然要求，是国家现代化的重要标志。① 但在一个13亿多人口的大国实现城乡一体化协调发展将是一项长期而艰巨的任务，也是人类发展历史上的伟大壮举。习近平总书记在《关于〈中共中央关于全面深化改革若干重大问题的决定〉的说明》中指出："城乡发展不平衡不协调，是我国经济社会发展存在的突出矛盾，是全面建成小康社会、加快推进社会主义现代化必须解决的重大问题。"② 他强调，当前，中国经济实力和综合国力显著增强，具备了支撑城乡发展一体化的物质技术条件，到了工业反哺农业、城市支持农村的发展阶段。

二　推进城乡融合发展的战略路径

习近平总书记指出，推进城乡融合发展要坚持从国情

---

① 《健全城乡发展一体化体制机制　让广大农民共享改革发展成果》，《人民日报》2015年5月2日第1版。
② 习近平：《关于〈中共中央关于全面深化改革若干重大问题的决定〉的说明》，《人民日报》2013年11月16日第1版。

出发,从中国城乡发展不平衡不协调和二元结构的现实出发,从中国的自然禀赋、历史文化传统、制度体制出发,既要遵循普遍规律,又不能墨守成规,既要借鉴国际先进经验,又不能照抄照搬。

(一) 推进城乡融合发展要根基于乡土文化

我国有着数千年的农耕文明,由此而生的乡土文化是中华民族繁衍发展和薪火相传的根本。城镇都是由乡村演变发展而来的,因此乡土文化是推进城乡发展一体化的文化和精神根基。2013年12月,在中央城镇化工作会议上,习近平总书记首次提出了记得住乡愁的新型城镇化道路。事实上,乡愁情结是他长期以来对城乡关系认识的一个显著特征,对城乡融合发展的认识,也因此从经济社会关系等层面上升到了人文关怀的高度。1969年,青年时期的习近平同志从北京来到最基层的农村——陕北延川县文安驿公社梁家河大队插队落户,记得住乡愁的城乡情结在这里开始"播种"。在他看来,记得住乡愁的城乡一体化情怀,就是要心中时刻有广大农村和最基层的群众。2007年6月,他在上海金山区调研新农村建设时提出,要倍加珍惜农村极为宝贵的历史文脉,加强农村自然文化风貌保护。[①] 2013年7月,他在湖北鄂州市长港镇峒山村调研时强调,实现城乡一体化,建设美丽乡村,不能大拆大建,特别是古村落要保护好。

---

① 《开创上海新农村建设新局面》,《解放日报》2007年6月14日第1版。

在他看来，记得住乡愁的城乡一体化情怀，要求之一就是要青山常驻、绿水长流。习近平总书记指出："乡村文明是中华民族文明史的主体，村庄是这种文明的载体，耕读文明是我们的软实力。城乡一体化发展，完全可以保留村庄原始风貌，慎砍树、不填湖、少拆房，尽可能在原有村庄形态上改善居民生活条件。"① 他还进一步强调指出，农村是我国传统文明的发源地，乡土文化的根不能断。②

（二）推进城乡融合发展要规划先行

城乡规划是推进城乡一体化发展的基本手段。搞好城乡规划，对于有效配置城乡公共资源、促进城乡经济社会协调发展具有十分重要的意义。在推进城乡融合发展进程中，习近平总书记历来高度重视发挥规划的先导作用。1985年，他亲自主导和部署制定了《正定县经济技术、社会发展总体规划》，提出了正定经济"三步走"发展目标和"对外开放、对内搞活、依托城市、开发智力、发展经济、致富人民"的发展方针。2004年，他主持在全国率先制定出台了第一个省级层面的城乡发展一体化纲要，即《浙江省统筹城乡发展推进城乡一体化纲要》。2007年，他在上海松江区调研时强调指出，统筹城乡发展，要充分

---

① 习近平：《在中央城镇化工作会议上的讲话》，载中共中央文献研究室编《十八大以来重要文献选编》（上），中央文献出版社2014年版，第605—606页。

② 《奋力开启江西乡村振兴新征程》，《江西日报》2017年12月4日第B03版。

发挥规划先导作用，从产业、基础设施、人口、社会事业发展等各个方面促进城乡一体化发展。①2013年12月，中央城镇化工作会议提出，城镇建设，要实事求是确定城市定位，科学规划和务实行动，避免走弯路。2015年4月，他在中共中央政治局第二十二次集体学习时指出，要完善规划体制，通盘考虑城乡发展规划编制，一体设计，多规合一，切实解决规划上城乡脱节、重城市轻农村的问题。②对此，《中共中央国务院关于加快推进生态文明建设的意见》进一步提出，完善县域村庄规划，强化规划的科学性和约束力，要维护城乡规划的权威性、严肃性，杜绝大拆大建。

（三）推进城乡融合发展要坚持"双轮驱动"

习近平总书记指出，城镇建设和新农村建设，是推进城乡发展一体化的两个同等重要的方面，不可偏废。2011年9月，他在天津调研时强调：要进一步完善城镇化战略及相关政策，优化城镇布局和结构，增强城镇集聚产业、承载人口、辐射带动区域发展的能力，推进新型城镇化与新农村建设互动发展、共同提高。2013年7月，习近平总书记在湖北考察时指出，即使城镇化程度达到了70%，也还有四五亿人在农村。农村绝不能成为荒芜的农村、留守

---

① 《加大城乡统筹发展力度　加快社会主义新农村建设》，《解放日报》2007年8月24日第1版。

② 《健全城乡发展一体化体制机制　让广大农民共享改革发展成果》，《人民日报》2015年5月2日第1版。

的农村、记忆中的故园。他这一讲话实质上指出，乡村永远还是乡村，城镇化不是要消灭乡村，城乡一体化不是把乡村建成与城市同质化的一部分，而是实现城市与乡村、工业和农业的差异化、协调发展。他在中共中央政治局第二十二次集体学习时指出，要继续推进新农村建设，使之与新型城镇化协调发展、互惠一体，形成双轮驱动。城镇化是中国现代化的必由之路，是一个持久的战略。他强调，要注意保护乡村文化与生态，建设一批具有较高水平、能够百世流芳的名村庄。① 习近平总书记在党的十九大报告中指出"实施乡村振兴战略"，强调要坚持农业农村优先发展，按照产业兴旺、生态宜居、乡风文明、治理有效、生活富裕的总要求，建立健全城乡融合发展体制机制和政策体系，加快推进农业农村现代化。②

三 形成新型工农城乡关系

长期以来，不合理的工农城乡关系是制约我国经济社会协调健康发展的症结所在，正确认识和处理工农关系、城乡关系，事关国家改革、发展和稳定大局，始终是我国现代化进程中具有全局性和战略意义的重大课题。在推动形成新型工农城乡关系的进程中，习近平总书记进行了长

---

① 《千村示范 万村整治——浙江省落实科学发展观、统筹城乡发展纪实》，《人民日报》2004年8月10日第6版。

② 习近平：《决胜全面建成小康社会 夺取新时代中国特色社会主义伟大胜利——在中国共产党第十九次全国代表大会上的报告》，人民出版社2017年版，第32页。

期的实践探索和理论思考。

（一）以产品为纽带的城乡一体化

这种城乡一体化关系主要来自习近平总书记在正定工作期间建立城乡之间供需相宜的商品经济体系。

习近平总书记关于工农城乡关系的探索和思考始于正定县。1983年11月1日，他在《大力发展商品经济》的讲话中指出，党的十一届三中全会以来，自给自足的自然经济已经打破，大力发展商品生产已成为农村经济发展的必然趋势，必须尽快从"自然经济"的观念中解放出来，深刻认识和把握商品生产的规律，自觉地、主动地推动其发展。同年12月22日，他在《正确处理发展商品经济的六个关系》的讲话中进一步指出，一定要树立"不抓农业不稳，不抓工业不富，不抓商业不活"的指导思想，站在发展商品经济的高度上总揽全局，实行农工商综合经营，全面发展，开创农村工作的新局面。在把全县经济工作重心转移到发展商品经济上来之后，他又迅速确立了"依托城市、服务城市、打入石市、挤进京津、咬住晋蒙、冲向全国"的"半城郊型"经济发展战略。1984年2月8日，他在《正定适宜走"半城郊型"经济的发展路子》的讲话中指出，所谓"半城郊型"经济，顾名思义就是它既具有"城郊型"经济依托于城市、商品生产比较发达、城乡联系比较密切、工农结合比较紧密的某些特点，又具有一般农村经济的某些特点，是两类经济结合的中间型经济。为此，他又主持出台了《关于把工作重点迅速脚踏实地转移到农、工、多（多种经营）上来的决定》，提出了"投其所好，供其所需，取其所长，补其所短，应其所变"的方针，强调要把全县思想统一到大力发展多种经营、特色种植上来，城市需要什么，我们就种什么；城市需要什么，我们就加工什么。对此，他进一步强调指出，农村工业要大力发展，既为城市大工业拾遗补阙，积极开展来料加工和为城市生活服务的加工业务，又要发展第二产业，搞好农副产品深加工，实现多次增值。1984年6月17日，《人民日报》发表了《正定翻身记》，肯定正定围绕建立新的工农、城乡关系所作的大胆尝试，赞扬正定经济走出了死胡同，做到了利城富乡：既为城市服务，又"掏城市腰包"，在服务他人中发展自己。

（二）"以工促农、以城带乡"的全面实践和思考

自2002年以来，以党的十六大召开为标志，我国城乡关系进入一个新的历史阶段，逐步扭转了长期以来重工轻农、重城轻乡的发展取向，总体上进入城乡统筹发展的阶段。之后，在2004年12月召开的中央经济工作会议首次明确提出了"我国现在总体上已经到了以工促农、以城带乡的发展阶段"的重要论断。这是新时期对加强和促进工业与农业、城市与乡村协调发展所做出的科学判断。2002—2007年，在浙江工作期间，是习近平同志全面探索和思考"以工促农、以城带乡"的阶段。2002年12月，习近平同志指出，要加快城市化进程，充分发挥城市对生产要素的集聚、整合作用，深化城乡二元管理体制改革，积极推进城乡一体化发展。2003年1月，习近平同志指出城乡统筹是解决新时期"三农"问题的"金

钥匙"；同年6月，启动了"千村示范、万村整治"，并强调这是一项统筹城乡发展、全面建设小康社会的重要的实际行动，是促进地区之间、城乡之间、经济与社会之间、人与自然之间协调发展的重要举措。2004年，习近平同志实施了全国第一个省级层面的城乡一体化发展纲要，明确指出要进一步强化城乡产业内在联系，以工业化的理念推进农业产业化。他强调："统筹城乡经济社会发展，逐步打破城乡二元结构，不断提高城乡居民的生活水平和质量，努力形成以城带乡、以工促农、城乡一体化发展的格局。"① 2005年，习近平同志提出了做好新时期"三农"工作"五个务必"的要求，他在《大力实施统筹城乡发展方略，加快浙江全面建设小康社会进程》一文中，总结了浙江省在统筹城乡发展、推进城乡一体化的"八个方面"的工作。2006年1月，他在《"三化"带"三农"，城乡共繁荣》一文中指出，"工农关系、城乡关系始终是现代化建设进程中必须处理好而又容易出偏差的一个具有全局意义的问题"。8月，他在浙江省城市工作会议上强调指出，坚定不移地走资源节约、环境友好、经济高效、社会和谐、大中小城市和小城镇协调发展、城乡互促共进的新型城市化道路。

（三）构建新型工农城乡关系

到中央工作后，习近平总书记开始站在全国高度，

---

① 习近平：《用"三个代表"重要思想指导新实践》，《人民日报》2003年8月25日第9版。

全面、系统思考推动形成新型工农城乡关系。党的十八大报告指出，要"形成以工促农、以城带乡、工农互惠、城乡一体的新型工农、城乡关系"①。这为实现城乡发展一体化指出了更加明确的方向和目标。2013年3月，他在参加十二届全国人大一次会议江苏代表团座谈时指出，搞城镇化，不能单兵突进，而是要协同作战，做到工业化和城镇化良性互动、城镇化和农业现代化相互协调。2013年11月，党的十八届三中全会关于全面深化改革的决定明确作出了"城乡二元结构是制约城乡发展一体化的主要障碍"的判断，并提出"必须健全体制机制，形成以工促农、以城带乡、工农互惠、城乡一体的新型工农城乡关系，让广大农民平等参与现代化进程、共同分享现代化成果"。② 2015年4月30日，习近平总书记在中共中央政治局第二十二次集体学习时强调指出，要把工业和农业、城市和乡村作为一个整体统筹谋划，促进城乡在规划布局、要素配置、产业发展、公共服务、生态保护等方面相互融合和共同发展。着力点是通过建立城乡融合的体制机制，逐步实现城乡居民基本权益平等化、城乡公共服务均等化、城乡居民收入均衡化、城乡要素配置合理化，以及城乡产业发展融合化。在党的十

---

① 胡锦涛：《坚定不移沿着中国特色社会主义道路前进 为全面建成小康社会而奋斗——在中国共产党第十八次全国代表大会上的报告》，人民出版社2012年版，第24页。

② 《中共中央关于全面深化改革若干重大问题的决定》，载中共中央文献研究室编《十八大以来重要文献选编》（上），中央文献出版社2014年版，第523页。

九大报告中，习近平总书记又提出了"两个融合发展"，即"建立健全城乡融合发展体制机制和政策体系"和"促进农村一二三产业融合发展"。这有利于更好地推动城市人才、技术、资金等发展要素下乡，更好地实现以工促农、工农互惠发展。

四　健全城乡融合发展的体制机制

党的十八大以来，习近平总书记站在新的战略高度，全面、系统地思考建立健全城乡融合发展的体制机制。2008年3月，他在参加十一届全国人大一次会议陕西代表团审议时强调，要以改革创新的精神围绕统筹城乡发展，建立以工促农、以城促乡的长效机制，形成城乡发展一体化的格局。2008年5月，习近平同志在山东考察时强调：要坚持统筹兼顾，促进经济与社会以及各项社会事业之间的协调发展。2011年8月，他在四川调研时强调，要继续按照城乡发展一体化要求，努力破除城乡二元结构的体制障碍，大力发展农村公共事业，逐步实现城乡之间、不同群体之间公共服务均等化，进一步推动城乡相互促进、协调发展。2013年10月，他在全国改善农村人居环境工作会议上指出，各地开展新农村建设，应坚持因地制宜、分类指导，规划先行、完善机制，突出重点、统筹协调，通过长期艰苦努力，全面改善农村生产生活条件。2015年4月30日，习近平总书记在中共中央政治局第二十二次集体学习时指出，健全城乡发展一体化体制机制，是一项关系全局、关系长远的重大任务。各地区各部门要充分认识这项任务的重要性和紧迫性,加强顶层设计,加强系统谋划,加强体制机制创新,采取有针对性的政策措施,力争不断取得突破性进展,逐步实现高水平的城乡发展一体化。

如何健全城乡发展一体化体制机制,党的十八届三中全会提出了相应的改革举措,包括加快构建新型农业经营体系、赋予农民更多财产权利、推进城乡要素平等交换和公共资源均衡配置等。

(一) 要加大农村改革力度,推进城乡融合发展体制机制的建立

2016年4月25日,习近平总书记在农村改革座谈会上强调,加大推进新形势下农村改革力度,促进农业基础稳固农民安居乐业。小岗村是农村改革的主要发源地。在小岗村大包干等农业生产责任制基础上形成的以家庭承包经营为基础、统分结合的双层经营体制,是中国共产党农村政策的重要基石。改革开放以来农村改革的伟大实践,使中国农业生产、农民生活、农村面貌发生了巨大变化,为中国改革开放和社会主义现代化建设做出了重大贡献。这些巨大变化,使广大农民看到了走向富裕的光明前景,坚定了跟着中国共产党走中国特色社会主义道路的信心。对农村改革的成功实践和经验,要长期坚持、不断完善。完善农村基本经营制度,要顺应农民保留土地承包权、流转土地经营权的意愿,把农民土地承包经营权分为承包权和经营权,实现承包权和经营权分置并行。习近平总书记指出,深化农村改革需要多要素联动。要在坚持和完善农村基本经营制度的同时，着力推进农村集体资产确权到户和股份合作制改革，加快构建新型农业经营体系，推进供销合作社综合改革，健全农业支持保护制度，促进农业转移人口有序实现市民化，健全城乡发展一体化体制机制。

（二）要稳步推进农村改革，赋予农民更多财产权利

在稳步推进农村改革进程中，要依法维护农民土地承包经营权，保障农民集体经济组织成员权利，保障农户宅基地用益物权，慎重稳妥推进农民住房财产权抵押、担保、转让试点。一直以来，习近平总书记都心系农民的财产权利。2013年7月22日，习近平总书记在武汉考察农村综合产权交易所时强调指出，要好好研究农村土地所有权、承包权、经营权三者之间的关系，土地流转要尊重农民意愿、保障基本农田和粮食安全，要有利于增加农民收入。[①] 2013年11月，习近平总书记在山东考察时指出，要稳步推进农村改革，创造条件赋予农民更多财产权利。2014年9月29日，习近平总书记在中央全面深化改革领导小组第五次会议上指出，要让农民成为土地适度规模经营的积极参与者和真正受益者；积极发展农民股份合作、赋予集体资产股份权能改革试点的目标方向，是要探索赋予农民更多财产权利，明晰产权归属，完善各项权能，激活农村各类生产要素潜能，建立符合市场经济要求的农村

---

① 《坚定不移全面深化改革开放　脚踏实地推动经济社会发展》，《人民日报》2013年7月24日第1版。

集体经济运营新机制。①

（三）要深化改革，推进城乡要素平等交换和公共资源均衡配置

深化改革，推进城乡要素平等交换和公共资源均衡配置，主要是保障农民工同工同酬，保障农民公平分享土地增值收益；完善农业保险制度；鼓励社会资本投向农村建设，允许企业和社会组织在农村兴办各类事业；统筹城乡义务教育资源均衡配置，整合城乡居民基本养老保险制度、基本医疗保险制度，推进城乡最低生活保障制度统筹发展，稳步推进城镇基本公共服务常住人口全覆盖，把进城落户农民完全纳入城镇住房和社会保障体系。2015年4月30日，习近平总书记在中共中央政治局第二十二次集体学习时指出，我们一定要抓紧工作、加大投入，努力在统筹城乡关系上取得重大突破，特别是要在破解城乡二元结构、推进城乡要素平等交换和公共资源均衡配置上取得重大突破，给农村发展注入新的动力，让广大农民平等参与改革发展进程、共同享受改革发展成果。

五　让广大农民共享改革发展成果

让广大农民共享改革发展成果，是推进城乡融合发展始终坚持的指导思想。

---

① 《严把改革方案质量关督察关　确保改革改有所进改有所成》，《人民日报》2014年9月30日第1版。

（一）让广大农民共享改革发展成果和得实惠，是推进城乡融合发展的出发点和落脚点

习近平总书记指出，城乡"一体化"，绝不是将城市无限制地向农村地区延伸，而是针对"三农"实际，建立与城市和城市居民同等的各项公共服务，让农民共享现代化发展成果。2006年3月，时任浙江省委书记的习近平同志向中央电视台记者介绍浙江新农村建设时指出，推进公共资源的投向由城市为主向更多地倾斜农村转变，加大对农村的扶持，在农村的基础设施建设、社会事业发展、粮食安全保障、社会保障等方面应主要由公共财政承担，而不能增加农民负担。[①] 同年8月，他在一次座谈会上指出，统筹城乡发展，根本的出发点和落脚点是让老百姓得实惠，使广大农民共享改革发展成果。[②] 2011年8月，时任国家副主席的习近平同志在考察四川省双流县三星镇南新村时强调，要继续按照城乡发展一体化要求，努力破除城乡二元结构的体制障碍，大力发展农村公共事业，逐步实现城乡之间、不同群体之间公共服务均等化，进一步推动城乡相互促进、协调发展。

2013年，他在山东考察时指出，一手抓城镇化，一手抓新农村，即使将来城镇化达到70%，30%的人还在农村

[①] 参见汝信、付崇兰《中国城乡一体化发展报告（2013）》，社会科学文献出版社2013年版，第13页。

[②] 《加大城乡统筹发展力度 加快社会主义新农村建设》，《解放日报》2007年8月24日第1版。

生活。要通过推进基本公共服务均等化，发展现代农业，积极推进新农村建设，让农村成为农民幸福生活的美好家园。在党的十八届三中全会上，习近平总书记首次指出，要赋予农民更多的财产权利的共享发展目标和任务，让农民不仅是现代化的建设者，而且是现代化成果的享有者。在党的十九大报告中，习近平总书记进一步指出，履行好政府再分配调节职能，加快推进基本公共服务均等化，缩小收入分配差距。①

（二）让广大农民共享改革发展成果，必须坚持"以人为本"的城乡一体化价值取向

2013年12月，习近平总书记在中央城镇化工作会议上强调指出：在我们这样一个拥有十三亿多人口的发展中大国实现城镇化，在人类发展史上没有先例。粗放扩张、人地失衡、举债度日、破坏环境的老路不能再走了，也走不通了。在这样一个十分关键的路口，必须走出一条新型城镇化道路，切实把握正确的方向。② 同时，他指出，新型城镇化道路就是要"以人为本。推进以人为核心的城镇化，提高城镇人口素质和居民生活质量，把促进有能力在城镇稳定就业和生活的常住人口有序实现市民化作为首要

---

① 习近平：《决胜全面建成小康社会 夺取新时代中国特色社会主义伟大胜利——在中国共产党第十九次全国代表大会上的报告》，人民出版社2017年版，第47页。
② 习近平：《在中央城镇化工作会议上的讲话》，载中共中央文献研究室编《十八大以来重要文献选编》（上），中央文献出版社2014年版，第590页。

任务"①。此后，让老百姓得实惠的思想进一步上升为坚持"以人为本"的基本原则，即推进以人为核心的城镇化，成为习近平总书记科学把握城乡关系、推进城乡一体化发展的基本价值取向，在很多讲话中被反复强调。习近平总书记指出："持续进行的新型城镇化，将为数以亿计的中国人从农村走向城市、走向更高水平的生活创造新空间。"② 但新型城镇化绝非圈地造城，不是土地城镇化，而是人口城镇化，新型城镇化不仅是住在城中，更是幸福在城中，其实质是经济和社会的现代化，根本目的是让更多的居民定居城镇享受现代物质文明和精神文明。"人口城镇化，幸福在城中"就是要创造和完善各种条件，满足城镇居民的现代化物质和精神需求，提高城镇人口素质和居民生活质量，促进人的全面发展；要把有序推进农村转移人口市民化作为首要任务，加快户籍制度改革，努力构建城镇产业支撑体系，加强农民工职业培训，解决好进城农民的户籍、就业和支付能力问题，使农村转移人口市民化与城镇化同步发展，让他们能真正平等地享受现代化发展成果；要推动城镇基本公共服务覆盖常住人口，保障进城农民和随迁子女的基本公共权利，促进农业转移人口真正融入城镇生活。新阶段推进以人为本的新型城镇化，最终落实在中央具体的施政目标任务上。2014年中央农村工作

---

① 习近平：《在中央城镇化工作会议上的讲话》，载中共中央文献研究室编《十八大以来重要文献选编》（上），中央文献出版社2014年版，第592页。

② 习近平：《深化改革开放，共创美好亚太》，载《习近平谈治国理政》，外文出版社2014年版，第345页。

会议提出，要着重解决好现有"三个1亿人"的问题。为了凸显以人为本的城镇化，国家"十三五"规划的城镇化率也由过去单一的常住人口城镇化率，调整为常住人口城镇化率和户籍人口城镇化率。

第七章

建设社会主义新农村

农业丰则基础强，农民富则国家盛，农村稳则社会安。农村是否稳定繁荣直接关系到国家的稳定繁荣和现代化建设的成败。长期以来，党中央、国务院高度重视农村的发展与进步、和谐与稳定。当前，社会主义新农村建设依旧是全党工作的重中之重。党的十八大报告指出要"坚持把国家基础设施建设和社会事业发展重点放在农村，深入推进新农村建设"。① 党的十九大报告明确指出要坚定"实施乡村振兴战略"和"坚持农业农村优先发展"。② 习近平总书记始终心系农村，在多个场合分别提出了"要继续推进社会主义新农村建设，为农民建设

---

① 胡锦涛：《坚定不移沿着中国特色社会主义道路前进 为全面建成小康社会而奋斗——在中国共产党第十八次全国代表大会上的报告》，人民出版社2012年版，第23页。

② 习近平：《决胜全面建成小康社会 夺取新时代中国特色社会主义伟大胜利——在中国共产党第十九次全国代表大会上的报告》，人民出版社2017年版，第32页。

幸福家园和美丽乡村"①"新农村建设一定要走符合农村实际的路子"②"农村稳定是广大农民切身利益"③"加快农村发展，要紧紧扭住发展现代农业、增加农民收入、建设社会主义新农村3大任务"④"农业强不强、农村美不美、农民富不富，决定着全面小康社会的成色和社会主义现代化的质量"⑤等一系列重要的新理念新思想。这些新理念新思想深刻阐明了新时代农村建设与发展的重大理论和现实问题，对新时代推动社会主义新农村建设、探索具有中国特色社会主义乡村振兴发展道路、实现农村社会和谐稳定、实现乡村振兴具有根本性的指导作用。

一 走符合农村实际的路子

早在20世纪50年代农业合作化时期，党和国家就提出过"建设社会主义新农村"的号召，并进行了一定的实践探索。但真正将社会主义新农村建设作为党的重大决策

---

① 习近平：《在中央农村工作会议上的讲话》，载中共中央文献研究室编《十八大以来重要文献选编》（上），中央文献出版社2014年版，第682页。

② 《坚决打好扶贫开发攻坚战　加快民族地区经济社会发展》，《人民日报》2015年1月22日第1版。

③ 《加大推进新形势下农村改革力度　促进农业基础稳固农民安居乐业》，《人民日报》2016年4月29日第1版。

④ 同上。

⑤ 《写好乡村振兴大文章》，《光明日报》2018年3月9日第1版。

是在党的十六大之后。2005年10月，党的十六届五中全会首次将社会主义新农村（以下简称新农村）建设作为中国现代化进程中一项重大历史任务提出，并全面实施，这标志着中国的农村建设进入了一个新的历史发展阶段。2017年10月，习近平总书记在党的十九大报告中明确提出实施乡村振兴战略。实施乡村振兴战略，要建设一个什么样的乡村？从某种意义上说，就是要求我们按照"产业兴旺、生态宜居、乡风文明、治理有效、生活宽裕"的新要求建设新时代的新农村。同年年底，中央农村工作会议召开，首次提出走中国特色社会主义乡村振兴之路，并深刻阐述了什么是中国特色社会主义乡村振兴之路，怎样走好中国特色社会主义乡村振兴之路，这实际上为我们描绘了我国农村发展今后30多年的美好蓝图，反映了党的农村发展战略思想的与时俱进。

　　自新农村建设这一伟大历史任务提出和实施以来，中央及各级地方政府在政策、资金等各个方面持续加大对农村的倾斜和支持力度，新农村建设取得了巨大成就。一些地方成功地探索出符合当地实际、群众满意的经验和做法，但也有一些地方在新农村建设过程中偏离了客观实际，违背了农村发展的内在规律，损害了广大农民的利益。突出表现在把系统性的新农村建设简单理解为单一的村容村貌整治，在建设过程中急功近利，急于求成，盲目攀比，违背民意，将新农村建设建成了形象工程、政绩工程甚至举债工程，背离了新农村建设的使命和初衷，也导致一些农村逐渐失去其特色。这与新农村建设在全国全面实施之际，党中央所强调的在新农村建设中，必须坚持实事求是的原则，全面落实科学发展观①的精神和要求是相悖的，同时也违背了中国共产党一贯坚持的实事求是的思想路线。

建设新农村是一项宏伟庞大的复杂系统工程，是一项繁重而长期的历史任务，内容丰富，涉及面广，涵盖经济、社会、政治、文化、党建和生态等各个方面，利益关系错综复杂，是与社会主义现代化建设相一致的长期过程。建设新农村必须遵循农村发展的内在规律，坚持实事求是的思想路线，切实走符合农村实际的路子。只有这样，才能将中央各项精神落到实处，才能将新农村建设好。

习近平同志无论是在地方任职期间，还是担任党和国家领导人以来，都始终强调坚持实事求是、一切从实际出发这一基本工作方法。2015年1月20日，习近平总书记在云南考察时强调，新农村建设一定要走符合农村实际的路子，遵循乡村自身发展规律，充分体现农村特点，注意乡土味道，保留乡村风貌，留得住青山绿水，记得住乡愁。② 这不仅从理论上为我们推进新农村建设指明了方向，提供了思想指引，而且从文化和面貌上为我们绘制了新农

---

① 2005年之后，党中央又相继提出了一系列关于社会主义新农村建设的思想，强调：建设社会主义新农村是一项长期的历史任务；党的领导是建设社会主义新农村的根本保证；建设社会主义新农村需要全党全社会共同努力；在社会主义新农村建设中，必须坚持实事求是的原则，全面落实科学发展观；等等。

② 《坚决打好扶贫开发攻坚战 加快民族地区经济社会发展》，《人民日报》2015年1月22日第1版。

村建设的具体景象。①

（一）新农村建设要充分体现农村特点

当前，在推进新农村建设中有一个误区，就是按照城市的理念和方式来设计、规划和建设农村，从而导致大量的村庄被拆，取而代之的是以一幢幢高楼为标志的新农村社区。这种方式尽管改善了农民的居住环境，却破坏了乡村原有的特征和风貌，甚至损毁了许多有地方特色、有文物价值的物质文化遗产，同时也给农民带来了极大的不便。农村有着不同于城市的自然风貌、空间形态、生产方式、生活习惯、传统文化，搞好新农村建设不能简单照搬城市风格，盲目贪大求洋，让农村从表面变成城市，空有美丽的外壳，而要彰显"望得见山、看得见水、记得住乡愁"的特色，最大限度地体现农村的特点，保留乡村风貌，突出农家气息，彰显田园风光，让农村成为广大农民安居乐业的美好家园。② 新农村建设是建成更美好的农村、更发达的农村。如果一味用城市理念和方式来建设和改造农村，按照城市建设的办法来解决乡村问题，将会导致更多的问题。2013 年 12 月，习近平总书记在中央农村工作会议上指出："搞新农村建设要注意生态环境保护，注意乡土味道，体现农村特点，

---

① 韩喜平：《新农村建设要走符合农村实际之路》，《辽宁日报》2015 年 3 月 17 日第 7 版。

② 《美丽乡村要有"乡村味道"》，《重庆日报》2015 年 4 月 14 日第 1 版。

保留乡村风貌，不能照搬照抄城镇建设那一套，搞得城市不像城市、农村不像农村。"①

（二）新农村建设要符合乡村发展规律

当前，中国正处于一个剧烈的社会转型阶段，农村内外部环境和条件发生了巨大而深刻的变化，新农村建设既要遵循社会发展的一般规律，又要充分考虑中国农村的实际情况，更要准确认识和把握住新常态下农村经济社会发展过程中呈现出的新特点。从根本上讲，建设新农村一方面要充分认识到它的长期性、艰巨性及复杂性，另一方面要遵循农村发展的内在规律，保护好农村的生态环境，守住乡村伦理，传承乡村文明；同时，要运用马克思主义的基本原理和方法，从历史与发展的综合视角，在正确认识乡村存在价值与功能的基础上，充分考虑中国经济社会转型、城乡人口转移、农村人口结构改变等现实问题，与未来农村发展的规律、城镇化演变的规律相结合，进而推动城乡协调发展，古村落的保护与发展，经济与环境保护协调发展，农业与第二、第三产业融合发展等。通过新农村建设实现农村经济、社会、政治、文化、生态文明建设和党的建设全面发展，切实改善农村的生产生活条件，优化农村的生态环境，丰富农村的文化生活，使农民在生产、生活和文化上都能获益。

---

① 习近平：《在中央农村工作会议上的讲话》，载中共中央文献研究室编《十八大以来重要文献选编》（上），中央文献出版社2014年版，第683页。

(三)新农村建设要尊重农民的意愿,保护农民的利益

农民是新农村建设的主体,也是新农村建设成效的受益者。新农村建设离不开农民的广泛参与,没有广大农民参与的新农村不能称为真正意义上的新农村。对于建设什么样的新农村,农民最具有发言权、选择权,因此,推进新农村建设应坚持以人为本的原则,以尊重农民意愿、维护农民利益、增进农民福祉为根本出发点来制定相关方针和政策,只有这样才能真正保护广大农民的根本利益。走群众路线是农村一切工作的出发点和落脚点。近年来,一些地方在新农村建设中出现了干部热情高、农民冷眼瞧、农民不满意、干部不落好的现象。其重要原因之一就是决策者在推进新农村建设的过程中,没有充分考虑到农村的实际情况和农民的实际需求,忽略或忽视了农民的真实想法、意愿和自主决策权。因此,新农村建设在任何时候都必须尊重农民意愿、维护农民权益,把选择权交给农民,只有这样才能发挥农民的主体作用,才能真正调动农民的积极性;只有这样才能使新农村建设的各项决策更加符合实际、更加科学有效;只有这样才能使新农村建设成为真正造福于民的民生工程。

(四)城市和乡村要协调发展

从历史的、系统的和融合发展的观点来看,城市和乡村血脉相融、地域相连,是不可分割的有机整体。改革开

放以来，随着农村各项改革的深入推进，农村经济发展和社会面貌发生了翻天覆地的变化，农业生产水平明显提高，农民生活质量显著改善。但在发展过程中，由于中国长期以来实行的是以经济建设为重心、重城市轻农村的发展导向，城乡发展差距和不协调问题一直比较突出，群众在就业、教育、医疗、居住、养老等方面还存在不少难题，农业还是"四化同步"的短腿，农村还是全面建成小康社会的短板。

加快补齐农业短腿和农村短板必须深入推进新农村建设。通过新农村建设提高农村发展水平，缩小城乡二元差距，推动城乡协调发展。当前，中国已经进入工业反哺农业、城市支持农村的发展新阶段，迫切需要从构建新型城乡关系的角度来推进新农村建设，实现城乡协调发展和共同治理。党的十八大报告指出，要"形成以工促农、以城带乡、工农互惠、城乡一体的新型工农、城乡关系"[①]。2013年11月，党的十八届三中全会指出，坚持走中国特色新型城镇化道路，促进城镇化和新农村建设协调推进。[②] 2015年，中央一号文件明确提出将围绕城乡发展一体化深入推进新农村建设作为一项重要任务，并强调要繁荣农村必须坚持不懈推进新农村建设。2017年年底召开的中央农

[①] 胡锦涛：《坚定不移沿着中国特色社会主义道路前进　为全面建成小康社会而奋斗——在中国共产党第十八次全国代表大会上的报告》，人民出版社2012年版，第24页。

[②] 《中共中央关于全面深化改革若干重大问题的决定》，载中共中央文献研究室编《十八大以来重要文献选编》（上），中央文献出版社2014年版，第524页。

村工作会议明确指出，走中国特色社会主义乡村振兴道路，必须重塑城乡关系，走城乡融合发展之路；加快形成工农互促、城乡互补、全面融合、共同繁荣的新型工农城乡关系。①

习近平总书记明确指出，"农村不能成为荒芜的农村、留守的农村、记忆中的故园"②，城镇化要发展，农业现代化和新农村建设也要发展，同步发展才能相得益彰③，"要破除城乡二元结构，推进城乡发展一体化，把广大农村建设成农民幸福生活的美好家园"④。他还指出：一个地方的发展，关键在于找准路子、突出特色。欠发达地区抓发展，更要立足资源禀赋和产业基础，做好特色文章，实现差异竞争、错位发展。抓扶贫开发，要紧紧扭住增加农民收入这个中心任务、健全农村基本公共服务体系这个基本保障、提高农村义务教育水平这个治本之策，突出重点，上下联动，综合施策，走中国特色现代化农业道路。⑤ 千万不要让农业现代化和新农村建设掉了队，否则很难支撑全面小康

---

① 《中央农村工作会议在北京举行》，《人民日报》2017年12月30日第1版。

② 习近平：《在中央农村工作会议上的讲话》，载中共中央文献研究室编《十八大以来重要文献选编》（上），中央文献出版社2014年版，第682页。

③ 《筑好康庄大道 共圆小康梦想》，《人民日报》2014年4月29日第1版。

④ 中共中央文献研究室编：《习近平关于协调推进"四个全面"战略布局论述摘编》，中央文献出版社2015年版，第32页。

⑤ 《认真贯彻党的十八届三中全会精神 汇聚起全面深化改革的强大正能量》，《人民日报》2013年11月29日第1版。

社会这一片天。①

习近平总书记的这些论述深刻阐释了正确看待和处理城镇化与农业现代化、新农村建设的辩证关系。要求我们在推进新型城镇化的同时，绝不能忽视农村发展，必须同步加快新农村建设。要将新农村建设置于城乡一体化的大框架中来推进，实现城镇化与新农村建设的双轮驱动和良性互动。

当前，中国特色社会主义进入新时代，建设新农村必须遵循城乡经济关系演变的内在规律，坚持协调发展观，坚定不移地落实党的十九大报告指出的乡村振兴战略，把新农村建设与新型城镇化统筹起来考虑，切实把农业农村放在优先发展位置，严格按照"产业兴旺、生态宜居、乡风文明、治理有效、生活富裕"的总要求，建立健全城乡融合发展体制机制和政策体系，抓住重点任务的有效落实，推进城乡公共资源均衡配置、城乡要素平等交换，稳步提高城乡基本公共服务均等化水平，最终实现城乡共同发展、共同繁荣、共同富裕。从政府公共财政提供基本公共服务来看，要实现城乡协调发展，基础设施建设要向农村延伸，各项基本公共服务提供要实现广大农村全覆盖，更多文化事业发展要向农村倾斜，要让广大农民也能享受到改革的红利。

---

① 《大力学习弘扬焦裕禄精神》，《人民日报》2014年3月19日第4版。

二　新农村建设要因地制宜

中国地域辽阔，目前全国有 2800 多个县（市、区）、近 4 万个乡镇、58 万多个行政村、300 多万个自然村，各地农村经济社会发展不平衡，自然条件和资源禀赋差异大，民族文化各具特色，村庄类型不一样，发展过程和起点也不一样，新农村建设的水平有高有低，面临的主要问题和任务不同，各地在推进新农村建设过程中，必须坚持因地制宜的原则，不能搞"齐步走"和"一刀切"，不能采取一个模式、一种方法、一个标准建到底。当前，各地在新农村建设中出现的有新房没新村、看着光鲜住着心酸、有面子无里子等不合时宜的现象，特别是有些地方采取大拆大建、推倒重来的方式建成"千村一面"的房子，或仅仅限于外墙刷白、涂脂抹粉等面子工程、形象工程，与农民的现实需求还存在较大的差距，其本质都违背了因地制宜的原则。这不仅加重了政府的财政负担，而且严重挫伤了农民参与新农村建设的积极性。很明显，这样的建设方式偏离了新农村建设的正确轨道。推进新农村建设要注重立足当地自然禀赋、客观实际，既要突出地域、民族特色和历史文化特点，又要能满足现代居民生活方式的要求，符合农村农民生活习惯及农业生产要求。

习近平总书记一贯坚持一切从实际出发，因地制宜解决问题，并多次强调，新农村建设要体现科学发展的理念，坚持因地制宜、分类实施的原则，注重规划的引领作用。建设社会主义新农村，要规划先行，遵循乡村自身发展规律，补农村短板，扬农村长处，注意乡土味道，保留乡村风貌，留住田园乡愁。要因地制宜搞好农村人居环境综合整治，创造干净整洁的农村生活环境。① 2006年，习近平同志提出："建设社会主义新农村必须坚持因地制宜、分类指导，以点带面、典型示范，民主决策、规范运作。"② "科学规划是建设社会主义新农村的基础……新农村建设的具体规划，要按照统筹城乡发展的思路……充分体现出农村社区的区域特点、文化特征，形成特色、注重品位、突出魅力……围绕特色做文章，杜绝盲目攀比，反对贪大求洋，防止照搬照抄，避免千村一面……走出一条各具特色的整治美村、富民强村的路子。"③

在新农村建设过程中，要立足长远，从发展的视角对村庄的发展进行系统、科学、全面的战略规划，由过去重视整齐"面子工程"向"千村万面""尊重乡土本色"转变。具体来说，就是按照习近平总书记强调的，要坚持因地制宜、量力而行、规划先行，综合考虑村庄既有的资源禀赋、所处地域特征、农民意愿以及乡村文化等多种因素来制定发展战略，确保新农村建设"不走样、原生态"，要保留农村的风貌，要看得见山、看得见水、记得住乡

---

① 《加大推进新形势下农村改革力度　促进农业基础稳固农民安居乐业》，《人民日报》2016年4月29日第1版。

② 习近平：《建设新农村要体现因地制宜原则》，载《之江新语》，浙江人民出版社2007年版，第220页。

③ 习近平：《从规划开始强化特色》，载《之江新语》，浙江人民出版社2007年版，第221页。

愁。为此，应做到如下三点。

（一）结合实际，做好规划

规划问题，是新农村建设的首要问题。新农村建设不仅是一项涉及农村全面发展的系统工程，更是一项需要通过全国每个村庄和乡镇持续、稳定、健康发展的长期工程。近些年来，农村实现了快速发展，同时也伴随着出现了一些问题，如将村庄原有房屋推倒或另建，破坏了村庄的原始风貌，不利于新农村建设，这主要是因为缺乏规划。因此，要推进新农村建设，必须进行科学、合理、系统的规划，只有规划先行，才能保证新农村建设稳步推进。2015年7月，习近平总书记在吉林调研时再次强调，新农村建设要坚持规划先行。[①] 制定规划要坚持高起点定位、高标准设计，与农村生产、生活、生态、社会、文化等一系列功能的全面发挥相结合，充分考虑区域的长远发展，做到一定时期内不落后，以适应农村现代化建设的需要，这样农民才能得到实惠。

（二）立足实际，分类实施

分类实施是推进新农村建设的主要原则之一。中国广大农村地区按照自然地貌大致可以分为平原、丘陵、盆地、山地等不同类型；按照地域分类原则可以分为东部、中部、西部地区；按照经济发展水平可以分为发达地区、

[①]《保持战略定力增强发展自信 坚持变中求新变中求进变中突破》，《人民日报》2015年7月19日第1版。

中等发达地区和落后地区；按照村庄类型可以分为传统型、传统格局基本保持型、传统与现代并存型和现代社区型地区等。在推进新农村建设过程中，不同地区、不同经济发展水平、不同类型的村庄应坚持分类实施的原则，采取不同的发展模式，结合每个村庄的经济发展水平、地形、结构、民族、文化、传统等因素，打造出特色鲜明的新农村。但很多地方在新农村建设过程中过多地采用了"一刀切""齐步走"的做法，由此造成了比较严重的"千村一面"的现象。2013年10月，习近平总书记指出，各地开展新农村建设，应坚持因地制宜、分类指导，规划先行、完善机制，突出重点、统筹协调，通过长期艰苦努力，全面改善农村生产生活条件。[①]

（三）因地制宜，突出重点

新农村建设要因地制宜、因势利导，突出重点，重点处理好关系村庄发展的重大问题，着力解决好关系民生的现实问题。在产业发展上，基于不同村庄的自然条件和产业基础，因地制宜调整农村产业结构，找到最适合当地发展的路径，不能陷入村村户户同质的产业发展模式。在人居环境改善上，不能搞大拆大建、千篇一律，应充分考虑自然条件、交通区位因素，保存并维护村庄中具有一定历史价值、艺术价值的传统建筑；同时，要搞好厕所的生态改造、生活垃圾和污水处理等问题。在

---

① 《全面改善农村生产生活条件》，《人民日报》（海外版）2013年10月10日第1版。

文化建设中,应从文化底蕴着手,在传承民族文化和保留民风民俗、丰富村民的公共娱乐文化生活、提高农村居民的文化素质上做文章。在党的建设上,要重点完善村民民主政治权利和加强社会管理。总的来看,新农村建设应因地制宜,突出重点。

三 推进美丽乡村建设

改革开放以来,中国共产党始终坚持把"三农"作为全党工作的"重中之重",始终注重保护和调动农民的积极性,始终坚持把改革创新作为根本动力,在促进农业发展方面迈出了实质性步伐,在增进农民福祉方面实现了突破性进展,在改变农村面貌方面取得了历史性成就。同时,也必须清醒地看到,由于包括农业农村经济发展在内的中国经济的发展,是一种依靠拼资源、拼投入、高消耗、高污染、低效益的增长方式,已经给农业农村发展带来了前所未有的生态压力和环境约束。同时,在国家现代化进程中,乡村受到城镇化的时代潮流裹挟,传统农业文明受到现代文明的冲击,乡土中国正在经历千年未有之变局,农村在快速发展的同时出现了村落空心化、优秀传统文化和乡村文明消失的现象。

2013年,中央一号文件提出了建设美丽乡村的奋斗目标,并作出了具体的战略部署。这标志着中国共产党站在新的历史起点上,第一次从统筹城乡发展战略高度开始思考并布局"建设什么样的美丽乡村,怎样建设美丽乡村"

这个关乎9亿多农村人口发展的重大问题。①

习近平总书记指出,"中国要美,农村必须美"②,这一论断明确了美丽乡村与美丽中国的辩证关系,既表明了中央对建设美丽乡村的高度重视,更肯定了美丽乡村在美丽中国建设中的地位。作为美丽中国建设的重要组成部分,美丽乡村建设是新农村建设的延续和升级,是"美丽中国"和"生态文明"在中国农村的重要实践形式,是统筹城乡发展中的一次重大创新。美丽乡村建设更注重农业农村的可持续发展,更注重农村居民幸福生活指数的提高,更注重优秀乡土文化的传承、保护和繁荣,更注重城乡之间的协调发展和互惠一体。

美丽乡村建设的根本出发点和落脚点顺应了广大农民群众对生态家园、人居环境和精神生活的美好期盼。习近平总书记指出,要破除城乡二元结构,推进城乡发展一体化,把广大农村建设成农民幸福生活的美好家园。③ 实际上,这就是美丽乡村建设的方向和目标。在新的历史时期,要提升新农村建设的能力,继续推动城乡一体化建设,让农业成为有奔头的产业,让农村成为农民生活的美

---

① 2013年,中国常住人口城镇化率为53.7%,户籍人口城镇化率为36.0%,据此推算,中国农村常住人口为6.30亿,户籍人口为8.71亿。

② 习近平:《在中央农村工作会议上的讲话》,载中共中央文献研究室编《十八大以来重要文献选编》(上),中央文献出版社2014年版,第658页。

③ 《坚定不移全面深化改革开放 脚踏实地推动经济社会发展》,《人民日报》2013年7月24日第1版。

好家园，成为农民大有作为的广阔天地。

（一）美丽乡村建设是新农村建设的深化和提升

2005年10月11日，党的十六届五中全会通过的《中共中央关于制定国民经济和社会发展第十一个五年规划的建议》明确提出了建设新农村的重大历史任务，并提出了"生产发展、生活宽裕、乡风文明、村容整洁、管理民主"的总体要求，这意味着中央在农村的发展思路上乃至推进现代化思路上的重大转变，即中央提出建设新农村，完全不同于仅仅让农村问题在现代化过程中自然而然得到化解的思路，不只是把农村看作问题和包袱，单纯去转移农民，而是要建设新农村，实现城乡共同繁荣，使生活在农村的人们也可以过上美好的生活，并分享到中国现代化的好处。2013年，中央一号文件进一步提出要"深入推进社会主义新农村建设"，并在农村生态文明建设部分提出"努力建设美丽乡村"，这是中央文件首次提出建设"美丽乡村"这一奋斗目标。从新农村建设的提出到美丽乡村建设的实施，表明中央在解决中国乡村发展问题上更加注重以生态文明理念为指导建设更高水平的新农村，从而把新农村建设推上一个新的高度和层次。

从深层本质上看，美丽乡村建设是在生态文明理念指导下的一次农村综合改革，是新农村建设的升级版，它蕴含着比新农村建设更加深刻和丰富的内涵。它既秉承和发展了新农村建设"生产发展、生活宽裕、乡风文明、村容整洁、管理民主"的宗旨思路，又顺应和深化了对自然客观规律、市场经济规律、社会发展规律的认识和遵循，高度注重和追求生产、生活、生态"三生"和谐发展。从某种意义上讲,美丽乡村包含的是对整个"三农"发展新起点、新高度、新平台的新期待,是贯彻落实"创新、协调、绿色、开放、共享"五大发展理念,全面建成小康社会在农村的具体表达。进一步讲,美丽乡村建设更加关注农业发展方式转变、农业功能多样性发展,更加关注生态环境保护与利用,更加关注传统农业文明传承与发展,实现人与自然、社会和谐相处,实现农村全面可持续发展,从而融入整个国家现代化的进程。

(二)美丽乡村建设是对中国传统生态文化的传承和发展

《管子·牧民》中说"仓廪实而知礼节,衣食足而知荣辱"。衡量一个现代国家的发展水平,不仅要看物质文明,更要看精神文明和生态文明。中国自古以来就有道法自然、天人合一等生态思想。建设生态文明是中华民族永续发展的千年大计。中华文明之所以能够绵延不绝,一个重要原因就是中华民族文化具有崇尚自然的文化传统和天人和谐、物我合一的思想与智慧,这些智慧至今仍闪烁着启示社会文明发展的思想光芒。

党的十九大报告充分肯定了"生态文明建设成效显著",同时也指出"生态环境保护任重道远"。如何保护?党的十九大报告和2018年中央农村工作会议明确指出要坚持人与自然和谐共生。走向生态文明建设的新时代,在美丽中国构想下开展美丽乡村建设的首要目标就是要保护好我们的生态环境。在实现这一目标的过程中,必须坚持人与自然和谐共生，树立和践行"绿水青山就是金山银山"的理念①，"像对待生命一样对待生态环境"②。总的来讲，就是要以生态文明价值观为指导，使农村社会主义物质文明、精神文明、政治文明以及社会建设都发生与生态文明建设内在要求相一致的生态化转向，既要有山清水秀的自然之美，也要有宜居环境之美，更要有人文素质的心灵之美。只有这样才能形成绿色的发展方式和生活方式，使农村真正走上生产发展、生活富裕、生态良好的文明发展道路。

美丽乡村建设的一个重要任务就是在现代元素中融入更多的生态文化元素和乡土文化元素，通过对传统生态文化的传承和发展，着力打造人与自然和谐共处、物质与文化交相辉映、生产与生活互促并进、传统与现代交流互融的幸福家园。具体来看，有以下几个方面。

1. 美丽乡村建设必须践行绿色发展理念，大力推行绿色农业、循环农业、生态农业

习近平总书记指出，农业发展不仅要杜绝生态环境欠新账，而且要逐步还旧账，打好农业面源污染治理攻坚战。③ 面对新的发展形势，必须清醒地认识到资源环境

---

① 习近平：《决胜全面建成小康社会 夺取新时代中国特色社会主义伟大胜利——在中国共产党第十九次全国代表大会上的报告》，人民出版社2017年版，第23页。

② 同上书，第24页。

③ 参见陈锡文《适应经济发展新常态 加快转变农业发展方式——学习贯彻习近平总书记在中央经济工作会议上的重要讲话精神》，《求是》2015年第6期。

的约束，推进农业绿色生态可持续发展，重中之重是围绕"一控两减三基本"的目标①，打好农业面源污染防治攻坚战。2013年11月27日，习近平总书记在山东考察时指出，当前，重点要以解决好地怎么种为导向，加快构建新型农业经营体系；以解决好地少水缺的资源环境约束为导向，深入推进农业发展方式转变。② 这段话阐述了中国特色农业现代化的过程中，要立足资源环境制约，走发展资源节约型农业的道路，实现发展方式的"绿色化"。2018年中央一号文件专门提出，要推进乡村绿色发展，打造人与自然和谐共生发展新格局。

2. 美丽乡村建设必须高度重视农村人居环境改善，加强农村人居环境综合整治

2013年12月，习近平总书记在中央农村工作会议上指出，要推进农村人居环境整治，继续推进社会主义新农村建设，为农民建设幸福家园和美丽乡村。③ 2013年，习近平总书记在河北调研时强调，要进一步重视农村厕所改造，解决好"连茅圈"问题。2014年，习近平总书记在江苏调研考察时指出，解决好厕所问题在新农村建设中具

---

① 指控制农业用水总量和农业水环境污染，减少化肥和农药用量，畜禽粪便、农膜、农作物秸秆基本得到资源化、综合循环再利用和无害化处理。

② 《认真贯彻党的十八届三中全会精神　汇聚起全面深化改革的强大正能量》，《人民日报》2013年11月29日第1版。

③ 习近平：《在中央农村工作会议上的讲话》，载中共中央文献研究室编《十八大以来重要文献选编》（上），中央文献出版社2014年版，第682页。

有标志性意义。① 2017年11月，习近平总书记在就旅游系统推进"厕所革命"工作取得的成效作出重要指示时指出，厕所问题不是小事情，是城乡文明建设的重要方面，不但景区、城市要抓，农村也要抓，要把这项工作作为乡村振兴战略的一项具体工作来推进，努力补齐这块影响群众生活品质的短板。② 也就是说，通过农村"厕所革命"来提高农民的生活质量。

（三）美丽乡村建设要实现对优秀乡土文化的守护与延续

农村是中国传统文明的发源地，乡土文化的根不能断，农村不能成为荒芜的农村、留守的农村、记忆中的故园。当前，中国处于一个大变革、大发展、大融合的时代，伴随城市现代化进程的加快，城市现代文明不断向乡村延伸，农村优秀的乡土文化的个性日益被弱化。美丽乡村建设最重要的目标就是守护文化传统根脉并找到归属感，这就需要我们在美丽乡村建设过程中真正守护好乡土文化，记得住乡愁归属。2017年年底召开的中央农村工作会议明确提出，必须传承发展提升农耕文明，走乡村文化兴盛之路。③

---

① 《主动把握和积极适应经济发展新常态　推动改革开放和现代化建设迈上新台阶》，《人民日报》2014年12月15日第1版。

② 《坚持不懈推进"厕所革命"　努力补齐影响群众生活品质短板》，《人民日报》2017年11月28日第1版。

③ 《中央农村工作会议在北京举行》，《人民日报》2017年12月30日第1版。

乡土文化是中国数千年农耕文明的结晶，对于传承优秀传统文化，陶冶农民的精神生活，引领农村良好社会风尚，有着不可低估的作用。当前，在推进美丽乡村建设的行动中，必须在保护和弘扬乡土优秀文化上下功夫，加大对古村落、古建筑、古文物等乡村物质文化的整修和保护，杜绝一切有可能毁坏历史文物的行为；要努力发掘一些民间民族表演艺术、传统戏剧和曲艺、传统手工技艺、传统医药、民族服饰、民俗活动、农业文化、口头语言等乡村非物质文化，保护和延续良好的民风、民俗等村落的"文化根脉"，将传统文化的精髓与现代文明元素相融合，让美丽乡村建设真正留得下乡土文化，记得住乡愁归属，使村落文化真正焕发出新的生机。

2013年7月22日，习近平总书记在湖北鄂州市考察时指出，实现城乡一体化，建设美丽乡村，是要给乡亲们造福，不要把钱花在不必要的事情上；不能大拆大建，特别是古村落要保护好。① 实际上就是要求保护好传统文化。2013年12月，习近平总书记在中央城镇化工作会议上强调，要体现尊重自然、顺应自然、天人合一的理念，依托现有山水脉络等独特风光，让城市融入大自然，让居民望得见山、看得见水、记得住乡愁。② 会议要求在推进城乡一体化发展过程中，要注意保留村庄原始风貌，慎砍

---

① 《习近平在湖北考察工作时指出　建设美丽乡村不是涂脂抹粉　城镇化不能让农村荒芜》，《城市规划通讯》2013年第15期。

② 习近平：《在中央城镇化工作会议上的讲话》，载中共中央文献研究室编《十八大以来重要文献选编》（上），中央文献出版社2014年版，第603页。

树、不填湖、少拆房,尽可能在原有村庄形态上改善居民生活条件。

2015年1月,习近平总书记在云南考察时强调,"新农村建设一定要走符合农村实际的路子……留得住青山绿水,记得住乡愁"①。这给我们以明示,美丽乡村建设的方向和工作重点之一就是要更好夯实乡土中国的文化底蕴,让美丽乡村涵养更多文明的源头活水。2016年4月,习近平总书记在安徽小岗村农村改革座谈会上强调,新农村建设要规划先行,遵循乡村自身发展规律,补农村短板,扬农村长处,注意乡土味道,保留乡村风貌,留住田园乡愁。要因地制宜搞好农村人居环境综合整治,创造干净整洁的农村生活环境。②

习近平总书记一再强调要"注意乡土味道"③"记得住乡愁"④"古村落要保护好"⑤,这些理念要求是对中华传统美德与文化的珍视和追寻,不仅可以唤醒人们内心对故乡深深的思念和反哺,而且可以唤醒人们对传统优秀乡土文化的自觉意识、认同感。

---

① 《习近平"三农"思想 新观点新论述新要求》,《人民论坛》2015年10月下。

② 《加大推进新形势下农村改革力度 促进农业基础稳固农民安居乐业》,《人民日报》2016年4月29日第1版。

③ 《坚决打好扶贫开发攻坚战 加快民族地区经济社会发展》,《人民日报》2015年1月22日第1版。

④ 同上。

⑤ 《习近平在湖北考察工作时指出 建设美丽乡村不是涂脂抹粉 城镇化不能让农村荒芜》,《城市规划通讯》2013年第15期。

四　全面提升农民素质

新农村建设是中国现代化进程中的重大历史任务，是一个艰巨、复杂的系统工程，需要社会各方面的共同努力。农民作为新农村建设的主体和受益者，其自身素质的高低直接决定着新农村建设成效的好坏。全面提升农民素质，既是新农村建设最为迫切的要求，也是新农村建设最本质、最核心的内容之一。在新农村建设过程中，要把切实提高农民素质、实现人的全面发展作为根本出发点和落脚点，不断增强农民群众的自我发展能力。

2013年12月，习近平总书记在中央农村工作会议上指出："农村经济社会发展，说到底，关键在人。没有人，没有劳动力，粮食安全谈不上，现代农业谈不上，新农村建设也谈不上，还会影响传统农耕文化保护和传承。"①""'谁来种地'这个问题，说到底，是愿不愿意种地、会不会种地、什么人来种地、怎样种地的问题。核心是要解决好人的问题，通过富裕农民、提高农民、扶持农民，让农业经营有效益，让农业成为有奔头的产业，让农民成为体面的职业，让农村成为安居乐业的美丽家园。"② 为此，2014年中央农村工作会议明确提出，积极稳妥推进新农村

---

① 习近平：《在中央农村工作会议上的讲话》，载中共中央文献研究室编《十八大以来重要文献选编》（上），中央文献出版社2014年版，第678页。

② 同上。

建设，加快改善人居环境，提高农民素质，推动"物的新农村"和"人的新农村"建设齐头并进。①

（一）要培养造就新型农民队伍

建设新农村落点在"村"，重点在"农民"，关键是培养造就一批具有新理念、新觉悟、素质高、有文化、懂技术、会经营的新型职业农民队伍。党中央、国务院高度重视新型农民职业培育工作。早在2006年，习近平同志就指出："只有在建设农村、发展农业的同时，用现代文明、先进理念武装农民、提高农民，努力使农民成为具有新理念、新思想、新知识、新文化、新精神、新技能、新素质、新能力的新型农民，新农村建设才具有更加深远的意义和更加长久的活力，才能取得真正的成效。"② 2013年11月，他在视察山东省农业科学院时指出，要适时调整农业技术进步路线，加强农业科技人才队伍建设，培养新型职业农民。③ 2013年12月，习近平总书记在中央农村工作会议上强调："培养有文化、懂技术、会经营的新型农民，二〇〇五年党的十六届五中全会就已经提出，这件事要继续抓下去，抓出成效来。有关部门要深入研究，抓紧制定专门规

---

① 《推动"物的新农村"建设"人的新农村"建设齐头并进》，《人民日报》（海外版）2014年12月24日第1版。

② 习近平：《讲文明兴村》，载《之江新语》，浙江人民出版社2007年版，第198页。

③ 参见蒋协新《培养科学思维方法　增强"三农"工作本领——深入学习习近平总书记十八大以来关于"三农"问题的重要论述》，《农民日报》2014年6月7日第3版。

划和切实可行的具体政策,加大农业职业教育和技术培训力度,把培养青年农民纳入国家实用人才培养计划,确保农业后继有人。"① "农业应该成为大中专院校毕业生就业创业的重要领域。要制定大中专院校特别是农业院校毕业生到农村经营农业的政策措施,鼓励、吸引、支持他们投身现代农业建设。"② "要把加快培育新型农业经营主体作为一项重大战略,以吸引年轻人务农、培育职业农民为重点,建立专门政策机制,构建职业农民队伍,形成一支高素质农业生产经营者队伍,为农业现代化建设和农业持续健康发展提供坚实人力基础和保障。"③ 综观发达国家农业现代化进程,无论社会制度、资源禀赋和发展道路有何差异,都注重把培育职业农民作为推动现代农业发展的核心力量,通过建立规范的国家制度体系,培养稳定的职业农民队伍,承担农业生产经营的主要任务。④ 习近平总书记的论述,为新型职业农民培育指明了方向。当前,新型职业农民队伍建设急需加强,2017年年底召开的中央农村工作会议专门提出,要全面建立职业农民制度。⑤

---

① 习近平:《在中央农村工作会议上的讲话》,载中共中央文献研究室编《十八大以来重要文献选编》(上),中央文献出版社2014年版,第679页。

② 同上书,第680页。

③ 同上。

④ 农业部科技教育司:《加快构建新型职业农民政策扶持体系》,《农民日报》2014年10月18日第3版。

⑤ 《中央农村工作会议在北京举行》,《人民日报》2017年12月30日第1版。

(二) 要切实办好农村义务教育

教育是民族振兴的基石,是中华民族复兴的关键所在。实现党的十八大、党的十九大提出的奋斗目标,全面建成小康社会、顺利实现国家现代化,实现中华民族伟大复兴,基础在教育、重点在农村。从一定意义上说,农村教育是兴国之基、惠民之要,关乎经济社会发展全局,关乎社会公平正义。当前,中国已经全面完成九年制义务教育,但城乡差距还比较大,贫困、边远、民族地区差距更大,下一个阶段义务教育发展更多地要实现城乡均衡发展,让农村,特别是贫困地区农村下一代不仅有学上,而且上好学。只有为数以亿计的农村孩子提供公平而有质量的义务教育,才能缩小城乡差距,实现社会公平;才能为工业化、信息化、城镇化、农业现代化同步发展提供人才支撑,为新农村建设提供根本支撑。习近平总书记在河北阜平考察时指出,"下一代要过上好生活,首先要有文化","义务教育一定要搞好,让孩子们受到好的教育"。[①] 2013 年 11 月,习近平总书记在湘西调研时指出,要切实办好农村义务教育,让农村下一代掌握更多知识和技能。[②] 这就要求各级政府要以高度的责任感、使命感,对农村义务教育倾注更多的精力,投入更大的财

[①] 习近平:《在河北省阜平县考察扶贫开发工作时的讲话》,载《做焦裕禄式的县委书记》,中央文献出版社 2015 年版,第 24 页。

[②] 《深化改革开放推进创新驱动 实现全年经济社会发展目标》,《人民日报》2013 年 11 月 6 日第 1 版。

力,向边远贫困地区和民族地区倾斜,真正做到补教育发展之短板。要切实办好村小学和教学点、因地制宜推进学校标准化建设、提高农村义务教育质量、实施好营养改善计划等。

(三) 要加强农村职业教育

职业教育有利于促进农民现代化、农业现代化。我国农村职业教育发展相对缓慢,对农民的职业技能教育和培养尚未形成长效机制,对农业产业链延伸的促进和支撑还不够,这在一定程度上影响了农业产业化的进程,也影响了农村劳动力在非农领域的就业和收入。以科技推广为例,目前农业科技推广主要还是依靠政府农业技术推广部门,由于农村劳动力老龄化,农民科技文化素质、市场意识相对较低,在接受、应用新技术方面受到一定的影响,先进农业技术和农业新产品在农村难以推广,不利于农业生产水平的提高。[①] 就加快职业教育发展,习近平总书记指出,要树立正确人才观,培育和践行社会主义核心价值观,着力提高人才培养质量,弘扬劳动光荣、技能宝贵、创造伟大的时代风尚,营造人人皆可成才、人人尽展其才的良好环境,努力培养数以亿计的高素质劳动者和技术技能人才。要加大对农村地区、民族地区、贫困地区职业教育支持力度,努力让每个人都有人生出彩的机会。习近平总书记要求各级党委和政府要把加快发展现代职业教育摆

---

① 罗箭华、王彦:《新农村建设过程中农民素质提升困境及其策略分析》,《农村经济》2011年第1期。

在更加突出的位置,更好地支持和帮助职业教育发展,为实现"两个一百年"奋斗目标和中华民族伟大复兴的中国梦提供坚实人才保障。① 如何加强农村职业教育?一要加大对农村地区职业教育的投入力度,全面提升农村职业教育水平和质量,让农村职业教育成为一个培养新型农民和社会人才的摇篮。二要创新人才培养理念和培养模式,鼓励社会力量参与培养,从"思想观念""综合素质"等多方面提高农村人口素质。

(四)要强化农民群众的思想教育

随着农村改革发展的不断深入,加强对农民的思想教育仍是一个重要的问题。建设新农村,要实现农村社会的全面发展和进步,除了通过义务教育、职业教育和加强技能培训提高农民的文化素质、科技素质与就业能力之外,还必须培育农村文明新风尚、倡导农村健康文明的新生活,这些都有赖于农民思想道德素质的提高。要正确处理农民"富口袋"与"富脑袋"的关系,"富脑袋"根本在于强化农民群众的思想教育。由于在农村社会的转型过程中可能会出现各式各样的价值取向或者社会问题,这就需要把新农村建设内化于农民的具体行为之中,融进农民的生产生活中去,让农民来"雕刻"新农村。从本质上讲,包括政府在内的任何社会组织都不能替代农民群众作为推进新农村建设的主体地位。也只有真正调动和充分发挥好

---

① 《更好支持和帮助职业教育发展 为实现"两个一百年"奋斗目标提供人才保障》,《人民日报》2014年6月24日第1版。

他们的主人翁作用，新农村建设才能与乡村振兴战略提出的"产业兴旺、生态宜居、乡风文明、治理有效、生活富裕"新要求实现有效对接，乡村才能焕发生机与活力，实现繁荣与兴盛。

第八章

实施精准扶贫开发方略

中国扶贫开发历经了艰辛而漫长的道路,中国的发展史与中国共产党人的成长史就是带领全国人民脱贫致富的奋斗史。改革开放以来,中国的扶贫开发事业取得了举世瞩目的成就,先后使7亿多贫困人口摆脱了贫困,农村贫困人口发生率由1990年的73.5%下降到4%以下,对全球减贫的贡献率超过70%。[①] 当然,在充分肯定扶贫开发工作所取得的成就的同时,也必须客观冷静地认识到,改革开放以后到党的十八大以前,所形成并延续下来的扶贫开发方略,随着经济社会的变迁和中国扶贫开发实际的不断变化,已经无法满足中国特色社会主义新时代的发展需求。正是在此背景下,习近平总书记提出了"精准扶贫,精准脱贫"的扶贫方略,提出要把脱贫攻坚作为"十三五"时期的头等大事来抓,坚决守住民生底线,坚决打赢脱贫攻坚战。这是习近平新时代中国特色社会主义思想的重要体现,也是新时代中国特色社会主义伟大事业的重要组成部分,实践的基本方略。

---

① 张铁:《分享摆脱贫困的"中国经验"》,《人民日报》2015年11月25日第5版。

第八章　实施精准扶贫开发方略

习近平总书记关于扶贫开发的重要论述是由中国数十年的扶贫开发理论与实践结晶凝结、淬炼而成，是对我国扶贫开发事业的深切感悟和深刻反思之后的辩证扬弃与理性变革。这贯穿于他从陕北农村到河北县（市），再到福建、浙江、上海地区，从最贫穷落后的西部乡野到开放发达的东部都市的成长历程中；贯穿于他从一名插队村支书到国家领导人的治国理政生涯中。近40年来对中国扶贫开发事业的所思、所想与所做，关注、关怀与奋斗，近40年来的深刻思索与艰辛探索，汇聚成了习近平总书记关于扶贫开发的重要论述，使其具有极其厚重的背景和极其精妙的淬炼成钢技艺。

一　扶贫开发的重要意义

以习近平同志为核心的党中央不忘初心、继往开来、与时俱进，高度重视扶贫开发，倾力推进扶贫开发，最终打开了全新的扶贫开发局面。党的十八大以来，习近平总书记提出了一系列关于扶贫开发的重要论述，扶贫开发战略理论体系逐渐成形并不断地得到充实与完善，特别是精准扶贫和精准脱贫理论、实践路径与方略的提出和有效实施，实现了中国扶贫开发思想、理论与实践的重大突破与创新，为中国的扶贫开发事业提供了科学的指导。

（一）社会主义的本质要求

习近平总书记关于扶贫开发的重要论述，是习近平新时代中国特色社会主义思想的重要体现，是马克思主义中国化的最新成果，是对新时代什么是社会主义的本质特征，什么是全党工作的重心和中国共产党的历史使命，什么是实现全面建成小康社会和中华民族伟大复兴的中国梦，如何才能在经济新常态下"补短板"的形象而生动的诠释。社会主义的本质要求是解放生产力，发展生产力，消灭剥削，消除两极分化，最终达到共同富裕。这其中蕴含着消除贫困与促进发展的理论精髓。我们面临的发展阶段决定了必须高度重视扶贫开发工作，这是社会主义本质属性、应有之义。习近平总书记指出："新中国成立前，我们党领导广大农民'打土豪、分田地'，就是要让广大农民翻身得解放。现在，我们党领导广大农民'脱贫困、奔小康'，就是要让广大农民过上好日子。"[①] 习近平总书记在党的十九大报告中强调："让贫困人口和贫困地区同全国一道进入全面小康社会是我们党的庄严承诺。"[②] 中华人民共和国成立以来，党和国家领导人一直高度重视减贫工作。1949年以来的社会主义建设发展史，本质上就是消除贫困、改善民生、实现共同富裕的创造史。无论是1978年之前对减贫道路的探索，还是20世纪80年代中期开始实施的扶贫开发战略，皆充分说明扶贫开发始终被视为党和国家的重要历史使命。从中华人民共和国成立初期的百废待兴到改革开放的深入推进，中国的扶

---

① 中共中央文献研究室编：《习近平关于全面建成小康社会论述摘编》，中央文献出版社2016年版，第155页。

② 习近平：《决胜全面建成小康社会 夺取新时代中国特色社会主义伟大胜利——在中国共产党第十九次全国代表大会上的报告》，人民出版社2017年版，第47页。

贫开发事业无疑取得了举世瞩目的成绩，成为全球首个实现联合国千年发展目标、贫困人口减半的国家。当前中国特色社会主义进入新时代，实现社会主义现代化和中华民族伟大复兴这一新时代的总任务，要求我们必须加快扶贫开发的步伐，深入开展脱贫攻坚。因此，习近平总书记在党的十八大以来的系列重要讲话中，在党的十九大报告中，皆突出强调要"坚持精准扶贫、精准脱贫"方略，坚决打赢脱贫攻坚战。

（二）全党工作的重中之重和中国共产党的历史使命

扶贫开发是全党工作的重中之重，必须给予高度的重视。无论是历届党和国家的重要会议，还是历年的中共中央重要文件，都将"三农"工作视为全党工作的重中之重，而扶贫开发又被视为"三农"工作的重中之重，尤其是党的十八大以来，更是把扶贫开发工作放在一个极其重要的位置，赋予扶贫开发全党工作重中之重的历史地位和战略高度。习近平总书记指出："'三农'工作是重中之重，革命老区、民族地区、边疆地区、贫困地区在'三农'工作中要把扶贫开发作为重中之重，这样才有重点。"[①] 为此，必须提高对做好扶贫开发工作重要性的认识，增强做好扶贫开发工作的责任感和使命感。到 2020 年，要实现现有贫困人口的脱贫，对全党工作而

---

① 习近平：《在河北省阜平县考察扶贫开发工作时的讲话》，载《做焦裕禄式的县委书记》，中央文献出版社 2015 年版，第 23—24 页。

言,无疑是巨大挑战。但这是中国共产党对人民的庄严承诺,关系到能否全面建成小康社会,实现第一个百年奋斗目标,也关系到我国能否乘势而上开启全面建设社会主义现代化国家新征程,向第二个百年奋斗目标进军。因此,习近平总书记指出,"我国扶贫开发工作已进入啃硬骨头、攻坚拔寨的冲刺期","形势逼人,形势不等人"。①

扶贫开发是中国共产党的历史使命,既是对全党同志的一次大考验,也是对全党同志提升治国理政能力的一次集中历练。扶贫开发体现了中国共产党为人民谋利的政治立场,是治国理政政治智慧的深切体现。作为马克思主义政党,重视扶贫开发,带领全国人民摆脱贫困,共同奔小康,是对马克思主义最鲜明立场——实现以劳动人民为主体的最广大人民群众根本利益的深刻诠释。中国共产党从诞生之初就肩负着领导人民摆脱贫困的历史使命。改革开放以来,中国发生了翻天覆地的变化,但中国共产党领导人民摆脱贫困的历史使命仍在继续。特别是党的十八大以来,习近平总书记明确地将新一届中央领导集体的责任概括为"对民族的责任、对人民的责任、对党的责任"。② 对民族、对人民、对党的责任就是以人民的根本利益为首要

---

① 中共中央文献研究室编:《习近平关于协调推进"四个全面"战略布局论述摘编》,中央文献出版社2015年版,第47、48页。

② 习近平:《人民对美好生活的向往,就是我们的奋斗目标》,载中共中央文献研究室编《十八大以来重要文献选编》(上),中央文献出版社2014年版,第69—70页。

出发点，大力推进扶贫开发，让贫穷偏远地区、少数民族地区同全国一道进入全面小康社会，逐渐缩小与其他地区的发展水平差异；让尚未解决温饱和摆脱贫困的人民能够共享改革开放与发展的成果，让全体人民在共建共享发展中有更多获得感，不断促进人的全面发展、全体人民共同富裕。

（三）全面建成小康社会和实现中华民族伟大复兴中国梦的必然要求

扶贫开发是全面建成小康社会的必然要求，能否实现脱贫目标决定着全面建成小康社会目标能否顺利实现。实现全体人民的共同小康，才是真正意义上的全面建成小康社会。习近平总书记在党的十八届五中全会和党的十九大报告中强调，确保到2020年我国现行标准下农村贫困人口实现脱贫，贫困县全部摘帽，解决区域性整体贫困，做到脱真贫、真脱贫。十八届五中全会把扶贫攻坚改成了脱贫攻坚，就是说到2020年这一时间节点，我们一定要兑现脱贫承诺。① 他曾反复强调："没有农村的小康，特别是没有贫困地区的小康，就没有全面建成小康社会。"② 他也曾表示："全面建成小康社会、实现第一个百年奋斗目标，农村贫困人口全部脱贫是一个标志性指标。对这个问题，

---

① 习近平：《在党的十八届五中全会第二次全体会议上的讲话（节选）》，《求是》2016年第1期。

② 习近平：《在河北省阜平县考察扶贫开发工作时的讲话》，载《做焦裕禄式的县委书记》，中央文献出版社2015年版，第16页。

我一直在思考，也一直在强调，就是因为心里还有些不托底。所以，我说小康不小康，关键看老乡，关键看贫困老乡能不能脱贫。"① 当前，全面建成小康社会的"短板"突出表现在"三农"问题上，而其中贫困落后是最大的短板。究其原因，既有自然禀赋、人口状况的根源，也有旧体制机制的束缚；既有历史的欠账，也有长期城乡"二元分割"导致的基础设施、教育、医疗、卫生等方面缺口与不平等问题。"欲强国，先富国；欲富国，先富民。"② 正如习近平总书记所言，以更大的政治勇气和智慧深化改革③，首先必须解决贫困问题。唯有全面脱贫，才能更好地鼓舞人民投身社会主义现代化建设之中，才能确保改革的深入长久有效。因此，全面建成小康社会首先是"补短板"，即加大扶贫开发力度。通过政策、资金的大力支持，大力开展扶贫开发，围绕扶贫开发加大对贫困地区、偏远山区、革命老区在政策、资金、对口支援等方面的倾斜与投入，逐步缩小城乡差距，填补基础设施、教育、医疗、卫生方面的缺口，实现城乡基本公共服务的均等化，从而实现经济社会的协调与均衡发展。

扶贫开发关系到实现社会主义现代化和中华民族伟大复兴的中国梦。党的十九大确立了新时代中国特色社会主

---

① 中共中央文献研究室编：《习近平关于全面建成小康社会论述摘编》，中央文献出版社2016年版，第154页。

② （清）郑观应：《致梁纶卿道友书》，载《郑观应集》（下册），内蒙古人民出版社1996年版，第35页。

③ 《以更大的政治勇气和智慧深化改革 朝着十八大指引的改革开放方向前进》，《人民日报》2013年1月2日第1版。

义伟大实践的总任务。在新时代中国特色社会主义的伟大实践中,全面小康是"关键一步",而消除绝对贫困,则是迈好这"关键一步"的"关键一跃"。为此,习近平总书记号召全党全国动员全部力量,向贫困发起总攻,确保到2020年所有贫困地区和贫困人口一道迈入全面小康社会。① 全面建成小康社会,实现第一个百年奋斗目标,就是要实现人民幸福。全面小康与中华民族伟大复兴的中国梦相互激荡,凝聚为全社会的最大公约数,无论是全面建成小康,还是实现伟大复兴的中国梦,都必须以全体中国人民的共有共享为前提,正如习近平总书记所言,"不能出现有人掉队"②。

二 坚持走中国特色的扶贫开发道路

中国是世界上最大的发展中国家,扶贫开发的任务艰巨而漫长。从现在到2020年,是全面建成小康社会的决胜期;从党的十九大到党的二十大是"两个一百年"奋斗目标的历史交汇期。习近平总书记指出:"要把扶贫攻坚抓紧抓准抓到位,坚持精准扶贫,倒排工期,算好明细账,决不让一个少数民族、一个地区掉队。"③ "要着力推动老区

---

① 《让全面小康激荡中国梦》,《人民日报》2015年2月26日第1版。

② 《习近平出席2015减贫与发展高层论坛并发表主旨演讲》,《人民日报》2015年10月17日第1版。

③ 参见人民日报社评论部编著《"四个全面"学习读本》,人民出版社2015年版,第59页。

特别是原中央苏区加快发展，决不能让老区群众在全面建成小康社会进程中掉队，立下愚公志、打好攻坚战，让老区人民同全国人民共享全面建成小康社会成果。这是我们党的历史责任。"① 习近平总书记关于全面建成小康社会，实现第一个百年奋斗目标的重要阐述，明确了当前深入推进扶贫开发的战略任务，即把抓好扶贫开发作为重大任务，坚定不移地打赢扶贫攻坚战，确保让所有贫困地区和贫困人口到 2020 年全部摆脱贫困，共同迈入全面小康社会。

尽管中国的扶贫开发事业取得了举世瞩目的成就，但就当前的扶贫开发战略任务以及扶贫开发所面临的新形势、新问题，中国的扶贫开发工作仍然艰巨而繁重，有待摆脱贫困的地区尚且不少，亟待摆脱贫困的人口基数尚且不小，而且当前尚未脱贫的地区与人口多属于扶贫开发过程中难度最大、任务最艰巨的部分。习近平总书记指出，"扶贫开发工作依然面临十分艰巨而繁重的任务，已进入啃硬骨头、攻坚拔寨的冲刺期"。② 特殊时期，需要特别的智慧。中国的扶贫开发事业必须探索符合中国发展实际的自主道路。因此，在当前扶贫开发的关键时期，依靠有中国特色的扶贫开发方略，走有中国特色的扶贫开发道路，是把握扶贫开发攻坚拔寨冲刺期主动权，有效攻克扶贫开发过程中难啃的硬骨头的必然选择。中国特色的扶贫开发

---

① 参见人民日报社评论部编著《"四个全面"学习读本》，人民出版社 2015 年版，第 58—59 页。
② 《习近平论扶贫工作——十八大以来重要论述摘编》，《党建》2015 年第 12 期。

道路源自中国人民在改革开放四十年来的扶贫开发实践中总结、摸索出来的经验、智慧,立足于中国的国情,诞生于中国的改革发展实际。党的十八大以来,习近平总书记继承并创新了有中国特色的扶贫开发道路,尤其是精准扶贫、精准脱贫战略的提出,为中国特色的扶贫开发道路注入了新的内涵,增添了强劲的新动力。

(一) 坚持解放思想的扶贫开发理念

大力实施扶贫开发,首先必须解放思想。习近平总书记极力倡导解放思想,强调观念"先飞"、思想先行的重要性。"地方贫困,观念不能'贫困',当务之急是我们的党员、我们的干部、我们的群众都要来一个思想解放、观念更新。"[①] "扶贫先要扶志,要从思想上淡化'贫困意识'。"[②] "……只有首先'摆脱'了我们头脑中的'贫困',才能使我们所主管的区域'摆脱贫困',才能使我们整个国家和民族'摆脱贫困',走上繁荣富裕之路。"[③]

扶贫开发的有效实施、高效推进必须解放思想、更新观念,打破意识的禁锢、打开"思想的开关"、跳出传统思维定式。改革开放以来,中国开始了长达数十年的扶贫开发,取得了让世界瞩目的成就,但至今仍难以满足国家现代化建设的步伐和全体人民实现全面小康的要求。尤其是党的十八大以前所存在的粗放式扶贫开发做法,使定式的

---

① 习近平:《摆脱贫困》,福建人民出版社2014年版,第1页。
② 同上书,第6页。
③ 同上书,第160页。

扶贫开发思维、固化的扶贫开发路径依赖，严重禁锢了扶贫开发的进程。不可否认，当前在扶贫开发攻坚克难的关键时期，有些地方、有些党员干部同志仍然停留于"争项目、争资金、分计划"，将扶贫开发只停留在文件上、领导讲话中，将有限的财力、物力与精力放在应付上级检查的形式上，投在干线公路沿线、打造盆景供领导"下马观花"等粗放式做法上，这些行为无法实现脱贫目标。

习近平总书记在担任福建省宁德地委书记期间，就针对这些旧现象提出过一系列极富创造性的战略论述和极富针对性的实践观点。他指出："实践高于认识的地方正在于它是行动。从这个意义上说，我们不担心说错什么，只是担心'意识贫困'，没有更加大胆的改革开放的新意；也不担心做错什么，只是担心'思路贫困'，没有更有力度的改革开放的举措。"[1] 习近平总书记这一科学论断是对中国扶贫开发问题的精准拿捏，而且从对宁德地区贫困现实的所思所想，到改革开放四十年来的实践验证，这一科学论断经受住了实践的检验，其所焕发出的现实意义和理论意义更加深远。当前，全党全国正在为扶贫开发攻坚之战而奋力拼搏，把解放思想作为关键，放在突出重要的地位，具有重要指导性、前瞻性与针对性。

突出解放思想的关键性地位和作用，要求全体党员干部必须实现扶贫开发思想的一次自我革命。驱除思想意识中的"等、靠、要"，突破思维定式、突破固有的路径依赖，创新方式方法。突出解放思想的关键性地位和作用，

---

[1] 习近平：《摆脱贫困》，福建人民出版社2014年版，第160页。

要求全体党员干部带领贫困人口一起行动起来、互动起来，齐心协力摆脱贫困。必须将帮助贫困人口摆脱意识和思想观念上的贫困，摆脱"头脑中的贫困"放在首要的位置，必须帮助贫困人口树立"富了脑袋，最终才能富了口袋"的思想。

（二）贯彻实事求是的扶贫开发方法

历史的经验教训与现实实践需求皆表明，实事求是既是习近平总书记关于扶贫开发的重要论述的精髓，也是习近平总书记关于扶贫开发的重要论述的具体实践路径的精髓所在。习近平总书记十分注重实事求是这一党的重要思想路线。2012年5月，在中央党校春季学期第二批入学学员开学典礼上，习近平总书记指出："实事求是……始终是马克思主义中国化理论成果的精髓和灵魂……始终是中国共产党人认识世界和改造世界的根本要求，是我们党的基本思想方法、工作方法和领导方法，是党带领人民推动中国革命、建设、改革事业不断取得胜利的重要法宝。"[1] 2013年11月，习近平总书记在考察湖南湘西时指出：扶贫要实事求是，因地制宜。要精准扶贫，切忌喊口号，也不要定好高骛远的目标。[2] 而后，他有关扶贫开发的历次重要讲话，都深刻地阐述了实事求是的重要性。

---

[1] 习近平：《坚持实事求是的思想路线》，《学习时报》2012年5月28日第1版。

[2] 《脱贫攻坚战　吹响集结号》，《人民日报》（海外版）2016年3月10日第1版。

当前扶贫开发存在的一些问题的症结就是脱离实际，违背实事求是原则。有些政府主推的扶贫开发项目由于脱离了实际，"进村入户"后得不到农民的响应，反而遭到极力反对；有些扶贫开发政策出台顺利，却背离了实际，最终无法"落地"，无法发挥出预期效应；有些专款专用于扶贫产业发展的贷款缺乏实践运用的手段，到了有些农民手里，最终变成了或买车的钱或为子女还房贷的钱或归还陈年旧账的钱，等等。反思这些问题的症结，既有忽视了农民的先天自身素质不高，进而揠苗助长的原因，也有政府一厢情愿、大包大揽的原因，但归结为一点即是脱离实际，违背实事求是原则。实事求是，让贫困人口结合自己的身板"量体裁衣"、充分地发挥自己的长处，才能走得更好、更快、更远。

实事求是，必须客观看待当前扶贫开发中仍然存在的诸多问题。当前扶贫开发进入攻坚决胜时期，客观看待仍然存在的问题，找准问题、辨明问题，进而有效解决问题，是确保扶贫开发顺利推进的基本前提。习近平总书记指出：精准扶贫体制机制还不健全，随着精准扶贫政策含金量不断提高，没有进入建档立卡的贫困农户享受不到相应的政策，实际生活水平反而低于其他贫困户，原来邻里之间和谐相处，现在因为建档立卡而渐生间隙，有的地方还引发矛盾，甚至上访；扶贫开发责任还没有完全落到实处，各地区各部门在扶贫工作力度和进程上相差较大，重县城建设轻农村发展、重区域开发轻贫困人口脱贫、重"面子工程"轻惠民实效等现象较为普遍；扶贫资金投入还不能满足需要，尽管中央财政投入扶贫的资金总量一直在增加，数量也不小，但同脱贫攻坚的需求相比仍显不足；贫困地区和贫困人口主观能动性还有待提高，有的地方不注重调动群众积极性、主动性、创造性，反而助长了等靠要思想；因地制宜、分类指导还有待加强，一些扶贫项目建成后效益低下，设施建好就闲置、项目交付就成摆设现象在一些贫困地区还不少。①

实事求是，必须敢于直面问题、解决问题。习近平总书记指出，精准扶贫必须要实事求是地解决好"扶持谁"。要防止不分具体情况，简单把所有扶贫措施同每一个贫困户挂钩。要解决好"谁来扶"。要加快形成中央统筹、省负总责、市县抓落实的扶贫开发工作机制，强化党政一把手负总责的责任制，做到分工明确、责任清晰、任务到人、考核到位，既各司其职、各尽其责，又协调运转、协同发力。要解决好"怎么扶"。坚持大扶贫格局，注重扶贫同扶志、扶智相结合，按照贫困地区和贫困人口的具体情况，实施"五个一批"工程。② 要坚持实事求是的原则，努力在贫困地区干部考核方式、考核体制机制、政府、市场与社会协同扶贫体制机制、内生动力与外输动力耦合机制等方面实现突破与创新。实事求是，必须要讲求成本，顾全综合效益。扶贫开发是国家的重大发展战略，其带来的社会效益价值要远远大于经济效益，但扶贫开

---

① 习近平：《在中央扶贫开发工作会议上的讲话》，载中共中央党史和文献研究院编《十八大以来重要文献选编》（下），中央文献出版社2018年版，第35—38页。

② 《脱贫攻坚战冲锋号已经吹响　全党全国咬定目标苦干实干》，《人民日报》2015年11月29日第1版。

发也是一种有投入有产出的社会经济活动，必须实事求是地讲求投入和产出效率，从而最大限度地提高扶贫开发的社会效益、经济效益和生态效益。对于尚处于发展中的我国而言，尽管国家财力在不断增强，但相较于人口多底子薄的现实国情而言，仍然十分有限，扶贫开发的有效实施需要政府给予充足的投入，这给中央和地方政府带来巨大压力，倘若只重投入而不考虑效益，那么扶贫开发战略的实施很难持续。当前有些地方存在的"不分贫富平均扶持""扶富不扶贫""锦上添花、肥上加膘""面子工程、形象工程、路边花"等现象无疑违背了实事求是原则，这种"伪扶贫、扶伪贫"行为，既浪费了有限的国家资源，严重削减了扶贫产出效率和扶贫成效，同时也对扶贫开发方略的实施造成了极坏的影响。习近平总书记指出，发展是甩掉贫困帽子的总办法，贫困地区要从实际出发，因地制宜，把种什么、养什么、从哪里增收想明白，帮助乡亲们寻找脱贫致富的好路子。[①] 这是对注重扶贫开发投入和产出的深刻阐述。

（三）发挥好内生与外辅的扶贫开发动力

扶贫开发的动力源与力量束来自内生发展动力与外部输入的辅助性动力。内生发展动力是根本，外部输入动力是辅助；内生动力为基，外部输入动力是补。走中国特色的扶贫开发道路，必须高度凝聚和充分运用两种动力，既

[①] 《深化改革开放推进创新驱动　实现全年经济社会发展目标》，《人民日报》2013年11月6日第1版。

要发挥好内生发展动力的根本性作用，将其放在首要位置，更要充分利用好外部输入动力的辅助性作用。要实现主辅动力的有效联结、基础与补充动力的相互结合，最终实现动力组合，力量汇聚。

首先，要激发内生发展动力。扶贫工作中"输血"重要，"造血"更重要。习近平总书记指出："贫困地区发展要靠内生动力，如果凭空救济出一个新村，简单改变村容村貌，内在活力不行，劳动力不能回流，没有经济上的持续来源，这个地方下一步发展还是有问题。"[①] 习近平总书记在党的十九大报告中强调要"注重扶贫同扶志、扶智相结合"。习近平总书记不仅强调了内生发展动力的根本性重要地位，也明确指出了在扶贫开发过程中要着力在内生发展动力上谋求有效摆脱贫困的持续性良策。发展必须依靠自身的内生动力，这是中国改革开放四十年所总结出来的实践经验，对当前的扶贫开发也同样适用。脱贫致富终究要靠贫困群众用自己的辛勤劳动来实现。要通过组织贫困人口参与扶贫项目的决策、实施和监督，提高自我组织、自我发展的能力，增强造血功能，增强内生动力和发展活力。贫困地区要激发出摆脱贫困的志向和内生动力，以更加振奋的精神状态、更加扎实的工作作风，自力更生、艰苦奋斗，凝聚起打赢脱贫攻坚战的强大力量。要尊重扶贫对象主体地位，各类扶贫项目和扶贫活动都要紧紧围绕贫

---

① 习近平：《在河北省阜平县考察扶贫开发工作时的讲话》，载《做焦裕禄式的县委书记》，中央文献出版社2015年版，第17—18页。

困群众需求来进行，支持贫困群众探索创新扶贫方式方法。

其次，要充分利用好、发挥好外部输入动力，并有效推动内生动力与外部输入动力的结合。习近平总书记强调，脱贫致富不仅仅是贫困地区的事，也是全社会的事，要更加广泛、更加有效地动员和凝聚各方面力量。习近平总书记在党的十九大报告中强调要深入实施东西部扶贫协作。要强化东西部扶贫协作和对口支援，东部地区不仅要帮钱、帮物，更要推动产业层面合作，推动东部地区人才、资金、技术向贫困地区流动，实现双方共赢。要着力推动县与县精准对接，探索乡镇、行政村之间结对帮扶。要在发展经济的基础上，向教育、文化、卫生、科技等领域合作拓展。要加大产业带动扶贫工作力度，着力提高贫困地区自我发展能力。要推动东部产业向西部梯度转移，把东西部产业合作、优势互补作为深化供给侧结构性改革的新课题，大胆探索新路。

习近平总书记强调，东西部扶贫协作和对口支援，是推动区域协调发展、协同发展、共同发展的大战略，是加强区域合作、优化产业布局、拓展对内对外开放新空间的大布局，是实现先富帮后富、最终实现共同富裕目标的大举措。①

同时，也要加强同发展中国家和国际机构在扶贫开发领域的交流合作。习近平总书记指出："推动建立以合作共赢为核心的新型国际减贫交流合作关系，是消除贫困的

---

① 《认清形势聚焦精准深化帮扶确保实效 切实做好新形势下东西部扶贫协作工作》，《人民日报》2016年7月22日第1版。

重要保障。"① "我国在很困难的时候勒紧裤腰带援助发展中国家，事实证明，那时的付出为今天积累了宝贵资源。在这个问题上一定不能算小账。在国际减贫领域积极作为，树立负责任大国的形象，这是大账。要引导广大干部群众正确认识和看待这项工作。"②

三　实施精准扶贫精准脱贫方略

理论源于实践，而理论的最终价值在于回归实践。精准扶贫实现了扶贫开发从思想到现实的转变，从理论到实践的转化，也实现了习近平总书记关于扶贫开发的重要论述从思想体系、理论体系到战略实践体系的提升。准确把握习近平总书记关于扶贫开发的重要论述的深刻内涵，搞清楚扶贫开发思想为什么、是什么，弄明白如何充分依靠并有效实践精准扶贫方略，是当前全面贯彻落实习近平总书记关于扶贫开发的重要论述的重中之重。

（一）精准扶贫是习近平总书记关于扶贫开发的重要论述的精髓

无论是精准扶贫的转变与转化，还是精准扶贫的重大

---

① 习近平：《携手消除贫困，促进共同发展》，载中共中央文献研究室编《十八大以来重要文献选编》（中），中央文献出版社2016年版，第722页。

② 习近平：《在中央扶贫开发工作会议上的讲话》，载中共中央党史和文献研究院编《十八大以来重要文献选编》（下），中央文献出版社2018年版，第51页。

深化，皆孕育于习近平总书记关于扶贫开发的重要论述的汇聚、塑造过程中。2012年12月，习近平总书记在河北阜平革命老区视察扶贫工作时指出："要看就要真看，看真贫，通过典型了解贫困地区真实情况，窥一斑而见全豹。这有利于正确决策。"①"帮助困难乡亲脱贫致富要有针对性，要一家一户摸情况，张家长、李家短都要做到心中有数。"② 习近平总书记关于不要用"手榴弹炸跳蚤"的形象比喻的内涵实质，就是要求提高扶贫的精准度。2015年6月18日，习近平总书记在贵州召开的部分省区市党委主要负责同志座谈会上，对"精准扶贫"进行了全面、深入和系统的阐述，提出"扶贫开发贵在精准、重在精准，成败之举在于精准"。10月16日，习近平总书记在"2015减贫与发展高层论坛"主旨演讲中，重申了"六个精准、五个一批"的扶贫战略论述，并向国际社会明确阐述："现在，中国在扶贫攻坚工作中采取的重要举措，就是实施精准扶贫方略，找到'贫根'，对症下药，靶向治疗。"③ 2015年11月27日，习近平总书记在中央扶贫开发工作会议上深刻阐述了脱贫攻坚的重要意义、指导思想、目标任务和重大举措，对未来五年推进扶贫开发工作提出明确要求。至此，

---

①　习近平：《在河北省阜平县考察扶贫开发工作时的讲话》，载《做焦裕禄式的县委书记》，中央文献出版社2015年版，第13页。

②　同上书，第21页。

③　习近平：《携手消除贫困，促进共同发展》，载中共中央文献研究室编《十八大以来重要文献选编》（中），中央文献出版社2016年版，第720页。

习近平总书记关于精准扶贫的重要论述形成体系。精准扶贫成为关系到党和国家政治方向、根本制度和发展道路，关系到"五位一体"总体布局，"四个全面"战略布局以及完成社会主义现代化和中华民族伟大复兴总任务的扶贫开发战略的核心实践路径与方略。

（二）贯彻精准扶贫实践路径

精准扶贫具体实践方略包括"一条主线、三位一体、四个切实与维度、五个一批和六个精准"。扶贫开发战略的有效推进，必须走精准扶贫的实践路径，也必须贯彻精准扶贫的实践方略。

"一条主线"——精准扶贫实践方略的方向标与目标靶，即坚持精准扶贫实践路径和方略，以精准扶贫实践方略为统领，动员全党全国全社会力量，向贫困发起总攻，确保到2020年所有贫困地区和贫困人口一道迈入全面小康社会。精准扶贫实践方略必须围绕这一主线，全国上下齐心协力、同舟共济，绝不可出现方向的偏离和目标的"脱靶"，否则将从根本上影响扶贫开发实践的有效实施，影响到精准扶贫实践方略的有效推进。

"三位一体"——精准扶贫实践方略的核心参与主体，即充分发挥政府、市场与社会的作用，坚持专项扶贫、行业扶贫、社会扶贫等多方力量、多种举措有机结合和互为支撑，构建起政府、市场、社会协同推进的"三位一体"大扶贫格局。扶贫开发是全党全社会的共同责任，要动员和凝聚全社会力量广泛参与。要充分发挥政府引导和市场机制作用，通过研究完善相关政策，建立社会扶贫服务平台，鼓励和引导各类企业、社会组织和个人等社会力量积极参与扶贫开发。政府应在加大扶贫开发投入的同时，简政放权、转变职能，做好扶贫开发顶层设计，为市场主体创造良好环境，吸引各类资源要素向贫困地区配置、各种市场主体到贫困地区投资兴业。政府、市场与社会是中国特色社会主义建设的三大主体，扶贫开发的有效实施离不开这三大主体的共同作为。政府是扶贫开发的核心主体，扶贫开发需要政府发挥出中心的作用，而市场与社会主体是扶贫开发的重要参与主体，也是主要补充力量。政府、市场、社会的"三位一体"，要求政府在扶贫开发实践中既要发挥出核心主体与中心的作用，也必须要为市场与社会有效参与扶贫开发提供便利的内外部环境和充足的保障，从而引导、激励市场与社会的积极参与。

"四个切实与维度"——精准扶贫实践方略的基本原则与精确制导。"四个切实"即切实落实领导责任——坚持党的领导，发挥社会主义制度可以集中力量办大事的优势；切实做到精准扶贫——扶贫开发贵在精准，重在精准，成败之举在于精准；切实强化社会合力——扶贫开发是全党全社会的共同责任，要动员和凝聚全社会力量广泛参与；切实加强基层组织——做好扶贫开发工作，基层是基础。最终，要精准"四个维度"，即精准扶贫靶向的精准度、政策实施的精准度、实施效果的精准度和外力输入的精准度。精准扶贫实践需要原则性的指导，更需要精确的制导，坚持"四个切实与维度"，将有利于精准扶贫实践的精准性和高效性，也将确保精准扶贫实践路径的准确性与便捷性。

"五个一批"——精准扶贫实践方略的有效行动集合，

即通过扶持生产和就业发展一批——为贫困群众打造"造血"能力；通过易地搬迁安置一批——挪出"穷窝"斩"穷根"；通过生态保护脱贫一批——以生态补偿反哺贫困地区；通过教育扶贫脱贫一批——发展职业教育、技术培训提升就业技能；通过低保政策兜底一批——保证困难群众"一个都不掉队"。"五个一批"的关键在于隐含其中的因人因地施策、因贫困原因施策、因贫困类型施策的分类施策思想，这是对新时代中国特色社会主义扶贫思路的创新，也是扶贫开发"啃硬骨头"的根本路径。"五个一批"无疑既是精准扶贫实践方略的行动集合，又是精准扶贫实践方略的核心内容。"五个一批"的确立为扶贫开发实践明确了规定动作、有效动作，便于扶贫开发实践的有效实施、准确实施，为基层的扶贫开发实践提供了重要的参考，同时也从客观上规范了基层扶贫开发的实践行动，有效避免了不合理行动。

"六个精准"——精准扶贫实践方略的具体方法与指导，即扶持对象精准、项目安排精准、资金使用精准、措施到户精准、因村派人精准、脱贫成效精准。习近平总书记指出：要完成全国贫困人口建档立卡工作，摸清贫困"家底"；要区别不同情况，做到对症下药、精准滴灌、靶向治疗……[①]"六个精准"的提出，进一步明确了精准扶贫实践方略的具体方法与指导，使精准扶贫理论更加具有

[①]《让全体中国人民迈入全面小康——以习近平同志为总书记的党中央关心扶贫工作纪实》，《人民日报》2015年11月27日第3版。

实践性和可操作性，使精准扶贫理论变得更加具体，更加通俗易懂。

从总体而言，精准扶贫具体实践路径的各个方面相互影响、互相依存，共同构成一个整体，缺一不可，同时也不可分割，必须有效衔接，有机结合。精准扶贫的实践路径是否有效，取决于是否能够做到"多元一体"，是否能够坚持"多元一体"。

四　创新扶贫开发体制机制

扶贫开发战略的有效实施，尤其是精准扶贫实践路径的贯彻与落实既要突破现有的体制机制障碍，同时又必须努力在体制机制上寻求创新，从而建立健全更加符合新时代中国特色社会主义扶贫开发实际，更加有效的体制机制，为扶贫开发事业扫清体制性与机制性的障碍。

（一）地方考核体制机制的突破与创新

长期以来，以经济发展为导向的地方考核体制机制，过于突出经济增长的重要性，在考核体制机制中将经济指标放在首要的位置，并给予了极大的比重。这就诱导了地方政府及其官员将发展经济放在首要的位置。由于扶贫开发在地方考核中的比重不大，因而难以引起地方政府的重视。同时，考核中经济指标的比重过大，导致地方政府投入在扶贫开发上的工作精力严重不足。创新扶贫开发体制机制首先必须在贫困地区的考核体制机制上实现突破与创新。习近平总书记指出，要改革创新扶贫开发体制机制特别是考核机制,贫困地区要把提高扶贫对象生活水平作为衡量政绩的主要考核指标。① 必须突出扶贫开发在地区政绩考核中的地位,同时,适当弱化现有的经济考核指标,相应地强化扶贫开发和带领贫困人口脱贫致富的相关考核指标。一方面,让贫困地区政府在繁重的经济指标考核中解放出工作的精力,从而更多地投入扶贫开发;另一方面,通过对扶贫开发指标比重的加强,强化贫困地区政府对扶贫开发的重视与投入力度。

(二) 干部驻村帮扶体制机制的突破与创新

干部驻村帮扶体制机制是扶贫开发工作机制中的重要一环,是能否有效发挥外部输入动力的保障。党的十八大以前扶贫开发也有不同的干部驻村帮扶机制,但大多是"蜻蜓点水、走马观花"式的驻村帮扶,大多数的驻村干部只是名义上的,大多数的驻村帮扶行为只是形式上的,不注重帮扶成效。当前,精准扶贫、精准脱贫方略的实施,要求必须突破创新过去的干部驻村帮扶体制机制。习近平总书记在党的十九大报告中指出:"坚持中央统筹省负总责市县抓落实的工作机制,强化党政一把手负总责的责任制,坚持大扶贫格局。"② 突破创新干部驻村帮扶工作

---

① 《打赢全面建成小康社会的扶贫攻坚战——深入学习贯彻习近平同志关于扶贫开发的重要讲话精神》,《人民日报》2014年4月9日第7版。

② 习近平:《决胜全面建成小康社会 夺取新时代中国特色社会主义伟大胜利——在中国共产党第十九次全国代表大会上的报告》,人民出版社2017年版,第48页。

机制，必须按照"扶贫到户，责任到人"的要求，突出省、市、县、乡四级干部队伍驻村帮扶的作用。在建档立卡、规划制定、引进资源、筹措资金、实施项目、监督管理、班子建设等帮扶措施的基础上，注重可持续性帮扶，建立驻村干部产业扶贫机制，进一步突出产业帮扶的作用。同时，加强对驻村干部队伍的保障落实，建立健全相配套的激励惩戒机制，强化考评的长期化、制度化。

（三）扶贫投入体制机制的突破与创新

扶贫开发必须在投入体制机制上寻求突破与创新，必须构建多元化的投入体制机制，形成扶贫开发合力。习近平总书记指出：扶贫开发是全党全社会的共同责任，要动员和凝聚全社会力量广泛参与。要坚持专项扶贫、行业扶贫、社会扶贫等多方力量、多种举措有机结合和互为支撑的"三位一体"大扶贫格局。[①] 为此，首先要加大中央和省级财政扶贫资金投入，适当提高扶贫开发在地方政府配套财政资金投入中的比例，坚持政府财政资金投入在扶贫开发中的主体和主导作用。其次，在逐步增加政府财政扶贫投入的基础上，建立健全市场与社会的扶贫开发投入体制机制。多措并举，扩大金融资本和社会资本的扶贫开发投入，通过建立健全政策引导、舆论宣传、税收优惠等奖励机制，通过以"千企帮千村"等为主题的村企共建活动，动员和引导市场主体积极主动参与到扶贫开发事业

---

① 《习近平谈扶贫》，《人民日报》（海外版）2016年9月1日第7版。

中，逐渐形成社会主体参与扶贫工作的有效协调、协作和监管机制，鼓励和引导社会主体广泛参与扶贫开发事业。通过创新社会扶贫爱心信息平台等体制机制，实现社会主体捐赠与贫困户脱贫需求的有效对接。

（四）扶贫资金监管考核体制机制的突破与创新

扶贫开发必须进一步完善扶贫开发资金投入监管、贫困动态监测及综合绩效考评机制。坚持规划先行、择优立项，规范项目申报、立项、审批和绩效考评制度，加强扶贫资金监管，严格执行扶贫资金财政专户管理制度、国库集中支付项目直达管理制度、报账制管理制度以及扶贫项目资金运行情况中期评估、年底绩效考评制度。开发建设省级扶贫系统电子政务平台，加强扶贫信息采集、整理、反馈和交流，建立健全疏通反馈机制和返贫预警机制。建立和完善部门、行业扶贫责任考核机制，改革考评方式，推行"第三方"评估为主、自查为辅的综合绩效考评办法。加快扶贫开发信息化建设，完善覆盖贫困地区、"贫困片区"的统一、开放扶贫开发综合信息管理系统，实现贫困户、贫困人口信息、扶贫项目、扶贫资金、驻村帮扶干部等信息的实时动态化管理。实现扶贫开发业务的信息化管理，依托信息系统实现对扶贫开发业务各个环节的实时监测与预警。

第九章

加快农村生态文明建设

习近平总书记在党的十九大报告中指出,"加快生态文明体制改革,建设美丽中国"①。党的十九大明确了到21世纪中叶把我国建设成为富强民主文明和谐美丽的社会主义现代化强国的目标,十三届全国人大一次会议通过的宪法修正案,将这一目标载入国家根本法,进一步凸显了建设美丽中国的重大现实意义和深远历史意义,进一步深化了我们党对社会主义建设规律的认识,为建设美丽中国、实现中华民族永续发展提供了根本遵循和保障。党的十八大报告也明确指出,要"把生态文明建设放在突出地位,融入经济建设、政治建设、文化建设、社会建设各方面和全过程,努力建设美丽中国,实现中华民族永续发展"②。习近平总书记从"五位一体"总体布局的战

---

① 习近平:《决胜全面建成小康社会 夺取新时代中国特色社会主义伟大胜利——在中国共产党第十九次全国代表大会上的报告》,人民出版社2017年版,第50页。

② 胡锦涛:《坚定不移沿着中国特色社会主义道路前进 为全面建成小康社会而奋斗——在中国共产党第十八次全国代表大会上的报告》,人民出版社2012年版,第39页。

略高度，针对生态文明建设提出了"生态兴则文明兴，生态衰则文明衰""生态文明建设事关中华民族永续发展和'两个一百年'奋斗目标的实现，保护生态环境就是保护生产力，改善生态环境就是发展生产力"① 等一系列新思想、新观点、新论断。这就为农村生态文明建设指明了方向。党的十九大报告又指出"实施乡村振兴战略"，这更为全面推动农村生态文明建设提供了历史性机遇。

一 加强农村生态环境保护

习近平总书记指出，建设生态文明是关系人民福祉、关乎民族未来的千年大计，是实现中华民族伟大复兴的重要战略任务。② 2015 年，中共中央政治局审议通过了《生态文明体制改革总体方案》，强调指出：推进生态文明体制改革要坚持六大原则，其中之一就是坚持城乡环境治理体系统一。党的十九大报告指出，要"建立健全城乡融合发展体制机制和政策体系，加快推进农业农村现代化"③。这些论述、方案及政策对于加快农村生态文明建设步伐都

---

① 中共中央宣传部编：《习近平总书记系列重要讲话读本》，学习出版社、人民出版社 2016 年版，第 231、233—234 页。
② 中共中央宣传部编：《习近平新时代中国特色社会主义思想三十讲》，学习出版社 2018 年版，第 242 页。
③ 习近平：《决胜全面建成小康社会 夺取新时代中国特色社会主义伟大胜利——在中国共产党第十九次全国代表大会上的报告》，人民出版社 2017 年版，第 32 页。

具有重要意义。

（一）小康全面不全面，生态环境质量是关键

改革开放以来，中国农村社会经济发展取得了巨大成就，同时，也带来了严重的生态环境问题，成为农村生态文明建设中必须解决的关键问题。因此，应根据农村生态环境的实际情况，按照《生态文明体制改革总体方案》的要求，大力加强农村生态环境的保护，全面提升生态环境质量，改善农村居民生产生活环境的品质，努力促进城乡生态文明建设的协调发展。

党的十八大提出了"建设美丽中国"的战略目标，2013年开始实施的"美丽乡村"无疑是实现美丽中国的重要内容，更是推动农村生态文明建设的重要抓手，同时也是提升农村居民社会福祉的重要体现。

随着国民收入水平的不断提高，居民消费观念等发生了重大变化，从最初关注物质需求，逐渐转向关注生态需求，人民群众对洁净的饮水、清新的空气、安全的食品、优美的环境等方面的要求越来越高，生态环境在群众生活幸福指数中的地位不断凸显，环境问题日益成为重要的民生问题。正如习近平总书记于2013年4月8—10日在海南考察工作时所指出的，良好生态环境是最公平的公共产品，是最普惠的民生福祉。① 党的十九大报告指出："中国特色社会主义进入新时代，我国社

---

① 《良好生态环境是最普惠的民生福祉——论生态文明建设》，《光明日报》2014年11月7日第1版。

会主要矛盾已经转化为人民日益增长的美好生活需要和不平衡不充分的发展之间的矛盾。"① 其中，美好生活需要涵盖了丰富的生态内容。特别是在推进全面建成小康社会的进程中，生态环境成为重要的内容，也是衡量小康社会的重要指标。对此，习近平总书记进行了高度概括，即"小康全面不全面，生态环境质量是关键"。②

（二）生态环境保护功在当代、利在千秋

习近平总书记高度重视农村生态环境保护，对农村生态环境保护的重要性、必要性、长期性发表了一系列重要论述。他强调指出："人与自然是生命共同体，人类必须尊重自然、顺应自然、保护自然。"③"保护生态环境，功在当代、利在千秋。必须清醒认识保护生态环境、治理环境污染的紧迫性和艰巨性，清醒认识加强生态文明建设的重要性和必要性，以对人民群众、对子孙后代高度负责的态度，加大力度，攻坚克难，全面推进生态文明建设。让人民群众在良好生态环境中生产生活。"④ 习近平总书记的

---

① 习近平：《决胜全面建成小康社会　夺取新时代中国特色社会主义伟大胜利——在中国共产党第十九次全国代表大会上的报告》，人民出版社2017年版，第11页。

② 参见《环境问题成为实现全面小康瓶颈》，《中国环境报》2015年3月12日第1版。

③ 参见中共中央宣传部编《习近平新时代中国特色社会主义思想三十讲》，学习出版社2018年版，第243页。

④ 参见中共中央宣传部编《习近平总书记系列重要讲话读本》，学习出版社、人民出版社2016年版，第233页。

这些论述，站在可持续发展战略高度，对代际公平发展进行了深刻的科学阐释。2015年1月，习近平总书记在云南考察工作时指出：经济要发展，但不能以破坏生态环境为代价。生态环境保护是一个长期任务，要久久为功。在生态环境保护上一定要算大账、算长远账、算整体账、算综合账，不能因小失大、顾此失彼、寅吃卯粮、急功近利。①

在新农村建设、美丽乡村建设过程中，一些地方过多地引入现代化的元素符号、城市元素符号，脱离了农村的实际，弱化了乡土味道。2015年1月20日，习近平总书记在云南考察工作时指出：新农村建设一定要走符合农村实际的路子，遵循乡村自身发展规律，充分体现农村特点，注意乡土味道，保留乡村风貌，留得住青山绿水，记得住乡愁。一定要把洱海保护好，让"苍山不墨千秋画，洱海无弦万古琴"的自然美景永驻人间。② 他还强调，"环境就是民生，青山就是美丽，蓝天也是幸福。要像保护眼睛一样保护生态环境，像对待生命一样对待生态环境，把不损害生态环境作为发展的底线"③。2015年5月25日，习近平总书记在浙江舟山农家乐小院考察调研时表示，这里是一个天然大氧吧，是"美丽经

---

① 《坚决打好扶贫开发攻坚战　加快民族地区经济社会发展》，《人民日报》2015年1月22日第1版。

② 同上。

③ 参见中共中央宣传部编《习近平总书记系列重要讲话读本》，学习出版社、人民出版社2016年版，第233页。

济",印证了绿水青山就是金山银山的道理。①

(三)绿水青山就是金山银山

对于加强农村生态环境保护理念,习近平总书记指出:"我们既要绿水青山,也要金山银山。宁要绿水青山,不要金山银山,而且绿水青山就是金山银山。"② 这一理念为我们建设生态文明、建设美丽中国提供了根本遵循。2013年5月24日,习近平总书记在中共中央政治局第六次集体学习时强调:"要正确处理好经济发展同生态环境保护的关系,牢固树立保护生态环境就是保护生产力、改善生态环境就是发展生产力的理念,更加自觉地推动绿色发展、循环发展、低碳发展,决不以牺牲环境为代价去换取一时的经济增长。"③ 他在致生态文明贵阳国际论坛2013年年会的贺信中指出:"走向生态文明新时代,建设美丽中国,是实现中华民族伟大复兴中国梦的重要内容。中国将按照尊重自然、顺应自然、保护自然的理念,贯彻节约资源和保护环境的基本国策,更加自觉地推动绿色发展、循环发展、低碳发展,把生态文明建设融入经济建设、政治建设、文化建设、社会建设各方面和全过程,形成节约资源、保护环境的空间

---

① 《干在实处永无止境 走在前列要谋新篇》,《人民日报》2015年5月28日第1版。

② 参见中共中央宣传部编《习近平总书记系列重要讲话读本》,学习出版社、人民出版社2016年版,第230页。

③ 习近平:《努力走向社会主义生态文明新时代》,载《习近平谈治国理政》,外文出版社2014年版,第209页。

格局、产业结构、生产方式、生活方式,为子孙后代留下天蓝、地绿、水清的生产生活环境。"① 2015年5月27日,习近平总书记在浙江召开的华东7省市党委主要负责同志座谈会上指出,协调发展、绿色发展既是理念又是举措,务必政策到位、落实到位。要科学布局生产空间、生活空间、生态空间,扎实推进生态环境保护,让良好生态环境成为人民生活质量的增长点,成为展现我国良好形象的发力点。这些论断为发展农村经济,加强农村生态环境保护,推动农村生态文明建设指明了方向。

我们追求人与自然的和谐、经济与社会的和谐,通俗地讲就是要"两座山":既要金山银山,又要绿水青山。这"两座山"之间是有矛盾的,但又可以辩证统一。在中国社会经济发展进程中,我们对"两座山"之间关系的认识经过了三个阶段:第一阶段是用绿水青山去换金山银山,以GDP为导向,不考虑或者很少考虑环境的承载能力,一味索取资源,从而导致了生态资源的严重破坏和生态环境的严重污染。第二阶段是既要金山银山,但也要保住绿水青山。经历了前一个阶段之后,经济发展和资源匮乏、环境恶化之间的矛盾开始凸显出来,人们意识到环境是我们生存发展的根本,只有"留得青山在",才能"不怕没柴烧"。第三阶段是认识到绿水青山可以源源不断地

---

① 习近平:《为子孙后代留下天蓝、地绿、水清的生产生活环境》,载《习近平谈治国理政》,外文出版社2014年版,第211—212页。

带来金山银山,绿水青山本身就是金山银山,我们说的常青树就是摇钱树,生态优势变成经济优势,形成浑然一体、和谐统一的关系,这一阶段是一种更高的境界。金山银山和绿水青山的关系,归根到底就是正确处理经济发展和生态环境保护的关系。这是实现可持续发展的内在要求,是坚持绿色发展、推进生态文明建设首先必须解决的重大问题。① 习近平总书记的"两山论"高度概括了绿水青山与金山银山之间的关系,为中国社会经济发展、生态环境保护的实践指明了方向。

(四)统筹保护,确保国家生态安全

在农村生态环境保护方面,要牢固树立生态红线观念。生态红线是国家生态安全的底线和生命线,任何时候都不能突破,一旦突破必将危及国家生态安全、人民生产生活和国家可持续发展。改革开放四十年,中国的生态环境问题已经非常严重,再不采取最严厉的治理措施与手段,可持续发展的基础将受到严重的威胁。特别是近几年,生态环境的约束日益明显。习近平总书记强调:"在生态环境保护问题上,就是要不能越雷池一步,否则就应该受到惩罚。"②

国土是生态文明建设的空间载体,要按照人口资源环

---

① 中共中央宣传部编:《习近平新时代中国特色社会主义思想三十讲》,学习出版社2018年版,第244—245页。

② 参见中共中央宣传部编《习近平总书记系列重要讲话读本》,学习出版社、人民出版社2016年版,第237页。

境相均衡、经济社会生态效益相统一的原则，统筹人口分布、经济布局、国土利用、生态环境保护，科学布局生产空间、生活空间、生态空间，给自然留下更多修复空间，给农业留下更多良田，给子孙后代留下天蓝、地绿、水净的美好家园，从而实现青山常在、清水长流、空气常新，让人民群众在良好生态环境中生产生活。

在保护国家生态安全方面，要重视对具有重要生态价值的区域的保护。2016年8月25日，习近平总书记在青海考察时指出：要统筹推进生态工程、节能减排、环境整治、美丽城乡建设，加强自然保护区建设，搞好三江源国家公园体制试点，加强环青海湖地区生态保护，加强沙漠化防治、高寒草原建设，加强退牧还草、退耕还林还草、三北防护林建设，加强节能减排和环境综合治理，确保"一江清水向东流"。习近平总书记在党的十九大报告中指出，"实施重要生态系统保护和修复重大工程，优化生态安全屏障体系，构建生态廊道和生物多样性保护网络，提升生态系统质量和稳定性"[1]。

社会经济发展过程中出现的生态资源环境问题，大多是由于生产方式的不当，导致对生态资源的过度开发、粗放利用，进而导致环境污染问题。因此，要推动生态文明建设，必须从源头着手，将节约资源，提高资源利用效率作为根本之策。树立节约集约循环利用的资源观，推动资

---

[1] 习近平：《决胜全面建成小康社会 夺取新时代中国特色社会主义伟大胜利——在中国共产党第十九次全国代表大会上的报告》，人民出版社2017年版，第51—52页。

源利用方式根本转变，加强全过程节约管理，实行能源和水资源消耗、建设用地等总量和强度双控行动，大幅提高资源利用综合效益。[①] 习近平总书记在党的十九大报告中指出："必须坚持节约优先、保护优先、自然恢复为主的方针，形成节约资源和保护环境的空间格局、产业结构、生产方式、生活方式，还自然以宁静、和谐、美丽"，"着力解决突出环境问题"。[②] 2013年5月24日中共中央政治局就大力推进生态文明建设进行第六次集体学习，习近平总书记指出：要实施重大生态修复工程，增强生态产品生产能力。良好生态环境是人和社会持续发展的根本基础。人民群众对环境问题高度关注。环境保护和治理要以解决损害群众健康突出环境问题为重点，坚持预防为主、综合治理，强化水、大气、土壤等污染防治，着力推进重点流域和区域水污染防治，着力推进重点行业和重点区域大气污染治理。通过加强这些重点区域、重点领域的生态环境保护力度，可以有力地推动农村生态文明建设进程。

二 促进农业绿色发展

（一）农业绿色发展应注重速度、质量与效益的统一

中国农村改革40年来，农业发展取得了举世瞩目的成

[①] 中共中央宣传部编：《习近平总书记系列重要讲话读本》，学习出版社、人民出版社2016年版，第238页。

[②] 习近平：《决胜全面建成小康社会 夺取新时代中国特色社会主义伟大胜利——在中国共产党第十九次全国代表大会上的报告》，人民出版社2017年版，第50、51页。

就，同时，也付出了巨大的生态代价。特别是在快速工业化和城镇化背景下，农业生产的生态基础受到的污染日益严重，进而对农产品的质量安全、国内消费者的健康构成威胁。"经济要发展，但不能以破坏生态环境为代价。"①"良好的生态环境是人类生存与健康的基础……要贯彻食品安全法，完善食品安全体系，加强食品安全监管，严把从农田到餐桌的每一道防线。"②"……用最严谨的标准、最严格的监管、最严厉的处罚、最严肃的问责，确保广大人民群众'舌尖上的安全'。"③习近平总书记的这些重要论断，对中国农业发展提出了更高的要求，也指明了发展的方向。

实现农业绿色发展，是可持续发展战略在农业领域的具体行动。习近平总书记指出："生态环境是经济社会发展的基础。发展，应当是经济社会整体上的全面发展，空间上的协调发展，时间上的持续发展。"④并且强调："经济发展、GDP 数字的加大，不是我们追求的全部，我们还要注重社会进步、文明兴盛的指标，特别是

---

① 参见《坚决打好扶贫开发攻坚战　加快民族地区经济社会发展》，《人民日报》2015 年 1 月 22 日第 1 版。

② 习近平：《推进健康中国建设》，载《习近平谈治国理政》（第二卷），外文出版社 2017 年版，第 372 页。

③ 习近平：《在中央农村工作会议上的讲话》，载中共中央文献研究室编《十八大以来重要文献选编》（上），中央文献出版社 2014 年版，第 673 页。

④ 习近平：《生态兴则文明兴——推进生态建设　打造"绿色浙江"》，《求是》2003 年第 13 期。

人文指标、资源指标、环境指标；我们不仅要为今天的发展努力，更要对明天的发展负责，为今后的发展提供良好的基础和可以永续利用的资源和环境。"① 对农业生产而言，良好的生态资源与环境是确保农产品质量安全的关键。

农业绿色发展是实现农产品质量安全的根本途径。习近平总书记指出："我们已进入新的发展阶段，现在的发展不仅仅是为了解决温饱，而是为了加快全面建设小康社会、提前基本实现现代化；不能光追求速度，而应该追求速度、质量、效益的统一；不能盲目发展，污染环境，给后人留下沉重负担，而要按照统筹人与自然和谐发展的要求，做好人口、资源、环境工作。"② 对农业生产而言，产量已经不是追求的唯一目标，农产品质量安全逐渐成为农业发展的主要目标，并且要实现数量与质量的双重安全。

（二）绿色农业发展应注重水土资源的统筹保护

农业绿色发展的核心是水土资源的保护。大自然是一个相互依存、相互影响的系统。习近平总书记指出，山水林田湖草是一个生命共同体。人的命脉在田，田的命脉在水，水的命脉在山，山的命脉在土，土的命脉在树。如果

---

① 《绿水青山就是金山银山——习近平同志在浙期间有关重要论述摘编》，《浙江日报》2015年4月17日第3版。

② 习近平：《既要GDP，又要绿色GDP》，载《之江新语》，浙江人民出版社2007年版，第37页。

种树的只管种树、治水的只管治水、护田的单纯护田，很容易顾此失彼，最终造成生态的系统性破坏。必须按照生态系统的整体性、系统性及其内在规律，统筹考虑自然生态各要素、山上山下、地上地下、陆地海洋以及流域上下游等，进行整体保护、系统修复、综合治理。① 特别是在快速工业化、城镇化背景下，一方面是优质水资源、耕地资源越来越多地配置到工业生产、城镇建设等方面；另一方面农业生产的水土资源污染日益严重。《2016中国环境状况公报》指出，2016年，中国设置了覆盖主要河流干流及重要的一、二级支流以及重点湖泊、水库的2767个国控断面（点位），其中有1940个国考断面。对地表水水质监测结果表明：Ⅰ类水质断面47个，占2.4%；Ⅱ类水质断面728个，占37.5%；Ⅲ类水质断面541个，占27.9%；Ⅳ类水质断面325个，占16.8%；Ⅴ类水质断面133个，占6.9%；劣Ⅴ类水质断面166个，占8.6%。地下水水质监测结果表明：水质为较差的监测点比例为45.4%，水质为极差的监测点比例为14.7%。耕地面积中，中等地、低等地分别占45.1%、27.8%。2016年3月7日，习近平总书记在参加十二届全国人大四次会议黑龙江代表团审议时指出，要加强生态文明建设，为可持续发展预留空间，为子孙后代留下天蓝、地绿、水清的美好家园。② 他还强调：

---

① 中共中央宣传部编：《习近平新时代中国特色社会主义思想三十讲》，学习出版社2018年版，第248页。

② 中共中央文献研究室编：《习近平关于全面建成小康社会论述摘编》，中央文献出版社2016年版，第68页。

"你善待环境,环境是友好的;你污染环境,环境总有一天会翻脸,会毫不留情地报复你。这是自然界的客观规律,不以人的意志为转移。"① 党的十九大报告再次指出:"人与自然是生命共同体,人类必须尊重自然、顺应自然、保护自然。人类只有遵循自然规律才能有效防止在开发利用自然上走弯路,人类对大自然的伤害最终会伤及人类自身,这是无法抗拒的规律。"②

水土资源的生态修复为农业绿色发展提供了新的潜力。习近平总书记在《关于〈中共中央关于全面深化改革若干重大问题的决定〉的说明》中指出:"用途管制和生态修复必须遵循自然规律……由一个部门负责领土范围内所有国土空间用途管制职责,对山水林田湖进行统一保护、统一修复是十分必要的。"③ 习近平总书记的这些论述充满了辩证法及人文关怀。党的十八届五中全会提出,加快建设主体功能区,发挥主体功能区作为国土空间开发保护基础制度的作用。中国的绿色机遇在扩大。我们要走绿色发展道路,让资源节约、环境友好成为主流的生产生活方式。加大环境治理力度,以提高环境质量为核心,实行最严格的环境保护制度,深入实施大气、

---

① 习近平:《努力建设环境友好型社会》,载《之江新语》,浙江人民出版社2007年版,第141页。
② 习近平:《决胜全面建成小康社会 夺取新时代中国特色社会主义伟大胜利——在中国共产党第十九次全国代表大会上的报告》,人民出版社2017年版,第50页。
③ 习近平:《关于〈中共中央关于全面深化改革若干重大问题的决定〉的说明》,《人民日报》2013年11月16日第1版。

水、土壤污染防治行动计划,实行省以下环保机构监测监察执法垂直管理制度。党的十九大报告指出,要加快水污染防治,实施流域环境和近岸海域综合治理。强化土壤污染管控和修复,加强农业面源污染防治,开展农村人居环境整治行动。

三 加快林业改革和发展

发展林业是全面建成小康社会的重要内容,是生态文明建设的重要举措。习近平总书记指出,在复杂的生态系统中,林业在维护国土安全和统筹山水林田湖综合治理中占有基础地位,并且强调,林业是事关经济社会可持续发展的根本性问题,森林是自然生态系统的顶层,拯救地球首先要从拯救森林开始。[①] 森林是陆地生态系统的主体和重要资源,是人类生存发展的重要生态保障。

(一) 森林在生态文明建设中具有战略地位

从森林生态系统对国家生态安全的保障视角来看,森林发挥着巨大的作用。早在2014年,习近平总书记就指出:"森林是陆地生态的主体,是国家、民族最大的生存资本,是人类生存的根基,关系生存安全、淡水安全、国土安全、物种安全、气候安全和国家外交大局。必须从中华民族历史发展的高度来看待这个问题,为子孙后代留下美丽家园,

---

① 《用制度屏障防范权力损害生态》,《中国绿色时报》2015年8月25日第1版。

让历史的春秋之笔为当代中国人留下正能量的记录。"①

　　从自然资源视角来看，森林生态系统提供了丰富的资源。习近平总书记强调指出："森林是陆地生态系统的主体和重要资源，是人类生存发展的重要生态保障。不可想象，没有森林，地球和人类会是什么样子。"②

　　从自然生态系统视角来看，森林提供的生态服务功能非常广泛。习近平总书记强调："森林能够美化环境，涵养水源，保持水土，防风固沙，调节气候，实现生态环境良性循环等。"③

　　从森林生态系统在社会经济发展中的作用视角来看，发展林业是全面建成小康社会的重要内容，是生态文明建设的重要举措。习近平总书记在《摆脱贫困》中曾指出，"森林是水库、钱库、粮库"④，并要求从美化、净化环境，为人民提供良好的生活环境的高度认识林业的生态效益和社会效益。

（二）森林资源形势依然严峻

　　与世界森林资源相比，中国森林资源形势严峻，表明中国林业建设具有极大的空间。2014年4月4日，习近平总书记在参加首都义务植树活动时强调："长期以来，

---

① 参见《为了中华民族永续发展——习近平总书记关心生态文明建设纪实》，《人民日报》2015年3月10日第1版。
② 习近平：《为建设美丽中国创造更好生态条件》，载《习近平谈治国理政》，外文出版社2014年版，第207页。
③ 习近平：《摆脱贫困》，福建人民出版社2014年版，第83页。
④ 同上。

我国人工造林工作做得是好的。现在树更多了，山更绿了，全民绿化意识深深根植于人民心中。同时，必须看到，我国自然资源和自然禀赋不均衡，相对于实现全面建成小康社会的目标，相对于人民群众对良好环境的期盼，我国森林无论是数量还是质量都远远不够。"① 2015年4月3日，习近平总书记在参加首都义务植树活动时再次强调："与全面建成小康社会奋斗目标相比，与人民群众对美好生态环境的期盼相比，生态欠债依然很大，环境问题依然严峻，缺林少绿依然是一个迫切需要解决的重大现实问题。"②

此外，生态文明建设的迫切要求给林业发展带来新机遇。严峻的生态环境形势和严重的生态环境问题，对改善生态环境提出了迫切的要求。2016年4月5日，习近平总书记在参加首都义务植树活动时指出："从党的十八大到十八届五中全会，包括今年通过的'十三五'规划纲要，都强调要加强生态文明建设。现在，生态文明建设已经深入人心。"③ 生态文明建设的这种迫切要求给林业发展带来一系列新机遇，也给林业发展带来历史上最艰巨、最繁重的生态建设任务。

根据《第八次全国森林资源清查主要结果（2009—2013年）》，中国森林资源总量持续增长，森林质量不断

---

① 参见《习近平首论林业与全面小康之关系》，《浙江林业》2016年第4期。
② 同上。
③ 同上。

提高，但同时也存在着很多问题。中国的森林覆盖率仅为21.63%，远低于全球31%的平均水平，人均森林面积也仅为世界平均水平的1/4，人均森林蓄积量只有世界平均水平的1/7，森林资源总量相对不足、质量不高、分布不均的状况仍没有从根本上改变。而与此同时，在经济社会发展过程中，破坏森林资源的现象依然存在，严守林业生态红线面临的压力依然巨大，森林有效供给与日益增长的社会需求之间的矛盾依然突出。

（三）森林是国家生态安全的核心

建设美丽中国最重要的措施之一是恢复生态。植树造林是增加森林资源的主要途径，是生态修复的重要措施，需要每个公民的广泛参与、世代推动。2014年4月4日，习近平总书记在参加首都义务植树时强调，全国各族人民要一代人接着一代人干下去，坚定不移爱绿植绿护绿，把我国森林资源培育好、保护好、发展好，努力建设美丽中国。林业建设是事关经济社会可持续发展的根本性问题。每一个公民都要自觉履行法定植树义务，各级领导干部更要身体力行，充分发挥全民绿化的制度优势，因地制宜，科学种植，加大人工造林力度，扩大森林面积，提高森林质量，增强生态功能，保护好每一寸绿色。① 2015年4月3日，他在参加首都义务植树活动时又指出，植树造林是实现天蓝、地绿、水净的重要途径，是最普惠的民生工程。

---

① 《一代人接着一代人干下去　坚定不移爱绿植绿护绿》，《人民日报》2014年4月5日第1版。

要坚持全国动员、全民动手植树造林,努力把建设美丽中国化为人民自觉行动。① 2016年4月5日,习近平总书记在参加首都义务植树活动时进一步强调,各级领导干部要带头参加义务植树,身体力行在全社会宣传新发展理念,发扬前人栽树、后人乘凉精神,多种树、种好树、管好树,让大地山川绿起来,让人民群众生活环境美起来。②

从林业发展战略来看,应从国土生态优化的高度来展开,而不是零碎地进行。2016年1月26日,习近平总书记在中央财经领导小组第十二次会议上强调:森林关系国家生态安全。要着力推进国土绿化,坚持全民义务植树活动,加强重点林业工程建设,实施新一轮退耕还林。要着力提高森林质量,坚持保护优先、自然修复为主,坚持数量和质量并重、质量优先,坚持封山育林、人工造林并举。要完善天然林保护制度,宜封则封、宜造则造,宜林则林、宜灌则灌、宜草则草,实施森林质量精准提升工程。要着力开展森林城市建设,搞好城市内绿化,使城市适宜绿化的地方都绿起来。搞好城市周边绿化,充分利用不适宜耕作的土地开展绿化造林;搞好城市群绿化,扩大城市之间的生态空间。要着力建设国家公园,保护自然生态系统的原真性和完整性,给子孙后代留下一些自然遗产。党的十九大报告指出:"完善天然林保护制度,扩大

---

① 《坚持全国动员全民动手植树造林 把建设美丽中国化为人民自觉行动》,《人民日报》2015年4月4日第1版。

② 《发扬前人栽树后人乘凉精神 多种树种好树管好树》,《人民日报》2016年4月6日第1版。

退耕还林还草。"①"构建国土空间开发保护制度，完善主体功能区配套政策，建立以国家公园为主体的自然保护地体系。"②

（四）林业发展要统筹考虑生态保护与经济发展

林业发展需要树立系统观点，根据生态系统的规律，逐步推进。习近平总书记特别强调的"山水林田湖是一个生命共同体"，充分体现了系统论的观点，深刻揭示了自然生态系统的内在规律，是林业发展的根本所在。

林业改革应以有利于保护和发展森林资源、实现林业发展与农民增收双赢为目标。早在2001年，时任福建省省长的习近平就把集体林权制度改革作为一项重大民生工程给予了特别关注。他到武平县调研后作出了"集体林权制度改革要像家庭联产承包责任制那样从山下转向山上"的历史性决定。

在习近平总书记看来，林业改革的目标，就是既要生态美，也要百姓富，"保生态、保民生"：建立有利于保护和发展森林资源、有利于改善生态和民生、有利于增强林业发展活力的国有林场林区新体制，建设资源增长、生态良好、林业增效、职工增收、稳定和谐的社会主义新林区。③

---

① 习近平：《决胜全面建成小康社会　夺取新时代中国特色社会主义伟大胜利——在中国共产党第十九次全国代表大会上的报告》，人民出版社2017年版，第52页。
② 同上。
③ 《为了中华民族永续发展——习近平总书记关心生态文明建设纪实》，《人民日报》2015年3月10日第1版。

四　加强水资源利用与保护

水资源是生命之源、生产之要、生态之基，实现水资源的高效利用与有效保护，不仅是全面建成小康社会需要关注的重大问题，更是关乎生态文明建设战略实施、人类健康生存与延续、人类社会进步的战略性问题。习近平总书记站在实现中华民族永续发展的战略高度，深刻分析了当前中国水资源的严峻形势，精辟论述了实现水资源可持续利用的极端重要性，系统阐释了保障国家水安全的总体要求，明确提出了新时期治水的新思路，为中国强化水治理、实现水安全指明了方向。

（一）从全局发展的角度认识水资源的战略地位

中国是水资源短缺的国家，人均水资源量仅为世界人均水资源量的四分之一。造成水资源短缺的因素，既有自然生态因素，也有社会经济因素。对此，习近平总书记指出：水稀缺，"一个重要原因是涵养水源的生态空间大面积减少，盛水的'盆'越来越小，降水存不下、留不住"。[①]特别是在广大的石漠化地区，虽然降水量较高，但是缺乏有效的水利工程，难以将雨水收集实施有效利用，造成这些地方季节性干旱。2014年2月26日，习近平总书记在专题听取京津冀协同发展工作汇报时指出，华北地区缺水问

---

① 参见《为了中华民族永续发展——习近平总书记关心生态文明建设纪实》，《人民日报》2015年3月10日第1版。

题本来就很严重，如果再不重视保护好涵养水源的森林、湖泊、湿地等生态空间，再继续超采地下水，自然报复的力度会更大。①

对农业生产而言，水资源是最基本生态要素之一，必须确保农业生产对优质水资源的需求，为此必须加大农田水利设施建设，特别是田间"最后一公里"工程建设。2011年3月，时任国家副主席的习近平同志在湖南调研时曾强调指出，水利是农业的命脉，切实加强农田水利基本建设，抓好重大水利枢纽和水利工程建设，不断提高抗御自然灾害和水资源调配能力。② 这是确保中国农业生产、实现粮食安全的关键。

过去我们对保护水资源重视不够，没有形成系统的治水思路，更缺乏有效的治理措施。虽然采取了一些治理措施，但由于缺乏科学的治理手段及方法，没有实现预期目标。正如习近平总书记所指出的，治水的问题，过去我们系统研究不够，"今天就是专门研究从全局角度寻求新的治理之道，不是头疼医头、脚疼医脚"。③ 这些论述体现了鲜明的系统论观点，为开展科学、有效的水治理指明了方向。

---

① 参见《为了中华民族永续发展——习近平总书记关心生态文明建设纪实》，《人民日报》2015年3月10日第1版。

② 《以更加奋发有为的精神加强和改进党的建设　为实现"十二五"时期良好开局提供坚强保证》，《人民日报》2011年3月24日第1版。

③ 参见《为了中华民族永续发展——习近平总书记关心生态文明建设纪实》，《人民日报》2015年3月10日第1版。

（二）治水应坚持"十六字"方针

习近平总书记提出的"节水优先、空间均衡、系统治理、两手发力"的治水思路，是对中国水治理实践经验的总结，更是水利用思想理论的发展，对水资源的可持续利用与管理具有重大而深远的现实意义。节水优先，是基于中国水资源短缺的现实以及水资源利用浪费的实际，从倡导全社会节约每一滴水入手，提供水资源利用效率，从而在全社会营造一个节约用水的良好氛围，进而实现以最小的水资源消耗获取最大的经济社会生态效益；空间均衡，是坚持量水而行、因水制宜，以水定城、以水定产，从生态文明建设的高度审视人口、经济与资源环境的关系，强化水资源环境刚性约束；系统治理，是统筹自然生态各种要素，把治水与治山、治林、治田有机结合起来，协调解决水资源问题；两手发力，是政府和市场协同发挥作用，发挥市场在水资源配置中的决定性作用，同时，更好发挥政府在保障水安全方面的统筹规划、政策引导、制度保障作用。在全球气候变化的宏观背景下，实现中国水安全面临的形势更加严峻，治水的任务更加艰巨，治水的标准也会更高。为此，应深刻学习领会习近平总书记关于治水兴水的重要论述，按照"十六字"方针的要求，开展治水理论研究，提出更为具体的实施方案、措施和对策；同时，将治水兴水落到实处，为实现中华民族伟大复兴的中国梦提供更加坚实的水安全保障，为子孙后代留下生存发展的资源和空间。

(三)治水应以科学规划为引领

水资源利用与保护需要以科学规划来统筹和引领。制定科学的水资源利用与保护总体规划,是统筹、引领水资源利用与保护的一项重要的基础性工作,是指导实现水安全的战略性纲领。在总体规划的基础上,在其框架之内逐步制定与完善包括水利发展规划、水资源规划、地下水勘查规划、农村饮水安全规划、水生态环境保护和建设规划、水土保持规划在内的各专项规划。无论是总体规划还是各专项规划,都需要统筹区域社会发展总体规划及其他领域的专项规划,实现所有规划之间的协调,发挥规划的引领作用。

(四)治水应以提高水资源利用效率为前提

习近平总书记强调指出,治水包括开发利用、治理配置、节约保护等多个环节。当前的关键环节是节水,从观念、意识、措施等各方面都要把节水放在优先位置。中国水资源状况的实际也要求加快推进由粗放用水方式向集约用水方式的根本性转变。提高水资源的利用效率,全社会应牢固树立水是稀缺资源的理念,营造出爱水惜水节水的良好社会氛围,逐步将节水优先的理念转变为行动,再针对农业、工业、城乡等不同部门用水的特点,制定具体的实施措施。

(五)水治理应以水生态建设与保护为核心

水生态建设和保护是水治理之本。要尽量减少对自然环境的污染，不能超过其承载能力，对生态环境遭到破坏的地方，进行合理、适度的修复。习近平总书记指出，自然界的淡水总量是大体稳定的，但一个国家或地区可用水资源有多少，既取决于降水多寡，也取决于盛水的"盆"的大小。做大盛水的"盆"是实现水资源可持续利用的根本。这个"盆"指的就是水生态。把治水与治山、治林、治田有机结合起来，突出整体性，营造蓄水滞水留水、排洪泄洪兼容的水生态，由单纯排水防洪、引水抗旱向蓄滞泄洪兼顾、丰枯相济转变，避免防洪与抗旱相割裂、人力工程与自然修复相分离的治理模式。这些论述是系统论思想应用于水资源利用与管理领域、治水新实践的完美体现。

（六）水治理应以管理机制与体制创新为保障

水资源管理机制与体制需要不断完善与创新，以适应不断出现的新形势，解决不断出现的新问题。习近平总书记指出，保障水资源安全，无论是系统修复生态、扩大生态空间，还是节约用水、治理水污染等，都要充分发挥市场和政府的作用，分清哪些事情可以依靠市场机制，哪些是政府应该做的。水资源作为公共产品，政府在水资源利用与管理中应明确自己的功能定位，不断完善与创新水资源管理机制与体制，不做本应该由市场解决的事情。充分发挥政府在资源管理中的作用，就是要落实最严格的水资源管理制度，守住水资源三条红线，科学制定用水效率指标体系，加强用水定额和计划管理，建立流域水生态补偿机制；建立水功能区水质达标评价体系，加强水功能区水质评价的第三方评估机制，强化水功能区监管；创新水资源管理体制,着力破解"九龙治水""多头治污""多头监测"等一系列难题;严格水资源管理执法,对水资源造成严重污染的企业应依法追究刑事责任,并问责地方党政主要领导干部。要发挥市场在水资源配置中的决定性作用,创新水利建设投入机制和经营模式,根据水资源的稀缺情况,利用经济手段强化水价在水资源利用中的作用。

第十章

加强党的领导和农村治理

加强党的领导和农村治理是习近平总书记关于"三农"的重要论述的重要组成部分。党的十八大以来,以习近平同志为核心的党中央强调要加强党对"三农"工作的领导,加强农村社会治理。加强党对"三农"工作的领导既是中国共产党的传统,也是有效实现好和维护好农业与农村繁荣稳定、农民安居乐业的基础保障。习近平总书记指出:"党管农村工作是我们的传统。这个传统不能丢。"① 加强农村社会治理,实现农村治理方式与方法的变革与创新,是国家治理体系与治理能力现代化战略有效实施的必然要求与应有之义,更是当前有效应对农村社会问题、化解农村社会矛盾,实现农村治理现代化的必由之路。

---

① 习近平:《在中央农村工作会议上的讲话》,载中共中央文献研究室编《十八大以来重要文献选编》(上),中央文献出版社2014年版,第685页。

第十章　加强党的领导和农村治理

一　加强和创新党对"三农"工作的领导

（一）加强和创新党对"三农"工作领导的重要意义

中国特色社会主义最本质的特征是中国共产党领导，中国特色社会主义制度的最大优势是中国共产党领导，党是最高政治领导力量。[①]"党政军民学，东西南北中，党是领导一切的。"[②] 立党为公、执政为民是中国共产党的根本宗旨，而"农业农村农民问题是关系国计民生的根本性问题"[③]。能否号召和动员好全国人民，破"三农"之难题、谋"三农"之发展，实现乡村之振兴，关系到中国共产党执政地位的稳定与否，也决定着广大人民群众拥护与否。中国共产党历来都对"三农"工作高度重视，十分强调加强党对"三农"工作的领导，并形成了既一脉相承又与时俱进、既符合中国国情又体现农业农村发展规律的"三农"发展战略思想，成为中国特色社会主义理论体系的重要组成部分。习近平总书记关于加强党对"三农"工作领导的重要论述，发扬了中国共产党重视"三农"、心系"三农"的优良传统，继承了几代中国共产党人对"三农"发展的探索和奋斗，进一步丰富和发展了党关于推进"三农"发展的基本理论，是习近平新时代中国特色社会主义思想的

---

①　习近平：《决胜全面建成小康社会　夺取新时代中国特色社会主义伟大胜利——在中国共产党第十九次全国代表大会上的报告》，人民出版社2017年版，第20页。
②　同上。
③　同上书，第32页。

重要体现,是当代马克思主义中国化的最新成果。

改革开放以来,中国"三农"发展所取得的成就得益于党对"三农"工作的高度重视和科学领导。当前中国正处在全面建成小康社会的决胜期、"两个一百年"奋斗目标的历史交汇期,加强党对"三农"工作的领导有着突出的紧迫性与重要性。习近平总书记强调,越是进行脱贫攻坚战,越是要加强和改善党的领导。①他说:"各级党委和政府要高度重视扶贫开发工作,把扶贫开发列入重要议事日程,把帮助困难群众特别是革命老区、贫困地区的困难群众脱贫致富列入重要议事日程,摆在更加突出的位置……"②他还强调:脱贫攻坚任务重的地区党委和政府要把脱贫攻坚作为"十三五"期间头等大事和第一民生工程来抓,坚持以脱贫攻坚统揽经济社会发展全局。要层层签订脱贫攻坚责任书、立下军令状。③

(二) 必须提高对"三农"工作领导的认识与重视

加强党对"三农"工作的领导,必须提高党对"三农"工作领导的认识。当前"三农"问题仍然十分突出,仍然没有从根本上得到解决,且呈现出更加纷繁复杂的趋势,

---

① 《脱贫攻坚战冲锋号已经吹响　全党全国咬定目标苦干实干》,《人民日报》2015年11月29日第1版。

② 习近平:《在河北省阜平县考察扶贫开发工作时的讲话》,载《做焦裕禄式的县委书记》,中央文献出版社2015年版,第19页。

③ 《脱贫攻坚战冲锋号已经吹响　全党全国咬定目标苦干实干》,《人民日报》2015年11月29日第1版。

特别是在中国经济进入新常态的背景下,对加强党对"三农"工作的领导提出了更高和更加迫切的要求。提高党对"三农"工作领导的认识,必须将"三农"工作上升到关系国家前途和命运的战略高度。习近平总书记强调执政为民,重视"三农"发展,就是强调要牢固确立"三农"工作在全党工作中的重要地位。习近平总书记在党的十九大报告中明确指出:"农业农村农民问题是关系国计民生的根本性问题,必须始终把解决好'三农'问题作为全党工作重中之重。"① 在具体的实践中,习近平总书记强调:"……自觉地把'重中之重'的要求落实到领导决策、战略规划、财政投入、工作部署和政绩考核上来,形成全社会支持农业、关爱农民、服务农村的强大合力和良好氛围。"②

加强党对"三农"工作领导的重视,必须增强紧迫感与主动性、自觉性与坚定性。当前,加强党对"三农"工作的重视,落实到具体工作上,突出在加强对脱贫攻坚工作和实施乡村振兴战略的重视。这是全党工作围绕中心、服务大局的集中体现。进入脱贫攻坚的决胜时期,精准扶贫、精准脱贫的任务十分艰巨,且时间紧迫,必须增强"三农"工作的紧迫感和主动性。习近平总书记指出:"各级党委和政府必须增强紧迫感和主动性,在扶贫攻坚上进一步理清思路、强化责任,采取力度更大、针对性更强、

---

① 习近平:《决胜全面建成小康社会 夺取新时代中国特色社会主义伟大胜利——在中国共产党第十九次全国代表大会上的报告》,人民出版社2017年版,第32页。

② 习近平:《务必执政为民重"三农"》,载《之江新语》,浙江人民出版社2007年版,第100—101页。

作用更直接、效果更可持续的措施,特别要在精准扶贫、精准脱贫上下更大功夫。"①

加强党对"三农"工作的领导,不能盲目,切忌短视,防止"念歪了经",走偏了路,这就要求在加强党对"三农"工作领导的过程中,要有科学的理念引导、正确的思想指导。习近平曾强调:"必须积极探索,切实提高改革开放促'三农'的自觉性,充分尊重群众的首创精神,以农业是否发达、农民是否满意、城乡差距是否缩小为检验标准,努力以改革开放促进'三农'工作,把城乡一体化建设提高到一个新水平。"② 此外,他还强调"要以与时俱进的精神状态和强烈的政治责任感深入推进改革开放,不断为'三农'发展添活力、强动力、增后劲"。③ 他在党的十九大报告"贯彻新发展理念,建设现代化经济体系"的具体方略中指出:"要坚持农业农村优先发展,按照产业兴旺、生态宜居、乡风文明、治理有效、生活富裕的总要求,建立健全城乡融合发展体制机制和政策体系,加快推进农业农村现代化。"④

---

① 《习近平论扶贫工作——十八大以来重要论述摘编》,《党建》2015年第12期。
② 习近平:《务必改革开放促"三农"》,载《之江新语》,浙江人民出版社2007年版,第105页。
③ 同上书,第105—106页。
④ 习近平:《决胜全面建成小康社会 夺取新时代中国特色社会主义伟大胜利——在中国共产党第十九次全国代表大会上的报告》,人民出版社2017年版,第32页。

（三）必须走更加务实高效的实践路径

加强党对"三农"工作的领导，必须落实到实践中，践行在行动中。加强党对"三农"工作的领导，必须基于当前的"三农"工作实际，在"加强"二字上做足文章，真正突出"加强"二字。

首先，要求各级党委必须更接地气、更加贴近群众。习近平总书记在党的十九大报告中指出："带领人民创造美好生活，是我们党始终不渝的奋斗目标。必须始终把人民利益摆在至高无上的地位，让改革发展成果更多更公平惠及全体人民，朝着实现全体人民共同富裕不断迈进。"[①] 农业的生产与发展极易受到外部环境的影响。中国的农村东中西部之间、南北区域之间千差万别，农村人口基数大，且广大农民对美好生活的需求和向往也在随着经济、社会的发展而不断增长和提高。因此，做好"三农"工作，需要因时因地利导、因地因人制宜，很难有恒定的对策、不变的政策可以一劳永逸。如何有效应对农业的不稳定性、农村的复杂性与差异性以及农民日益增长的美好生活需要，是党有效领导"三农"工作的根本性问题。"知己知彼方能百战不殆"，"轻车熟路"方能事半功倍，各级党委在领导"三农"工作时，必须更加深入基层，更加贴近群众。习近平总书记指出："各

---

① 习近平：《决胜全面建成小康社会　夺取新时代中国特色社会主义伟大胜利——在中国共产党第十九次全国代表大会上的报告》，人民出版社2017年版，第45页。

级党委要加强对'三农'工作的领导,各级领导干部都要重视'三农'工作,多到农村去走一走、多到农民家里去看一看,真正了解农民诉求和期盼,真心实意帮助农民解决生产生活中的实际问题,推动农村经济社会持续健康发展。"① 习近平总书记在贵州省花茂村考察时指出:群众拥护不拥护是我们检验工作的重要标准。党中央制定的政策好不好,要看乡亲们是哭还是笑。要是笑,就说明政策好。要是有人哭,我们就要注意,需要改正的就要改正,需要完善的就要完善。② 在党的十九大报告中,习近平总书记强调,人的问题,是检验一个政党、一个政权性质的试金石。因此,唯有更加接地气、更加贴近群众,真正了解当前"三农"发展的现实所需,才能保证党在领导"三农"工作过程中的科学性、有效性与高效性,也才能真正实现"全心全意为人民服务"的宗旨。

其次,要求各级党委必须具有强烈的问题意识与问题导向。习近平总书记强调,各级党委和政府都要想方设法,把现实问题一件件解决,探索可复制的经验。贯彻精准扶贫要求,做到目标明确、任务明确、责任明确、举措明确;要看真贫、扶真贫、真扶贫,少搞一些盆景,多搞一些惠及广大贫困人口的实事。"三农"工作纷繁复

---

① 习近平:《在中央农村工作会议上的讲话》,载中共中央文献研究室编《十八大以来重要文献选编》(上),中央文献出版社2014年版,第685—686页。

② 《百姓情怀百姓心》,《人民日报》2015年6月18日第4版。

杂，既有亟待解决的关键性问题，也有许多细枝末节的问题需要关注，然而很多问题在"三农"发展的现实环境中具有一定的隐蔽性与潜在性，容易被表象所掩盖，往往当其显而易见的时候，就是已经发展到异常严重的时候。因此，各级党委在有效领导"三农"工作过程中，必须具有强烈的问题意识与问题导向，既要善于发现问题、寻找问题，更要善于透过表象去发掘深层次的隐患，真正做到防患于未然，将问题解决在萌芽状态。既要看清问题，辨清问题的本质，更要脚踏实地把一个个问题解决彻底。

解决问题需要循序渐进，应当有主有次。当前党领导的"三农"工作中一项重要的任务就是夺取全面建成小康社会决胜期的伟大胜利，到2020年全面建成小康社会，如期实现第一个百年奋斗目标。在领导"三农"工作，坚持问题意识与问题导向上，必须首先将脱贫攻坚放在最为突出的位置，首先解决这一主要问题、关键问题。习近平总书记指出，各级领导干部一定要多到农村地区去，多到贫困地区去，把扶贫开发工作抓紧抓紧再抓紧，做实做实再做实，真正使贫困地区群众不断得到真实惠。① 他还强调："各级党委和政府要把帮助困难群众特别是革命老区、贫困地区的困难群众脱贫致富摆在更加突出位置……"②

---

① 《"改革的集结号已经吹响"》，《人民日报》2014年3月13日第1版。

② 习近平：《推动贫困地区脱贫致富、加快发展》，载《习近平谈治国理政》，外文出版社2014年版，第190页。

二 加强农村社会治理

2013年，习近平总书记在中央农村工作会议上全面分析了当前农村社会治理面临的突出问题，强调了加强和创新农村社会治理的重要性，并从系统治理、依法治理、源头治理、综合治理四个方面阐述了农村社会治理的方向与路径。加强农村社会治理是深入贯彻习近平新时代中国特色社会主义思想的必然要求，也是当前有效应对和破解"三农"问题的重要方略和关键路径。

（一）加强农村社会治理的重要意义

改革开放以来，中国农村社会发生了翻天覆地的变化，农村社会的现代化进程快速推进。但现代化在给农村带来进步的同时，也给农村社会带来了"现代化的烦恼"。从"皇权不下县，县下以自治"的传统乡村社会管控格局到人民公社时期国家化整合的乡村社会统合形态；从改革开放以来的乡政村治管理格局到党的十八大以来的农村社会治理现代化变革，农村社会治理呈现出螺旋式上升的发展趋势，无论是治理的内涵与属性，还是治理方式与策略都从最初的统治—管控—管理走向如今的治理。当今，无论是中国本土还是西方各国，治理的理论研究与实践在不断发展，元治理（Metagovernance）、治理现代化日益盛行。在这个过程中，一场关于国家权力使命的变革不可避免，服务型政府理念逐渐深入人心。治理再变革的现实需求、治理现代化的理论与实践探索，要求农村治理必须实现以服务为中心、以社会多元协同参与为导向的现代化变革。党的十九大明确要求,"完善党委领导、政府负责、社会协同、公众参与、法治保障的社会治理体制"①,从而打造共建共享的社会治理格局。适应时代的发展需求,顺应改革与发展的前进方向与趋势,加强农村社会治理既是"三农"发展的现实所需,也是时代的召唤。

(二) 必须坚持以人民为中心的发展导向

习近平总书记在党的十九大报告中指出:"必须坚持人民主体地位,坚持立党为公、执政为民,践行全心全意为人民服务的根本宗旨,把党的群众路线贯彻到治国理政全部活动之中,把人民对美好生活的向往作为奋斗目标,依靠人民创造历史伟业。"② 在党的十九届一中全会上,习近平总书记进一步指出:"为人民谋幸福,是中国共产党人的初心。我们要时刻不忘这个初心,永远把人民对美好生活的向往作为奋斗目标。党的十九大对保障和改善民生作出了全面部署。我们要始终以实现好、维护好、发展好最广大人民根本利益为最高标准,带领人民创造美好生活,让改革发展成果更多更公平惠及全体人民,使人民获得感、幸福感、安全感更加充实、更有保障、更可持续,

---

① 习近平:《决胜全面建成小康社会 夺取新时代中国特色社会主义伟大胜利——在中国共产党第十九次全国代表大会上的报告》,人民出版社2017年版,第49页。
② 同上书,第21页。

朝着实现全体人民共同富裕不断迈进。"① 以人民为中心的发展导向,落实到具体的实践中,突出表现在以满足农民的各项生产、生活需求,逐步缩小城乡差距,实现城乡基本公共服务均等化,保障和改善农村的民生为优先、为重点。回溯历史,农村社会治理从过去的统治、管控、管理向治理现代化变革的核心就在于由过去的围绕管控农民,从而维护乡村社会的稳定为中心,向以服务农民、满足农民日益增长的美好生活需求,从而实现乡村社会的和谐与发展为中心的根本转变。加强农村社会治理必须在以农民的服务需求为中心、切实维护农民的根本利益上铆足劲、做足文章。习近平总书记指出,治理和管理一字之差,必须着眼于维护最广大人民的根本利益,最大限度地增加和谐因素,增强社会发展活力,提高社会治理水平,全面推进平安中国建设,维护国家安全,确保人民安居乐业、社会安定有序。② 习近平总书记还指出,农村稳定是广大农民切身利益。农村社会管理需要加强和创新,加强和创新则要以保障和改善民生为优先方向,要形成农村社会事业发展合力,努力让广大农民学有所教、病有所医、老有所养、住有所居。③ 他强调:"保障和改善民生要抓住人民最

---

① 习近平:《在党的十九届一中全会上的讲话》,《求是》2018年第1期。

② 中共中央宣传部编:《习近平总书记系列重要讲话读本》,学习出版社、人民出版社2014年版,第116页。

③ 《习近平在小岗村主持农村改革座谈会》,《人民日报》(海外版)2016年4月29日第1版。

关心最直接最现实的利益问题……"① "坚持人人尽责、人人享有，坚守底线、突出重点、完善制度、引导预期，完善公共服务体系，保障群众基本生活，不断满足人民日益增长的美好生活需要，不断促进社会公平正义，形成有效的社会治理、良好的社会秩序，使人民获得感、幸福感、安全感更加充实、更有保障、更可持续。"② 坚持以人民为中心的发展导向，需要推动城乡义务教育一体化发展，高度重视农村义务教育；完善城乡居民基本养老保险制度；完善统一的城乡居民基本医疗保险制度和大病保险制度；统筹城乡社会救助体系；健全农村留守儿童和妇女、老人关爱服务体系。必须动员全党全国全社会力量，坚持精准扶贫、精准脱贫，坚决打赢脱贫攻坚战。必须以乡村振兴战略为重点，重视空心村问题，破解农业比较效益低难题，推进农村人居环境整治，为农民建设幸福家园和美丽乡村。

（三）必须注重系统治理与源头治理的有效衔接

习近平总书记指出，加强农村社会治理，体现的是系统治理、依法治理、源头治理、综合施策。③ 系统治理、依法治理、源头治理、综合施策"四个治理"有着内在的

---

① 习近平：《决胜全面建成小康社会　夺取新时代中国特色社会主义伟大胜利——在中国共产党第十九次全国代表大会上的报告》，人民出版社2017年版，第45页。
② 同上。
③ 《放活土地经营权要把选择权交给农民》，《新华日报》2016年4月29日第1版。

逻辑关联，四个方面相互促进、互相补充。系统治理与源头治理需要有效衔接。

首先，要实现农村社会治理主体的多元化变革与协同化合作。习近平总书记在党的十九大报告中强调要"打造共建共治共享的社会治理格局"①。过去强调农村社会管理，主要依靠政府这一单一行政主体，片面强调和过度依赖政府的单方面作用。当前加强农村社会治理，从管理向治理现代化变革，要求在更好发挥政府作用的同时，必须充分调动和有效引导市场与社会主体主动参与到农村社会治理当中，构建起包含政府、市场与社会的多元化农村社会治理主体，实现政府、市场与社会的协同化合作。

其次，进一步完善农村社会治理的体制机制。在党的十九大报告中，习近平总书记指出要"加强社会治理制度建设，完善党委领导、政府负责、社会协同、公众参与、法制保障的社会治理体制，提高社会治理社会化、法治化、智能化、专业化水平"②。完善农村社会治理的体制机制，必须充分发挥好政府在农村社会治理过程中的协调、监督、约束与服务作用，畅通农民的利益表达、利益申诉渠道，健全农民的利益协调、利益保护机制，引导广大农民依法行使权利、合理表达利益诉求。加快改革社会组织

---

① 习近平：《决胜全面建成小康社会　夺取新时代中国特色社会主义伟大胜利——在中国共产党第十九次全国代表大会上的报告》，人民出版社2017年版，第49页。
② 同上。

管理制度的步伐，通过各项政策激励与引导，吸引市场与社会主体积极参与农村社会治理、农村公共服务供给，从而有效激发社会活力，增强农村社会治理主体力量，弥补政府在农村社会治理过程中的不足。同时，要加强社会治理基础制度建设，在建立国家人口基础信息库、统一社会信用代码制度和相关实名登记制度、完善社会信用体系等方面实现质的突破。

同时，在系统治理的基础上，必须坚持源头治理，变被动作为为主动作为。党的十八届三中全会通过的《中共中央关于全面深化改革若干重大问题的决定》指出："坚持源头治理，标本兼治、重在治本，以网格化管理、社会化服务为方向，健全基层综合服务管理平台，及时反映和协调人民群众各方面各层次利益诉求。"① 过去，依靠政府单一主体，片面强调和过度依赖政府的单方面作用，给政府带来了沉重的负担，也导致管理效率的低下，往往是被动应付，管理的方式方法难免头痛医头、脚痛医脚，难以标本兼治。强调系统治理，坚持源头治理，是针对以往农村社会管理所存在的弊病，以及农村社会治理所面临的新形势、新情况、新变化而"开出的良方"。唯有从源头治理，重在治本，将农村社会的矛盾与冲突化解在基层，消灭在源头，才能真正改善农村社会治理的困境，实现农村社会治理的现代化。

---

① 《中共中央关于全面深化改革若干重大问题的决定》，载中共中央文献研究室编《十八大以来重要文献选编》（上），中央文献出版社2014年版，第539页。

（四）必须注重依法治理与综合治理的有效结合

依法治理是加强农村社会治理的前提、基础与保障，也是依法治国的内在要求。全面推进依法治国是中国特色社会主义的本质要求和重要保障。党的十九大明确了全面推进依法治国总目标，即建设中国特色社会主义法治体系，建设社会主义法治国家。① 而在全面推进依法治国的新时代，全面推进依法治国的基点、重点和难点在农村。因此，加强农村社会治理，必须首先在依法治理上做足文章，在实现农村社会治理的法制化上取得实效。

首先，要建立健全各项法律法规，实现农村社会治理有法可依。农村社会治理法律法规不健全、不完善是制约农村社会依法治理的首要因素。依法治理的前提是拥有健全的法律法规。习近平总书记在党的十九大报告中强调要"推进科学立法、民主立法、依法立法，以良法促进发展、保障善治"②。实现农村社会的依法治理，需要充分做好顶层设计，形成自上而下一以贯之的农村社会治理法律法规体系，各级党委必须结合当前的农村社会治理实际，按照因地制宜的基本原则，建立健全适合地区发展需要的各项法律法规，确保农村社会治理的方方面面都能够实现有法

---

① 习近平：《决胜全面建成小康社会 夺取新时代中国特色社会主义伟大胜利——在中国共产党第十九次全国代表大会上的报告》，人民出版社2017年版，第19页。

② 同上书，第38—39页。

第十章 加强党的领导和农村治理

可依。

其次，要不断增强各级党组织和全体党员的依法治理能力。要不断提升各级党组织和全体党员依法治理的素养，引导各级党组织和全体党员树立宪法法律至上、法律面前人人平等的法治理念，带头遵法、学法、守法、护法、用法。这就要求各级党组织和全体党员，必须坚持运用法治思维和法治方式来做好"三农"工作，有效行使农村社会治理的各项权力，规范农村社会治理的各种行为。习近平总书记多次强调，各级领导干部要提高运用法治思维和法治方式的能力，在法治轨道上推进各项工作，形成办事依法、遇事找法、解决问题用法、化解矛盾靠法的良好氛围。① 他要求："各级党组织和党员领导干部要带头厉行法治，不断提高依法执政能力和水平，不断推进各项治国理政活动的制度化、法律化。"② 这是一个现代国家所必须具备的"法治"框架，是治理能力和治理体系现代化的基本要求。各级党组织和全体党员要大力开展法治宣传与教育，增强广大农民的法治意识，提高广大农民遵法、守法的自觉性。习近平总书记关于"推进平安乡镇、平安村庄建设，开展突出治安问题专项整治，引导广大农民自觉守法用法"③ 的重要论述就是最好的诠释。

---

① 习近平：《在首都各界纪念现行宪法公布施行三十周年大会上的讲话》，载中共中央文献研究室编《十八大以来重要文献选编》（上），中央文献出版社2014年版，第92页。

② 同上。

③ 《习近平在小岗村主持农村改革座谈会》，《人民日报》（海外版）2016年4月29日第1版。

同时，在依法治理的基础之上，必须重视综合治理，注重通过道德约束、心理疏导来规范社会行为，调节利益关系，协调社会关系，解决社会问题。德治与法治自古以来即是相辅相成的，农村社会治理唯有实现二者之间的有效结合才能发挥出治理的最佳效果，也才能真正实现农村社会治理的高效化、精细化。党的十八届三中全会通过的《中共中央关于全面深化改革若干重大问题的决定》明确指出："坚持综合治理，强化道德约束，规范社会行为，调节利益关系，协调社会关系，解决社会问题。"[1] 所强调的即是在依法治理的基础上，要善于发挥综合治理效用，充分运用德治手段来补充治理力量，完善治理机制。习近平总书记在党的十九大报告中明确指出要通过加强思想道德建设来增强德治的治理作用与效用。他指出："要提高人民思想觉悟、道德水准、文明素养，提高全社会文明程度。广泛开展理想信念教育……深入实施公民道德建设工程，推进社会公德、职业道德、家庭美德、个人品德建设……加强和改进思想政治工作，深化群众性精神文明创建活动……推进诚信建设和志愿服务制度化，强化社会责任意识、规则意识、奉献意识。"[2]

---

[1] 《中共中央关于全面深化改革若干重大问题的决定》，载中共中央文献研究室编《十八大以来重要文献选编》（上），中央文献出版社2014年版，第539页。

[2] 习近平：《决胜全面建成小康社会 夺取新时代中国特色社会主义伟大胜利——在中国共产党第十九次全国代表大会上的报告》，人民出版社2017年版，第42—43页。

三 加强基层党组织建设

习近平总书记十分强调加强基层党组织建设的重要性。他指出:"基层是社会的细胞,是构建和谐社会的基础。基础不牢,地动山摇。可以说,基层既是产生利益冲突和社会矛盾的'源头',也是协调利益关系和疏导社会矛盾的'茬口'。"① "把基层基础工作做扎实了,利益关系得到协调,思想情绪得以理顺,社会发展中的不稳定因素就能得到及时化解,各种矛盾冲突就能得到有效疏导,社会和谐也就有了牢固的基础。因此,打牢基层基础,既是构建和谐社会的重要内容,也是有序推进和谐社会建设的重要保障,意义十分重大。"② 在党的十九大报告中,他强调:"党的基层组织是确保党的路线方针政策和决策部署贯彻落实的基础。"③ 因此,无论是加强党对"三农"工作的领导,还是加强农村社会治理,都必须以加强基层党组织建设为基础前提和保障。

(一) 加强基层党组织建设的重要意义

就组织体系架构及重要性而言,基层党组织既是党的

---

① 习近平:《加强基层基础工作 夯实社会和谐之基》,《求是》2006年第21期。

② 同上。

③ 习近平:《决胜全面建成小康社会 夺取新时代中国特色社会主义伟大胜利——在中国共产党第十九次全国代表大会上的报告》,人民出版社2017年版,第65页。

组织基础，也是党的组织根基。习近平总书记曾多次强调基层党组织的基础与根基地位，他指出，党的工作最坚实的力量支撑在基层，最突出的矛盾问题也在基层，必须把抓基层打基础作为长远之计和固本之举。① 他强调：党的基层组织建设，着力点是使每个基层党组织都成为战斗堡垒。基层党组织是我们党全部工作和战斗力的基础，但总的是战斗堡垒，它的政治功能要充分发挥。② 从组织体系的作用而言，基层党组织既是党有效开展基层工作的有力支撑、应对基层矛盾与风险的战斗堡垒，也是全面从严治党的关键环节，同时，还是党有效联系群众的纽带。基层党组织最贴近群众，最了解实情，最善于与群众联系。习近平总书记强调党的力量支撑和矛盾问题都在基层，这是因为基层党组织既是党整个体系的组织支撑，又是党落实任务的工作支撑、党联系群众的纽带支撑、党应对风险考验的战斗力支撑。基层党组织是党执政大厦的根基，是我们党的基本细胞，是党树立在群众中的旗帜，是全面从严治党的关键环节。

加强党的基层组织建设是党的一切工作的基础，也是做好一切工作的根基，关乎党领导全国人民全面建成小康社会和实现中华民族伟大复兴的中国梦，也关乎全面建设社会主义现代化国家的伟大新征程。习近平总书记在党的

---

① 《看清形势适应趋势发挥优势　善于运用辩证思维谋划发展》，《人民日报》2015年6月19日第1版。

② 《习近平主持召开中共中央政治局会议》，《新华日报》2014年8月30日第1版。

十九大报告中强调:"党的基层组织是确保党的路线方针政策和决策部署贯彻落实的基础。要以提升组织力为重点,突出政治功能,把企业、农村、机关、学校、科研院所、街道社区、社会组织等基层党组织建设成为宣传党的主张、贯彻党的决定、领导基层治理、团结动员群众、推动改革发展的坚强战斗堡垒。"①"加强农村基层基础工作,健全自治、法治、德治相结合的乡村治理体系。培养造就一支懂农业、爱农村、爱农民的'三农'工作队伍。"②无论是民主革命时期党领导人民所取得的巨大成就,还是改革开放以来,党领导人民大力开展经济社会建设所取得的显著成就,都离不开基层党组织作用的发挥。习近平总书记曾指出:"正是依靠广泛的基层组织,使党有了坚实的基础,形成一个团结统一的整体;也正是依靠党的基层组织,使党能够深深地扎根于人民群众之中,顺利地实现党的领导。"③

(二) 必须突出基层党的组织与人才队伍建设

必须坚持习近平总书记的乡村组织振兴观,以打造千千万万个坚强的农村基层党组织,培养千千万万名优秀的农村基层党组织书记,深化村民自治实践,发展农

---

① 习近平:《决胜全面建成小康社会 夺取新时代中国特色社会主义伟大胜利——在中国共产党第十九次全国代表大会上的报告》,人民出版社2017年版,第65页。

② 同上书,第32页。

③ 习近平:《执政重在基层》,载《之江新语》,浙江人民出版社2007年版,第111页。

民合作经济组织,建立健全党委领导、政府负责、社会协同、公众参与、法治保障的现代乡村社会治理体制,确保乡村社会充满活力、安定有序①,完善党的基层组织体系架构,重视基层党组织的人才队伍建设,把充实基层党组织的人才队伍放在突出的重要位置。基层组织体系不完善,人才匮乏,党的基层组织就缺乏动力、丧失活力,既难以有效开展工作,也难以解决能力不足、水平不高的问题。习近平总书记指出:"党的基层组织建设和党员队伍建设在党的整个组织工作中具有十分重要的地位,任何时候都必须高度重视,自觉抓紧抓好。"②基层党员干部是党和国家干部队伍的基础。习近平总书记指出:"各级都要重视基层、关心基层、支持基层,加大投入力度,加强带头人队伍建设,确保基层党组织有资源、有能力为群众服务。"③加强基层党的组织与干部队伍建设,既是和谐社会建设的重要内容,更是和谐社会建设的重要保证。

加强基层党的组织与干部队伍建设,要注重"从产业工人、青年农民、高知识群体中和在非公有制经济组织、

---

① 《习近平李克强王沪宁赵乐际韩正分别参加全国人大会议一些代表团审议》,《人民日报》2018年3月9日第1版。

② 习近平:《在全国组织部长会议上的讲话》,载中共中央文献研究室编《十七大以来重要文献选编》(下),中央文献出版社2013年版,第688页。

③ 习近平:《在全国组织工作会议上的讲话》,载中共中央文献研究室编《十八大以来重要文献选编》(上),中央文献出版社2014年版,第352页。

社会组织中发展党员"①。加强基层党的组织与干部队伍建设，应当以选优、训强、管好基层党组织书记为重点，采取"两推一选"、组织选派等方式，把那些党性强、能力强、改革意识强、服务意识强的人提拔到基层领导岗位上来。加强基层党的组织与干部队伍建设，要按照控制总量、优化结构、提高质量、发挥作用的总要求，严格执行《中国共产党发展党员工作细则》，坚持把政治标准放在首位，提高发展党员质量。以增强党性、提高素质为重点，扎实开展教育培训工作，提高党员队伍整体素质。

加强基层党的组织与干部队伍建设，要注重从严管理党员，增强党员队伍生机活力。要加强党内激励关怀帮扶机制，增强党组织的亲和力与凝聚力，增强党员教育管理针对性和有效性，稳妥有序开展不合格党员组织处置工作，努力建设一支信念坚定、素质优良、规模适度、结构合理、纪律严明、作用突出的党员队伍。加强基层党的组织与干部队伍建设，必须把干部队伍的建设与基层工作的实际相结合，从而确保构建起一支适应基层工作需要，能有效地开展基层工作的干部队伍。正如习近平总书记所言：要把扶贫开发同基层组织建设有机结合起来，抓好以村党组织为核心的村级组织配套建设，鼓励和选派思想好、作风正、能力强、愿意为群众服务的优秀年轻干部、退伍军人、高校毕业生到贫困村工作，真正把基层党组织

---

① 习近平：《决胜全面建成小康社会 夺取新时代中国特色社会主义伟大胜利——在中国共产党第十九次全国代表大会上的报告》，人民出版社2017年版，第66页。

建设成带领群众脱贫致富的坚强战斗堡垒。①

(三) 必须强化基层党组织的服务职能

加强基层党组织建设,必须要强化基层党组织的服务职能,将基层党组织建设由过去的注重管理为主,向注重服务为主转变。全心全意为人民服务是中国共产党的根本宗旨。习近平总书记指出,要把广大农民对美好生活的向往化为推动乡村振兴的动力,把维护广大农民根本利益、促进广大农民共同富裕作为出发点和落脚点。②把基层党组织的工作重心转到服务发展、服务民生、服务群众、服务党员上来,多提供"适销对路"的服务,帮助解决群众关心的切身利益问题。③加强基层党组织建设,必须以强化服务职能为核心,落实主体责任,健全党建工作责任制。正如习近平总书记所强调的:"在新时代的征程上,全党同志一定要抓住人民最关心最直接最现实的利益问题,坚持把人民群众关心的事当作自己的大事,从人民群众关心的事情做起,多谋民生之利,多解民生之忧,在幼有所育、学有所教、劳有所得、病有所医、老有所养、住有所居、弱有所扶上不断取得新进展,不断促进社会公平

---

① 习近平:《在部分省区市扶贫攻坚与"十三五"时期经济社会发展座谈会上的讲话(节选)》(2015年6月18日),人民网。
② 《习近平李克强王沪宁赵乐际韩正分别参加全国人大会议一些代表团审议》,《人民日报》2018年3月9日第1版。
③ 习近平:《在全国组织工作会议上的讲话》,载中共中央文献研究室编《十八大以来重要文献选编》(上),中央文献出版社2014年版,第352页。

正义，不断促进人的全面发展、全体人民共同富裕。"①

（四）必须加强对基层党组织的监管

加强党的基层组织建设，必须加强对基层组织的监督与管理。习近平总书记指出："坚持党的领导，坚持党要管党、全面从严治党，是进行具有许多新的历史特点的伟大斗争、推进中国特色社会主义伟大事业、实现民族复兴伟大梦想的根本保证，也是我们党紧跟时代前进步伐、始终保持先进性和纯洁性的必然要求。""在新时代的征程上，全党同志一定要按照新时代党的建设总要求，坚持和加强党的全面领导，坚持党要管党、全面从严治党，拿出恒心和韧劲，继续在常和长、严和实、深和细上下功夫，管出习惯、抓出成效。"② 第一，必须建立起长效的发现问题机制，针对基层党的组织与干部队伍所存在的问题，坚持发现一批、弄清一批、解决一批。习近平总书记强调，要结合建立保持共产党员先进性的长效机制，制定出台相关文件，采取有效措施，有针对性地深入解决基层领导干部存在的"不符合""不适应"等问题。③ 第二，必须建立健全督查制度，在基层党建、基层领导责任制考核等方面加强巡回督查。要重点对各地各部门各单位贯彻全面从严治党要求、履行抓基层党建工作责任制、落实中央和省

---

① 习近平：《在党的十九届一中全会上的讲话》，《求是》2018年第1期。

② 同上。

③ 习近平：《加强基层基础工作 夯实社会和谐之基》，《求是》2006年第21期。

委关于基层党建工作重点任务情况进行督查。完善县（市、区）党委书记抓基层党建工作考核评价办法，把考核结果作为干部选拔任用和奖励惩戒的重要依据。① 第三，加强对违法乱纪行为的惩治力度。必须突出法律和组织纪律的基础性地位，针对基层党员干部所存在的违反法律与组织纪律问题，尤其是贪污腐败问题，及时予以纠察，及时进行惩罚。"坚持'三会一课'制度，推进党的基层组织设置和活动方式创新，加强基层党组织带头人队伍建设，扩大基层党组织覆盖面，着力解决一些基层党组织弱化、虚化、边缘化问题。"② 第四，建立健全配套的教育、引导体制机制，不断加强对基层党员干部的教育与引导。建立长效的发现问题机制、建立健全有效的督查制度，以及加强违法乱纪行为的纠察惩罚力度，其最终目的在于通过监管促使基层党员干部提高自身素养，约束自身的工作言行，提高治国理政能力。惩治与处罚不是最终手段，教育与引导才是关键。因此，在强化监管的同时，必须建立与完善基层党员干部的教育与引导制度。积极探索多元化的教育与引导机制，例如通过身边的典型性事迹、先进性人物来开展正面与反面教育相结合的法治、纪律宣传教育等，形成良好的示范与警示效应。

---

① 《推进党的基层组织建设全面进步全面过硬》，《中国组织人事报》2015年8月28日第1版。

② 习近平：《决胜全面建成小康社会 夺取新时代中国特色社会主义伟大胜利——在中国共产党第十九次全国代表大会上的报告》，人民出版社2017年版，第65页。

参考文献

中国国家领导人著作

胡锦涛:《坚定不移沿着中国特色社会主义道路前进 为全面建成小康社会而奋斗——在中国共产党第十八次全国代表大会上的报告》,人民出版社2012年版。

习近平:《中国农村市场化研究》,博士学位论文,清华大学,2001年。

习近平:《之江新语》,浙江人民出版社2007年版。

习近平:《摆脱贫困》,福建人民出版社2014年版。

习近平:《习近平谈治国理政》,外文出版社2014年版。

习近平:《做焦裕禄式的县委书记》,中央文献出版社2015年版。

习近平:《习近平谈治国理政》(第二卷),外文出版社2017年版。

习近平:《决胜全面建成小康社会 夺取新时代中国特色社会主义伟大胜利——在中国共产党第十九次全国代表大会上的报告》,人民出版社2017年版。

专著、文集

《郑观应集》(下册),内蒙古人民出版社1996年版。

杜润生：《杜润生自述：中国农村体制变革重大决策纪实》，人民出版社 2005 年版。

关锐捷主编：《中国农村改革 20 年》，河北科学技术出版社 1998 年版。

李培林、魏后凯主编：《中国扶贫开发报告 2016》，社会科学文献出版社 2016 年版。

农业部农村经济体制与经营管理司、农业部农村合作经营管理总站编：《中国农村经营管理统计年报（2015）》，中国农业出版社 2016 年版。

农业部农村经济体制与经营管理司、农业部农村合作经营管理总站编：《中国农村经营管理统计年报（2016）》，中国农业出版社 2017 年版。

人民日报社评论部编著：《"四个全面"学习读本》，人民出版社 2015 年版。

汝信、付崇兰：《中国城乡一体化发展报告（2013）》，社会科学文献出版社 2013 年版。

魏后凯、黄炳信主编：《中国农村经济形势分析与预测（2016—2017）》，社会科学文献出版社 2017 年版。

中共中央文献研究室编：《习近平关于全面深化改革论述摘编》，中央文献出版社 2014 年版。

中共中央文献研究室编：《习近平关于协调推进"四个全面"战略布局论述摘编》，中央文献出版社 2015 年版。

中共中央文献研究室编：《习近平关于科技创新论述摘编》，中央文献出版社 2016 年版。

中共中央文献研究室编：《习近平关于全面建成小康社会论述摘编》，中央文献出版社 2016 年版。

中共中央文献研究室编:《十七大以来重要文献选编》（下），中央文献出版社2013年版。

中共中央文献研究室编:《十八大以来重要文献选编》（上），中央文献出版社2014年版。

中共中央文献研究室编:《十八大以来重要文献选编》（中），中央文献出版社2016年版。

中共中央党史和文献研究院编:《十八大以来重要文献选编》（下），中央文献出版社2018年版。

中共中央宣传部编:《习近平总书记系列重要讲话读本》，学习出版社、人民出版社2014年版。

中共中央宣传部编:《习近平总书记系列重要讲话读本》，学习出版社、人民出版社2016年版。

中共中央宣传部编:《习近平新时代中国特色社会主义思想三十讲》，学习出版社2018年版。

［美］伊利、莫尔豪斯:《土地经济学原理》，滕维藻译，商务印书馆1982年版。

期刊

习近平:《生态兴则文明兴——推进生态建设　打造"绿色浙江"》，《求是》2003年第13期。

习近平:《加强基层基础工作　夯实社会和谐之基》，《求是》2006年第21期。

习近平:《在党的十八届五中全会第二次全体会议上的讲话（节选）》，《求是》2016年第1期。

习近平:《在党的十九届一中全会上的讲话》，《求是》2018年第1期。

李克强：《以改革创新为动力　加快推进农业现代化》，《求是》2015年第4期。

陈林：《习近平"三农"思想发展脉络》，《人民论坛》2015年10月下。

陈锡文：《适应经济发展新常态　加快转变农业发展方式——学习贯彻习近平总书记在中央经济工作会议上的重要讲话精神》，《求是》2015年第6期。

韩长赋：《坚定不移加快转变农业发展方式——学习贯彻习近平总书记在中央经济工作会议上的重要讲话精神》，《求是》2015年第2期。

蒋超良：《走好中国农业的现代化道路——学习贯彻习近平总书记关于加快建设现代农业的重要论述》，《求是》2015年第8期。

罗箭华、王彦：《新农村建设过程中农民素质提升困境及其策略分析》，《农村经济》2011年第1期。

农业部农村合作经济经营管理总站课题组：《新常态下促进农民合作社健康发展研究报告（一）》，《中国农民合作社》2016年第11期。

徐守盛：《在现代农业建设上寻求新突破——学习习近平总书记关于发展现代农业的重要讲话精神》，《求是》2014年第14期。

张红宇：《关于深化农村改革的四个问题》，《农业经济问题》2016年第7期。

张正河：《对中国农业现代化有哪些新判断》，《人民论坛》2015年10月下。

中共浙江省委：《照着绿水青山就是金山银山的路子走下

去——深入学习习近平同志"两山"重要思想》,《求是》2015年第17期。

中共农业部党组理论学习中心组:《以科学的理论思维开创农村改革发展新境界》,《求是》2015年第11期。

《坚持所有权 稳定承包权 放活经营权 为现代农业发展奠定制度基础——韩长赋在国新办发布会上就〈关于完善农村土地所有权承包权经营权分置办法的意见〉答记者问》,《农村工作通讯》2016年第22期。

《习近平"三农"思想 新观点新论述新要求》,《人民论坛》2015年10月下。

《习近平论扶贫工作——十八大以来重要论述摘编》,《党建》2015年第12期。

《习近平首论林业与全面小康之关系》,《浙江林业》2016年第4期。

《习近平在湖北考察工作时指出 建设美丽乡村不是涂脂抹粉 城镇化不能让农村荒芜》,《城市规划通讯》2013年第15期。

《中共中央关于进一步加强农业和农村工作的决定》,《中华人民共和国国务院公报》1991年第42期。

报纸

习近平:《用"三个代表"重要思想指导新实践》,《人民日报》2003年8月25日第9版。

习近平:《走高效生态的新型农业现代化道路》,《人民日报》2007年3月21日第9版。

习近平:《坚持实事求是的思想路线》,《学习时报》2012

年5月28日第1版。

习近平:《在全国政协新年茶话会上的讲话》,《人民日报》2013年1月2日第2版。

习近平:《关于〈中共中央关于全面深化改革若干重大问题的决定〉的说明》,《人民日报》2013年11月16日第1版。

习近平:《关于〈中共中央关于制定国民经济和社会发展第十三个五年规划的建议〉的说明》,《人民日报》2015年11月4日第2版。

韩俊:《农业改革须以家庭经营为基础》,《经济日报》2014年8月7日第14版。

韩喜平:《新农村建设要走符合农村实际之路》,《辽宁日报》2015年3月17日第7版。

韩长赋:《稳固农业基础 确保粮食安全——深入学习贯彻习近平同志关于农业问题的重要论述》,《人民日报》2013年12月29日第5版。

韩长赋:《构建三大体系 推进农业现代化——学习习近平总书记安徽小岗村重要讲话体会》,《人民日报》2016年5月18日第15版。

蒋协新:《培养科学思维方法 增强"三农"工作本领——深入学习习近平总书记十八大以来关于"三农"问题的重要论述》,《农民日报》2014年6月7日第3版。

农业部科技教育司:《加快构建新型职业农民政策扶持体系》,《农民日报》2014年10月18日第3版。

强卫:《深化农村改革 推进农业现代化——深入学习贯

彻习近平同志关于做好"三农"工作的系列重要讲话精神》,《人民日报》2014年7月15日第7版。

张铁:《分享摆脱贫困的"中国经验"》,《人民日报》2015年11月25日第5版。

《"改革的集结号已经吹响"》,《人民日报》2014年3月13日第1版。

《"三权分置"是农村土地产权制度的重大创新》,《人民日报》2016年11月4日第6版。

《把中美农业互利合作提到新水平》,《人民日报》(海外版)2012年2月18日第4版。

《百姓情怀百姓心》,《人民日报》2015年6月18日第4版。

《保持战略定力增强发展自信 坚持变中求新变中求进变中突破》,《人民日报》2015年7月19日第1版。

《打赢全面建成小康社会的扶贫攻坚战——深入学习贯彻习近平同志关于扶贫开发的重要讲话精神》,《人民日报》2014年4月9日第7版。

《大力学习弘扬焦裕禄精神》,《人民日报》2014年3月19日第4版。

《发挥供销合作社独特优势和重要作用 谱写发展农业富裕农民繁荣城乡新篇章》,《人民日报》2014年7月25日第1版。

《发扬前人栽树后人乘凉精神 多种树种好树管好树》,《人民日报》2016年4月6日第1版。

《放活土地经营权要把选择权交给农民》,《新华日报》2016年4月29日第1版。

《奋力开启江西乡村振兴新征程》，《江西日报》2017年12月4日第B03版。

《干在实处永无止境　走在前列要谋新篇》，《人民日报》2015年5月28日第1版。

《更好支持和帮助职业教育发展　为实现"两个一百年"奋斗目标提供人才保障》，《人民日报》2014年6月24日第1版。

《构建"三大体系"，引领现代农业发展》，《安徽日报》2016年4月9日第1版。

《环境问题成为实现全面小康瓶颈》，《中国环境报》2015年3月12日第1版。

《基层代表讲述总书记牵挂的事儿》，《人民日报》2016年3月9日第4版。

《加大城乡统筹发展力度　加快社会主义新农村建设》，《解放日报》2007年8月24日第1版。

《加大推进新形势下农村改革力度　促进农业基础稳固农民安居乐业》，《人民日报》2016年4月29日第1版。

《加快发展都市现代农业》，《农民日报》2016年5月12日第1版。

《坚持不懈推进"厕所革命"　努力补齐影响群众生活品质短板》，《人民日报》2017年11月28日第1版。

《坚持全国动员全民动手植树造林　把建设美丽中国化为人民自觉行动》，《人民日报》2015年4月4日第1版。

《坚定不移全面深化改革开放　脚踏实地推动经济社会发展》，《人民日报》2013年7月24日第1版。

《坚决打好扶贫开发攻坚战　加快民族地区经济社会发

展》,《人民日报》2015年1月22日第1版。

《健全城乡发展一体化体制机制　让广大农民共享改革发展成果》,《人民日报》2015年5月2日第1版。

《开创上海新农村建设新局面》,《解放日报》2007年6月14日第1版。

《看清形势适应趋势发挥优势　善于运用辩证思维谋划发展》,《人民日报》2015年6月19日第1版。

《牢固树立以人民为中心的发展理念　落实"四个最严"的要求　切实保障人民群众"舌尖上的安全"》,《人民日报》2016年1月29日第1版。

《良好生态环境是最普惠的民生福祉——论生态文明建设》,《光明日报》2014年11月7日第1版。

《绿水青山就是金山银山——习近平同志在浙期间有关重要论述摘编》,《浙江日报》2015年4月17日第3版。

《美丽乡村要有"乡村味道"》,《重庆日报》2015年4月14日第1版。

《千村示范　万村整治——浙江省落实科学发展观、统筹城乡发展纪实》,《人民日报》2004年8月10日第6版。

《全面改善农村生产生活条件》,《人民日报》(海外版)2013年10月10日第1版。

《让全面小康激荡中国梦》,《人民日报》2015年2月26日第1版。

《让全体中国人民迈入全面小康——以习近平同志为总书记的党中央关心扶贫工作纪实》,《人民日报》2015年11月27日第3版。

《认清形势聚焦精准深化帮扶确保实效　切实做好新形势

下东西部扶贫协作工作》，《人民日报》2016年7月22日第1版。

《认真贯彻党的十八届三中全会精神　汇聚起全面深化改革的强大正能量》，《人民日报》2013年11月29日第1版。

《深化改革开放推进创新驱动　实现全年经济社会发展目标》，《人民日报》2013年11月6日第1版。

《实现中国梦　基础在"三农"》，《光明日报》2013年9月13日第10版。

《市场取向，效率公平为百姓》，《人民日报》2013年11月10日第1版。

《探索建立农民专业合作、供销合作、信用合作"三位一体"新型合作体系——浙江农村改革这样破题》，《经济日报》2017年7月14日第1版。

《推动"物的新农村"　建设"人的新农村"　建设齐头并进》，《人民日报》（海外版）2014年12月24日第1版。

《推进党的基层组织建设全面进步全面过硬》，《中国组织人事报》2015年8月28日第1版。

《脱贫攻坚战　吹响集结号》，《人民日报》（海外版）2016年3月10日第1版。

《脱贫攻坚战冲锋号已经吹响　全党全国咬定目标苦干实干》，《人民日报》2015年11月29日第1版。

《为了中华民族永续发展——习近平总书记关心生态文明建设纪实》，《人民日报》2015年3月10日第1版。

《习近平出席2015减贫与发展高层论坛并发表主旨演讲》，

《人民日报》2015年10月17日第1版。

《习近平李克强王沪宁赵乐际韩正分别参加全国人大会议一些代表团审议》,《人民日报》2018年3月9日第1版。

《习近平李克强张德江俞正声刘云山王岐山张高丽分别参加全国人大会议一些代表团审议》,《人民日报》2016年3月9日第1版。

《习近平谈扶贫》,《人民日报》(海外版)2016年9月1日第7版。

《习近平在小岗村主持农村改革座谈会》,《人民日报》(海外版)2016年4月29日第1版。

《习近平主持召开中共中央政治局会议》,《新华日报》2014年8月30日第1版。

《写好乡村振兴大文章》,《光明日报》2018年3月9日第1版。

《修一段公路就打开一扇致富大门——习近平总书记关心农村公路发展纪实》,《人民日报》(海外版)2014年4月29日第1版。

《严把改革方案质量关督察关 确保改革改有所进改有所成》,《人民日报》2014年9月30日第1版。

《一代人接着一代人干下去 坚定不移爱绿植绿护绿》,《人民日报》2014年4月5日第1版。

《依法依规做好耕地占补平衡 规范有序推进农村土地流转》,《人民日报》2015年5月27日第1版。

《以更大的政治勇气和智慧深化改革 朝着十八大指引的改革开放方向前进》,《人民日报》2013年1月2日第1版。

《以更加奋发有为的精神加强和改进党的建设　为实现"十二五"时期良好开局提供坚强保证》，《人民日报》2011年3月24日第1版。

《用制度屏障防范权力损害生态》，《中国绿色时报》2015年8月25日第1版。

《中共中央关于推进农村改革发展若干重大问题的决定》，《人民日报》2008年10月20日第1版。

《中共中央国务院关于深入推进农业供给侧结构性改革加快培育农业农村发展新动能的若干意见》，《人民日报》2017年2月6日第1版。

《中共中央国务院印发〈关于加大改革创新力度加快农业现代化建设的若干意见〉》，《人民日报》2015年2月2日第1版。

《中央城镇化工作会议在北京举行》，《人民日报》2013年12月15日第1版。

《中央农村工作会议在北京举行》，《人民日报》2013年12月25日第1版。

《中央农村工作会议在京召开》，《人民日报》2015年12月26日第1版。

《中央农村工作会议在北京举行》，《人民日报》2017年12月30日第1版。

《主动把握和积极适应经济发展新常态　推动改革开放和现代化建设迈上新台阶》，《人民日报》2014年12月15日第1版。

《筑好康庄大道　共圆小康梦想》，《人民日报》2014年4月29日第1版。

索　引

B

《摆脱贫困》　17，18，58，84，85，105，110—112，128，130—132，191，192，223

C

藏粮于地、藏粮于技　86，91，92，93，132

承包地"三权分置"　21，65，70

承包经营权流转　52

城乡二元结构　8，25，68，117，134，142—144，147，148，160，167

城乡发展一体化　7，8，11，16，24—26，39，65，68，108，122，123，134—138，143—146，148，159，160，167

城乡融合发展　22—24，38，67—69，117，134—139，144，145，147，148，160，161，209，238

创新、协调、绿色、开放、共享的发展理念　5，112

D

都市现代农业　120—122

多规合一　138

F

扶贫开发　6，12，14，15，27，28，29，69，153，155，160，174，178，182—207，212，218，236，241，255

G

干部驻村帮扶　205

耕地红线　19，65，91，124

供销合作社 64,77,79—81,
　146
规模经济 78
国家粮食安全战略 4,19

J

基本公共服务均等化 13,149,
　161,244
基层党组织 31,69,251—258
集体产权 37,64,65,69,70
集体经济 18,37,44,58,59,
　64,65,70,71,130,147
集体经济组织 44,45,47,58,
　59,71,130
集体经济组织成员 37,49,53,
　71,146
集体所有制 36,48,50,51,
　55,70
家庭承包责任制 78,111
家庭经营 10,21,41—43,45,
　48—50,55,58—60,66,106,
　127,128
家庭农场 21,49,53,54,60,
　66,71,77,126
价格形成机制 20,37,72,73,
　98
进城落户农民 147
经济发展新常态 7,22,27,
　103,114,115,126,170,172
"精准扶贫、精准脱贫" 15,28

K

科技兴农 18,130,132

L

两个市场、两种资源 20,97
留得住青山绿水,记得住乡愁
　6,155,174,212
绿水青山就是金山银山 22,
　30,112,170,213,219

M

马克思主义理论 33,87,103
马克思主义政党 186
马克思主义中国化 32,33,
　193,236
美丽乡村 27,68,103,136,
　153,156,166—174,210,
　212,245
美丽中国 167,169,208,210,
　213,223,225,226

N

农村改革 1,4,7,19,34—39,
　43,44,46,47,51,53,55—

57,59,62,64—66,70,96,108,118,119,125,126,130,145,146,153,163,174,180,217,244,249

农村基本经营制度 20,21,23,41—46,48—51,54,55,64,65,70,78,145,146

农村基础设施 10,11,13,99,123,124

农村集体经济组织 45,58

农村生态环境保护 209,211,213—215

农村土地集体所有制 20,37,46,54,65

农村土地流转 53,57,65,124—126

农村一二三产业融合发展 11,101,144

农村治理 31,32,234,242

农民合作社 21,53,54,60,66,77

《农民专业合作社条例》 17

农田基本建设 130

农业补贴 20,74—77,90,98

农业供给侧结构性改革 22,23,37,38,73,74,76,79,90,93,96—99,115,117,121

农业竞争力 106,115

农业可持续发展 65,91,92,115

农业面源污染 77,106,170,171,222

农业农村现代化 9,21—23,38,45,67,69,104,117,139,209,238

农业农村优先发展 22,67,117,139,152,238

农业社会化服务 24,57,66,77,79,80,99,127

农业适度规模经营 36,62,65,99,126

农业现代化 5,10,11,22,24,26,28,36,46,53,60,66,67,70,72,85,87,93,97,102—109,112—121,123,124,127,129,130,132,135,143,160,161,171,177—179

农业新型经营主体 65

农业支持保护制度 16,24,64—67,72,77,146

农资综合补贴 76

P

贫困地区 9,10,12,28,29,60,68,117,178,179,184,185,187—190,195—198,

200—205,207,236,241

贫困发生率 14,15

贫困人口 12,14,15,29,69,182,184,185,187,189,190,193—195,197,201,203,205,207,240

贫困县 15,187

Q

全面建成小康社会 1—3,5,7—9,11,12,15,20,25,28,35,41,43,46,64,66—68,79,82,98,99,101,103,116,135,139,143,149,152,159,169,170,178,184,186—190,205,208,209,211,216,217,220—224,227,228,235—239,241,243,245,246,248,250—253,255,258

S

"三农" 1—5,8,16—19,22,31—42,68,75,79,81,87,103,104,108,109,117,119,129,130,134,135,141,142,148,166,169,174,176,185,188,234—243,249,251,253

"三位一体"大扶贫格局 201,206

社会化服务体系 24,66,79,99,130

社会主义新农村建设 5,16,27,78,138,148,152,153,155,168,171

《深化农村改革综合性实施方案》 39

生态文明 6,29,30,67,112,138,157,167—170,208—211,213—217,220,222—224,227—230

《生态文明体制改革总体方案》 209,210

"十二连增" 4,84,107

双轮驱动 25,117,138,139,161

"四个全面"战略布局 8,68,160,186,201

"四化同步" 5,7,24,68,104,108,159

所有权承包权经营权分置 54

T

土地承包权 48—51,54,56,145

W

望得见山、看得见水、记得住乡

愁 25,156,173

"五个一批"工程 29,195

"五位一体"总体布局 29,201,208

X

习近平新时代中国特色社会主义思想 1,32—35,38,40,42,67,103,104,112,116,134,182,183,209,211,215,230,235,242

习近平总书记关于"三农"的重要论述 16—18,32—35,38,40,234

乡村振兴战略 1,22—24,64,65,67,75,104,117,139,152,154,161,172,181,209,237,245

小康社会 6,15,142,153,160,184,187,189,190,201,211,219

新型农业经营主体 9,10,21,24,54,61,66,80,99,132,177

新型职业农民 28,176,177

新业态 22,96,108,122

Z

《中国农村市场化建设研究》 17

中华民族伟大复兴 1—5,32,34,36,103,178,180,184,185,187—189,201,213,230,252

中央农村工作会议 4—6,9,10,19,23,27,31,32,40,42,43,45,48,51,54,59,60,67,74,82,90,94,115,116,132,153,154,156,157,160,167,169,171,172,175—177,218,234,240,242

中央一号文件 13,15,38,44,47,70,78,79,92,96,98,99,110,117,124,159,166,168,171

种养大户 21

专业大户 53,60,66,71

自治、法治、德治相结合的乡村治理体系 23,32,68,253

综合施策 160,245

后 记

《走中国特色社会主义乡村振兴道路》一书，是国家社会科学基金十八大以来党中央治国理政新理念新思想新战略研究专项工程项目"习近平治国理政新思想研究"（批准号：16ZZD001）的子课题之一"习近平治国理政新思想研究·农业农村卷"的最终成果。该子课题是在中央农村工作领导小组办公室的指导下，由中国社会科学院农村发展研究所和湖北省社会科学院共同完成。子课题组组长为陈锡文，副组长为韩俊、魏后凯（执行）、宋亚平，协调人为任常青，学术秘书为马翠萍。

该书是课题组成员多次讨论、共同完成的一项集体成果。全书共分十章。各章的分工如下：第一章"总论"由任常青执笔，第二章"稳定和完善农村基本经营制度"由苑鹏执笔，第三章"深化农村改革"由胡冰川执笔，第四章"保障国家粮食安全"由彭玮执笔，第五章"实现中国特色农业现代化"由郜亮亮执笔，第六章"推进城乡融合发展"由马德富执笔，第七章"建设社会主义新农村"由王金华执笔，第八章"实施精准扶贫开发方略"由宋亚平执笔，第九章"加快农村生态文明建设"由于法稳执笔，

第十章"加强党的领导和农村治理"由毛铖执笔。

全书的写作提纲和基本框架由陈锡文、韩俊和魏后凯共同确定，并经过多次修订和完善。在写作过程中，课题组成员在北京集中召开了多次内部研讨会和一次专家评审会，徐小青、杜志雄、秦富、林万龙、张元红对书稿提出了修改意见和建议。根据集体讨论和专家意见，课题组成员四易其稿，于2017年4月向总课题组提交了送审稿。之后，按照专家评审意见和上级有关部门的审读意见，课题组又根据党的十九大精神进行了修订完善。全部书稿由魏后凯、任常青、于法稳四次交叉进行初审和修改，最后由陈锡文、魏后凯审定。中央农村工作领导小组办公室赵阳、罗丹等参与了部分前期工作，王宾对相关文献进行了收集和梳理。

本书是我们学习习近平新时代中国特色社会主义思想的心得体会，是学习领会习近平总书记关于"三农"的重要论述的一项阶段性成果。学习习近平新时代中国特色社会主义思想是一项长期坚持的工作，需要不断学习和领会。限于我们的水平，书中难免存在不足，敬请读者批评指正。

课题组
2019年2月